Conrads · Brutscher
Prüfungswissen Verkehrsrecht

Prüfungswissen Verkehrsrecht

Lernhilfen, Tests und Klausuren mit Lösungen

Von

Karl-Peter Conrads

Erster Polizeihauptkommissar a.D.

und

Bernd Brutscher

Polizeirat a.D.

VERLAG DEUTSCHE POLIZEILITERATUR GMBH

Buchvertrieb

Bibliografische Information der Deutschen Nationalbibliothek

Die Deutsche Nationalbibliothek verzeichnet diese Publikation in der Deutschen Nationalbibliografie; detaillierte bibliografische Daten sind im Internet über http://dnb.d-nb.de abrufbar.

www.VDPolizei.de

3. Auflage 2020

Satz: VDP GMBH Buchvertrieb, Hilden
Druck und Bindung: Mediaprint, Paderborn
Printed in Germany
ISBN 978-3-8011-0875-5

Vorwort zur 3. Auflage

Die Fälle bzw. Aufgaben wurden aktualisiert und neues Recht, wie zum Beispiel die Autorennen nach § 315d StGB oder die verkehrsrechtlichen Problemstellungen im Zusammenhang mit neuen Fortbewegungsmitteln, (E-Scooter), eingefügt.

Geilenkirchen und Wadern, im März 2020

Karl-Peter Conrads *Bernd Brutscher*

Vorwort zur 1. Auflage

Immer wieder wird aus den Reihen der Auszubildenden bzw. Studierenden der Wunsch geäußert, Klausurhilfen und -beispiele in Skriptform vorzugeben. Obwohl durch ein solches Skript die Gefahr der Verwendung von auswendig gelernten Standardformulierungen anstelle von Eigenüberlegungen und -formulierungen besteht, überwiegen nach den mannigfaltigen Neukonzeptionen der Ausbildung in den Bundesländern die Vorteile. Die Ausbildung verbindet mittlerweile nämlich kürzere Lernintervalle mit einem höheren Anteil an Selbststudium, sodass entsprechende Hilfen unumgänglich sind.

Das Buch deckt mit seinen Beispielen sowohl die tradierte Ausbildung als auch das Studium ab. Es ermöglicht das Üben von Klausuren während der gesamten Ausbildungszeit bzw. der Semesterdauer.

Die Inhalte sind in kleine Teilklausuren (Tests), die stets Teil einer Klausur sein können und in „Komplett“-Klausuren aufgeteilt, zumal dies den weiteren Vorteil bietet, eine Aufgabe bei geringem Zeitaufwand (30 Minuten) lösen zu können. Tests und Klausuren sind in Form und Inhalt abwechslungsreich gestaltet und entsprechen dem Grundgedanken der Fairness, d.h. einerseits dem Einzelnen die Chance zur bestmöglichen Lösung zu geben, andererseits aber auch eine Differenzierung in den Einzellösungen untereinander zu ermöglichen. Die Fairness bedingte auch, dass hier Klausuren bzw. Lösungen angeboten werden, die innerhalb der Zeitvorgabe lösbar sind.

Ziel dieses Buches ist es nicht, dem staunenden Publikum das „letzte BGH-Urteil“ zu erläutern, sondern eine sinnvolle Unterstützung beim Angehen und Lösen der so oft als Stolperstein empfundenen Klausuren zu geben und hierdurch ein wenig zur Entkrampfung bei Prüfungen beizutragen.

Die Autoren hoffen, mit dem Buch eine Hilfestellung auf dem Weg zur Polizeibeamtin/zum Polizeibeamten, dem Ziel der Ausbildung, zu geben, und wünschen viel Erfolg.

Im Interesse der Kürze und Lesbarkeit wurde durchgehend die männliche Form verwandt. Die Autoren hoffen, dass diese Entscheidung bei den Kolleginnen und Kollegen, für die das Buch verfasst wurde, Akzeptanz findet.

Geilenkirchen und Wadern, im Juni 2013

Karl-Peter Conrads *Bernd Brutscher*

Inhaltsverzeichnis

Abkürzungen

a. a. S. o. P.	amtlich anerkannter Sachverständiger oder Prüfer
ABE	Allgemeine Betriebserlaubnis
ABG	Allgemeine Bauartgenehmigung
agO	außerhalb geschlossener Ortschaft
amtl. Begr.	amtliche Begründung zur StVO
ÄndVO	Änderungsverordnung
Anm.	Anmerkung
Art.	Artikel
Aufl.	Auflage
BAG	Bundesarbeitsgericht, Bauartgenehmigung
BAK	Blutalkoholkonzentration in ‰
BAnz	Bundesanzeiger
BayObLG	Bayerisches Oberstes Landesgericht
BE	Betriebserlaubnis
Begr.	Begründung
BGB	Bürgerliches Gesetzbuch
BGBl.	Bundesgesetzblatt
BGH	Bundesgerichtshof
BGHSt	Entscheidungen des BGH in Strafsachen
BGHZ	Entscheidungen des BGH in Zivilsachen
bHG	bauartbedingte Höchstgeschwindigkeit
BMV	Bundesminister für Verkehr
BOKraft	VO über den Betrieb von Kraftfahrtunternehmen im Personenverkehr
BR	Bundesrat
BSG	Bundessozialgericht
BT	Bundestag
BVerfG	Bundesverfassungsgericht
BVG	Bundesverwaltungsgericht
BW	Bundeswehr
EG	Einführungsgesetz, Europäische Gemeinschaft
EGStGB	EG zum Strafgesetzbuch
eKF	Elektrokleinstfahrzeuge (z.B. E-Scooter, E-Tretroller usw.)
eKFV	Elektrokleinstfahrzeuge-Verordnung

Erl.	Erlass
etc.	et cetera (und so weiter)
FAS	Form, Aufbau, Schlüssigkeit
FB	Fahrbahn
FE	Fahrerlaubnis
FeV	Fahrerlaubnisverordnung
FE z FgB	FE zur Fahrgastbeförderung
ff.	folgende Seiten
FmH (25)	Fahrrad mit Hilfsmotor (25 km/h bbH)/Mofa
FPersG	Fahrpersonalgesetz
FRA	Fahrtrichtungsanzeiger
FS	Führerschein
Fstr.	Fahrstreifen
FU	Fahruntüchtigkeit
FV	Fahrverbot
FZ (Fz)	Fahrzeug
FZV	Fahrzeug-Zulassungsverordnung
gem.	gemäß
GG	Grundgesetz
ggf.	gegebenenfalls
HG	Höchstgeschwindigkeit
h. M.	herrschende Meinung
i. d. R.	in der Regel
igO	innerhalb geschlossener Ortschaften
IntAbK	Internationales Abkommen über Kraftfahrzeugverkehr
i. S. d.	im Sinne des
jurisPR-VerkR	juris Praxis Report Verkehrsrecht
KBA	Kraftfahrt-Bundesamt
Kfz	Kraftfahrzeug
Kkr	Kleinkraftrad
km/h	Kilometer in der Stunde
KOM	Kraftomnibus
Lkw	Lastkraftwagen
lof	land- oder forstwirtschaftlich
LOM	Linienomnibus
LSA	Lichtsignalanlage

Mofa	FmH 25
m/s	Meter in der Sekunde
m. ZZ	mit Zusatzzeichen
Nr.	Nummer
o. a.	wie oben angeführt
OVG	Oberverwaltungsgericht
OWi	Ordnungswidrigkeit
OWiG	Ordnungswidrigkeitengesetz
öVR	öffentlicher Verkehrsraum
PolG (NRW)	Polizeigesetz (Nordrhein-Westfalen)
Pkw	Personenkraftwagen
PrS	Prüfungsschnitt
PTV	Polizei, Technik, Verkehr
PVT	Polizei, Verkehr, Technik
RfG	Rechtsfahrgebot
Rn.	Randnummer
Rspr.	Rechtsprechung
RiLSA	Richtlinien zur Errichtung von LSA
S.	Seite, Satz
s	siehe, Sekunde
SAM	selbstfahrende Arbeitsmaschine
sec.	Sekunde
SfG	Sichtfahrgeschwindigkeit
sog.	sogenannt(e)
StA	Staatsanwaltschaft
StGB	Strafgesetzbuch
StPO	Strafprozessordnung
Str.	Straße
Strab	Straßenbahn
StrV	Straßenverkehr
StVA/StVB	Straßenverkehrsamt/-behörde
StVG	Straßenverkehrsgesetz
StVO	Straßenverkehrs-Ordnung
StVUnfG	Straßenverkehrsunfallstatistikgesetz
StVZO	Straßenverkehrs-Zulassungs-Ordnung
SV	Sachverhalt

SVB	Straßenverkehrsbehörde
Tacho	Fahrtgeschwindigkeitsmesser
TBM	Tatbestandsmerkmal
tGG	tatsächliches Gesamtgewicht/-masse
tGH	tatsächlich gefahrene Höchstgeschwindigkeit
tGM	Gesamtmasse
u. a.	und andere, unter anderem
u. E.	unseres Erachtens
usw.	und so weiter
u. U.	unter Umständen
VA	Verwaltungsakt
VAPPol II Bachelor	Ausbildungs- und PrüfungsVO Laufbahnabschnitt II Bachelor
VkBl.	Verkehrsblatt, Amtsblatt des BMV
VG	Verwaltungsgericht, Verwarnung mit Verwarngeld
vgl., vergl.	vergleiche
VK	Verkehrskontrolle
VM	Verkehrsrechtliche Mitteilungen
VO	Verordnung
VOWi	Verkehrsordnungswidrigkeit
VT	Verkehrsteilnehmer
VU	Verkehrsunfall
VwGO	Verwaltungsgerichtsordnung
VwV	Verwaltungsvorschrift
VZ, Z	Verkehrszeichen
VZR	Verkehrszentralregister
Z	Zeichen
ZB	Zulassungsbescheinigung
z. B.	zum Beispiel
ZZ	Zusatzzeichen
zGG/zGM	zul. Gesamtmasse
ZM	Zugmaschine

1 Einführung

Klausuren und Tests dienen vornehmlich der „Standortbestimmung", dem Lernenden im Rahmen der Selbstkontrolle, dem Lehrenden in Form der Fremdkontrolle als Bewertungshilfe.

Sie stellen somit eine Diagnosemöglichkeit des Unterrichts, einer Lernphase in Bezug auf seine Effektivität dar. Sie helfen bei der Beantwortung der Frage: „Wurde das angestrebte Ziel erreicht?"

Ebenso erleichtern sie die pädagogische Prognose nach der Leistungsfähigkeit des Lernenden und geben Hinweise für Leistungssteigerungen und Ausgleichsmöglichkeiten bei Leistungsschwankungen.

Im Bereich der Selbstkontrolle ist die Form und Bewertungsvorgabe jederzeit leicht korrigierbar, im Rahmen der Fremdkontrolle bedarf beides jedoch klarer Vorgaben und Absprachen, da nur bei einer gemeinsamen Basis eine gerechte, beiderseits akzeptierte Bewertung möglich ist. Nur im Rahmen einer gemeinsamen Ausgangslage ist die Leistung im Klassen-/Gruppenverband bewertbar und vom Einzelnen nachvollziehbar.

Das vorliegende Buch ist in zwei Abschnitte unterteilt, in kleinere Teilklausuren (Tests), die das Üben von Klausuren von Beginn an sowie eine schnelle Standortbestimmung und Überprüfung des notwendigen Basiswissens ermöglichen, sowie in Klausuren.

Innerhalb der Teilklausuren wird – der besseren Zuordnung wegen – fachspezifisch (StVO/StVZO/FZV/Fahrerlaubnis/Verkehrsstraftaten) unterschieden.

Grundlage der Aufgaben und Lösungen sind hierbei die Ausbildungs- und Prüfungs-VO Laufbahnabschnitt II Bachelor (VAPPol II Bachelor), die aktuelle Studienordnung der Beachelorstudiengänge an der HSPV NRW und das aktuelle Modulhandbuch.[1]

Innerhalb der Lösungen werden „fremde Stoffinhalte" wie z. B. allg. Strafrechts-, Eingriffsrechtsinhalte nicht weiter behandelt und als bekannt vorausgesetzt. Ebenso wird unterstellt, dass öffentlicher Verkehrsraum (öVR) vorliegt bzw. es sich um VT bei den zu Beurteilenden handelt.

Ebenso wird auf Inhalte der Verkehrslehre verzichtet, da dies einen „eigenen" Studienbereich darstellt, wenn auch kombinierte Klausuren gefertigt werden.

Innerhalb der Aufgaben wird entsprechend der Studienordnung grundsätzlich zwischen Abfrage auschließlich von Faktenwissen/Basiswissen bzw. dessen Umsetzung/Vertiefung als Aufgabenstellung unterschieden, wobei in allen Fällen auf eine möglichst große Vielfalt innerhalb der Aufgaben Wert gelegt wurde, um zum einen das Interesse an der Sache zu erhalten bzw. zu vergrößern als auch zum anderen durch die Vielfalt und Verschiedenheit der Aufgaben eine weitestgehende Gerechtigkeit und Vergleichbarkeit bei der Bewertung innerhalb der Gruppe (Klasse) zu gewährleisten. Mit der Klausur 14 wurde ebenfalls „eine etwas andere" Form der Prüfung gewählt, die aber sehr wohl den Zielvorgaben entspricht.

Die o. a. gemeinsame Ausgangssituation, also die Basis für Lösung und Bewertung, wird zu jeder Aufgabe (Test oder Klausur) gesondert aufgezeigt. An den Testaufgaben wurde insbesondere festgehalten, da zur Ausbildung nicht nur die Tätigkeit der Sachverhaltslösung

1 Siehe https://www.hspv.nrw.de

mit Hilfe von Gesetzestexten, sondern auch die Vermittlung eines ausreichenden Faktenwissen gehört, ohne das ein erfolgreiches Arbeiten im Streifendienst kaum denkbar ist.

Soweit keine weiteren oder abweichenden Erklärungen erfolgen, gelten des Weiteren die nachstehenden Begriffsbestimmungen und Grundaussagen:

Aufzählen/Nennen	Lediglich e-/numerisches Erwähnen
Tatbestandskette (TBK)	sachverhaltsbezogenes stichwortartiges Aufzählen der Tatbestandsmerkmale (TBM), die zur tatbestandsmäßigen Erfüllung erforderlich sind, unter Erwähnung der verletzten Bestimmung, einschließlich des Deliktcharakters.
Erläutern/Beurteilen	umfasst alle – von der Problemstellung auch nur ansatzweise angedeuteten – (denkbaren) verletzten Tatbestandsketten mit Nennung der Bestimmungen, der TBK sowie deren Begründung.
Problemorientiert	schließt – neben der Erwähnung – alle nicht verletzten TBK aus.
Stichwortartig	umfasst die Aufzählung allgemein üblicher oder im Unterricht abgesprochener Merkvokabeln, stellvertretend für bestimmte Lösungsansätze oder die Darstellung in kurzer prägnanter Form. Auf die Aufzählung/Erklärung von Definitionen und Selbstverständlichkeiten, wie z. B. Pkw = Kfz oder Bundesstraße = öffentlicher Verkehrsraum (öVR) kann verzichtet werden.
Folgetatbestände	bleiben grundsätzlich unerwähnt und unbehandelt.
Verweise	sind nur auf bereits Erwähntes möglich.
Abkürzungen, eigene	sind erst nach Ausschreibung mit Klammervermerk zulässig.
Zulassung, zulassungsrechtlich	umfasst grundsätzlich nur die §§ 1, 2 StVG, 1 – 29, 48, 50 FZV, § 19 ff. StVZO, 1, 6 PflVersG, allg. Feststellung, dass/ob ein Steuerverstoß vorliegt, sowie im Einzelfall ausgewählte Ausrüstungsvorschriften (§§ 30 ff. StVZO).
Fahrerlaubnis(FE), fahrerlaubnisrechtlich ...	umfasst grundsätzlich nur die §§ 1, 2, 21 StVG, 4 – 6a, 10, 23, 24, 26, 28 ff., 48, FEV
Fragen, zusammengesetzte	bestehen aus einer „Hauptfrage", die für mehrere Beispiele gilt. Eine Punktebewertung ist nur zulässig, soweit mehr als die Hälfte der „Unterfragen" richtig beantwortet werden. Eine Frage oder Unterfrage ist nur bei vollständiger richtiger Beantwortung richtig gelöst und bewertbar.

Hilfsmittel	lässt die Verwendung der genannten Gesetzestexte (ohne jede Kommentierung) zu. Zu den jeweils aufgezählten VO/Gesetzen zählen auch deren Anlagen oder AusnVO.
Kontrolle, Verkehrskontrolle	unterstellt sowohl die Fz-Führereigenschaft als auch den öVR.
Prüfung hinsichtlich der/s	
– Fahrerlaubnis	s. o., wobei unter
– problemorientiert	die ausschließliche Beurteilung des § 21 StVG unter Einbezug der §§ 23, 46 FeV zu verstehen ist.
– Kennzeichenmissbrauch/ Urkundenfälschung	umfasst die §§ 22, 22a StVG, 267 StGB.
– StVO	umfasst die §§ 1 – 10, 18, 19, 20, 26, 36, 37, 41, 42, nebst Anlagen 1 – 3, 35, 38.
– Sonderrechte	umfasst die §§ 35, Abs. 1, 5a, 6, 7, 7a, 8 und 9, 38, Abs. 1 und 2 StVO.
– Trunkenheitsdelikte	umfasst die §§ 315c, 316 StGB, 24a, 24c StVG.
– Verkehrsstraftaten	umfasst die §§ 142, 315b, 315c, 315d, 316 StGB.
– Zulassung	s. o., wobei unter
– problemorientiert	die ausschließliche Beurteilung des jeweiligen Zul.-Verstosses (z.B. § 3 (1) FZV, § 16 FZV ...) nebst Versichungs-/Steuerverstoß zu verstehen ist.

1.1

Im Verlauf des Studiums haben Sie Fachgespräche, Klausuren, Hausarbeiten und letztlich Ihre Bachelorarbeit zu erstellen.

In allen Fällen wird ihnen der korrekte Umgang mit den Gesetzestexten und eine fachlich korrekte Sachverhaltslösung abverlangt. Ansonsten unterscheiden sich die Leistungsnachweise verständlicherweise erheblich.

1.1.1

Im Fachgespräch ebenso wie im Gruppengespräch geht es um die verbale Lösung und Darstellung von Sachverhalten; dies entspricht damit der täglichen Arbeitspraxis. In Frage und Antwort erfolgt die Lösung der Aufgabe, die i. d. R.einen kurzen Sachverhalt, vielfach in Form der folgenden Teilklausuren (Tests), als Gesprächsgrundlage beinhaltet.

1.1.2

In der Hausarbeit erarbeiten Sie ein vorgegebenes Thema umfassend nach wissenschaftlichen Methoden und weisen die Fähigkeit hierzu nach. Eine Kombination aus Fachgespräch und Hausarbeit stellt das Referat mit mündlicher Prüfung dar.

1.1.3

Die Seminar- und Projektarbeiten erweitern den bisherigen Ausbildungs-/Bewertungsbereich um die aktive Zusammenarbeit und vertiefen durch die eigene schriftliche Seminararbeit und deren Präsentation die bisherigen Formen von Hausarbeit und Fachgespräch.

1.1.4

In der das Studium abschließenden Thesis (Bachelorarbeit) wird ihnen die Bearbeitung eines polizeiwissenschaftlichen und praxisrelevanten Themas nach wissenschaftlichen Regeln abverlangt, die abschließend wiederum in wissenschaftlichen Gesprächen, dem Kolloquium, dazustellen und zu verteidigen ist.

Nach positivem Ausgang all dieser Aufgabenfelder darf man ihnen zum bestandenen Studium gratulieren, was wir Ihnen hiermit, in der Hoffnung ein wenig geholfen haben, wünschen.

1.1.5

Zur wissenschaftlichen Arbeit gehören „der Beleg", die Fundstelle, der Quellennachweis, z.B. in Form des Literaturverzeichnisses und der Fußnoten. Wir wollen hier nicht in Detailfragen verfallen, da hierzu ausreichend Material an den einzelnen Fachhochschulen angeboten wird. Den Hinweis auf das Anlegen eines Zettelkastens, in dem die zur Erstellung notwendigen Stichwörter unter Nennung der genauen Quellenangabe gesammelt werden, möchten wir aber auf keinen Fall versäumen. Unsere langjährige Erfahrung zwingt uns diesen Hinweis auf, zumal der Belegnachweis innerhalb der Bewertung deutliche Anteile aufweist und im Einzelfall, z.B. bei fehlendem Nachweis und Plagiatsverdacht, zu einem negativen Gesamtergebnis führen kann.

1.2

Neben dem korrekten Belegverfahren richtet sich die Bewertung nach den folgenden Kriterien:

Ausdruck und Darstellung,
praktische Relevanz,
sachliche Richtigkeit und
Begründungstiefe und -richtigkeit.

1.3

Die folgenden Klausuren und Tests dienen vornehmlich der eigenen Standortbestimmung und Selbstkontrolle und insbesondere dem Erlernen notwendigen Fachwissens. In allen unter 1.1 aufgeführten Aufgabenstellungen stehen ihnen vielfach der jeweilige Gesetzestext, der Bußgeldkatalog und vielfach die jeweiligen Landeserlasse als erlaubte Hilfsmittel zur Verfügung. Im Bereich der Fachgespräche und Klausuren verführt dies vielfach dazu, sich nicht das notwenige Grundlagenwissen anzueignen. Man kann ja nachlesen. Aber dieses Nachlesen (ver-)braucht Zeit, wichtige Zeit, die in vielen Fällen dann an anderer Stelle fehlt. Auch hier soll Ihnen das Buch ein wenig bei der Erlangung des notwendigen

Basiswissens helfen. Alleine das selbstständige Lösen führt zu einer Verbesserung des Basiswissens und verschafft Ihnen mehr Zeit für eine durchdachtere und sachlich korrekte Klausurlösung, wenn es darauf ankommt. Zur Basiswissensverbesserung dienen vor allem die kleinen Tests. Denn nach wie vor gilt das Sprichwort: „Übung macht den Meister!“

1.4

Grundsätzlich würde sich die Lösung, ob StVO- oder sonstiger Sachverhalt, in etwa wie folgt darstellen:

I. öVR-, öffentlicher Verkehrsraum → Anwendbarkeit der Verkehrsregeln

II. Verdacht:
   - A steht im Verdacht, eine V-OWi gem. ..., 49 StVO i. S. d. § 24 StVG
   - A könnte durch sein Verhalten (in der Grundtendenz näher beschrieben) ...
   - Es gilt die Frage zu klären, inwieweit das Verhalten (in der Grundtendenz näher beschrieben) des A einen Verstoß gegen ... darstellt

III. Verstoßtatbestand:
   Hierzu müsste er sachverhaltsbezogen, z. B. als
   - VT einen anderen geschädigt haben
   - Entgegen dem VZ 276 als Kfz-Führer ein mehrspuriges Kfz überholt haben
   - Wartepflichtiger die Vorfahrt des ... missachtet haben und den ... gefährdet haben
   - Fz-Führer infolge alkoholbedingter Fahrunsicherheit eine Individualgefährdung verursacht haben

IV. Tatbestandsmerkmalprüfung: (Definition und Subsumtion)
   - Unter einem VT versteht man ...
     A führt im ÖVR ein Fz und aufgrund seines Verhaltens muss der ... Zurückspringen
   - Anderer ist jede juristische oder natürliche Person, die nicht mit A identisch ist. Somit ist ... Anderer i. S. d. § 1 (2) StVO
   - Als Gefährdung bezeichnet man jede Situation, in der lediglich aus Zufall das schädigende Ereignis ausblieb.
     ... muss zurückspringen. Nur hierdurch verhindert er ein Überfahrenwerden, was zweifelsfrei zu erheblichen Verletzungen seiner Person geführt hätte.

V. Verstoßfeststellung
   Somit ist festzustellen, dass A tatbestandsmäßig gegen § ... StVO verstößt und somit i. V. m. § 49 (1) 1 StVO eine V-OWi i. S. d. § 24 StVG begeht.

VI. Maßnahmen, z.B.
   - VG oder OWi-Anzeige (Tatbestandnummer)
   - VU-Aufnahme / Blutprobe / FS-Beschlagnahme / Unterbindung der Weiterfahrt
   - Bericht an SVA
   - etc.

Im Folgenden finden Sie zunächst kleine Teilklausuren oder Tests, die neben der schlichten Abfrage von Faktenwissen (ja-/Nein-Fragen) stets auch zumindest einen Sachverhalt beinhalten, den Sie sowohl in der o. a. Form als auch in Kurzform lösen können. Zur Übung können Sie selbstverständlich auch die Wissensfrage in der o. a. Form lösen, da hier stets zumindest gedanklich Punkte prüfungsmäßig abzuhandeln ist. In den letzten beiden Klausuren wird auf die punktuelle, testmäßige Abfragetechnik verzichtet. Diese Klausuren spiegeln in etwa den heute üblichen verkehrsrechtlichen Klausuranteil einer 240-minütigen Klausur.

Bewertungshinweise:

Die Bewertung der Lösungen richtet sich nach dem § 16 VAPPol II Bachelor. Grundlage der Bewertung sind hierbei die Richtigkeit der sachlichen Aussage, die praktische Anwendbarkeit, die Art und Folgerichtigkeit der Begründung, die Gliederung der Darstellung und die Ausdrucksweise.

Die jeweiligen Lösungsbemerkungen geben zunächst die zum Erreichen der Punktzahl erfoderlichen Lösungen vor.

Bei den Teilklausuren (Tests) werden zudem in den weitergehenden Erläuterungen kurze, wesentliche Hinweise und Erklärungen gegeben, die einerseits dem weiteren Verständnis dienen und zum anderen Hinweise auf den Inhalt einer umfassenderen Aufgabenstellung wiedergeben.

Im Bereich der Lösungen dient der Bewertungs-/Konzeptbogen (stichwortartige Lösungsbemerkungen mit Einzelpunktbewertung) als Beispiel eines Konzeptbogens sowie einer ersten Orientierung bzw. Verbesserung und Weiterbearbeitung der eigenen Lösung, bevor man sich dem ausformulierten Lösungsbeispiel zuwendet.

Weitergehende Erläuterung, z. B. bei „Testfragen“ erfolgen in Form von Fußnoten.

In allen Aufgaben haben wir uns um einen unterschiedlichen Sprachgebrauch innerhalb der Einzellösungen bemüht, um der Gefahr auswendig gelernter Formulierungen vorzubeugen.

Bewertungsmaßstäbe sollen weitgehend objektiv nachvollziebar sein.

Die Darstellung von erreichten Punktwerten in Noten ist allgemein üblich und führt darüber hinaus auch zu einem einfacheren Verständnis hinsichtlich der Einordnung der jeweiligen Leistung. Die Begriffe „gut“ oder „mangelhaft“ sind nun einmal griffiger als „12“ oder „3“ Punkte, zumal in aller Regel dann auch die Bezugsgröße (erreichbare Punktzahl) fehlt oder unterschiedlich ist.

Hinsichtlich der Übertragung/Vergleichbarkeit zwischen Punkt- und Notenwerten sind die verschiedensten Tabellen im Gebrauch, die erheblich von Land zu Land oder Schulträger differieren.

Die Bewertung der Klausuren im Bereich der FHS erfolgt je nach Bundesland nach dem „15er-Schlüssel“ oder dem „5er-Notenschlüssel", wie in NRW.

Aus Gründen der besseren Transparenz bzw. Erleichterung von Teilbewertungen ist innerhalb der Bewertungsbögen stets der „100er-Schlüssel“ aufgeführt, wobei jedoch zu beachten ist, dass er sich stets nur auf den sachlichen Inhalt bezieht.

Die innerhalb der Klausuren je Studienabschnitt ausgeworfenen 10/15/20 Punkte für Form, Aufbau und Schlüssigkeit stellen nur einen Anhaltswert dar.

Da die Aufgaben unterschiedliche Gesamtpunktwerte aufweisen, werden in den folgenden Übersichten die den Noten entsprechenden Punktwerte aufgeführt und zwar jeweils nach dem „15er-Schlüssel" bzw. nach dem in NRW neu eingeführten „5er-Notenschlüssel".

Bewertungssysteme im Vergleich:

<table>
<tr><th>100er-System
(≤ ..)</th><th colspan="2">15-Punkte-System
(Laufbahnrecht)</th><th colspan="2">5er-Notensystem
(Bachelor-Bewertungssystem)</th></tr>
<tr><td>91</td><td>15</td><td rowspan="2">Sehr gut (1)</td><td>1,0</td><td rowspan="2">Sehr gut</td></tr>
<tr><td>86</td><td>14</td><td>1,3</td></tr>
<tr><td>81</td><td>13</td><td rowspan="3">Gut (2)</td><td>1,7</td><td rowspan="3">Gut</td></tr>
<tr><td>76</td><td>12</td><td>2,0</td></tr>
<tr><td>71</td><td>11</td><td>2,3</td></tr>
<tr><td>66</td><td>10</td><td rowspan="3">Befriedigend (3)</td><td>2,7</td><td rowspan="3">Befriedigend</td></tr>
<tr><td>61</td><td>9</td><td>3,0</td></tr>
<tr><td>56</td><td>8</td><td>3,3</td></tr>
<tr><td>51</td><td>7</td><td rowspan="3">Ausreichend (4)</td><td>3,7</td><td rowspan="3">Ausreichend</td></tr>
<tr><td>46</td><td>6</td><td rowspan="2">4,0</td></tr>
<tr><td>41</td><td>5</td></tr>
<tr><td>35</td><td>4</td><td rowspan="3">Mangelhaft (5)</td><td rowspan="5">5,0</td><td rowspan="5">Nicht
ausreichend</td></tr>
<tr><td>30</td><td>3</td></tr>
<tr><td>25</td><td>2</td></tr>
<tr><td>13</td><td>1</td><td rowspan="2">Ungenügend (6)</td></tr>
<tr><td>0</td><td>0</td></tr>
</table>

Das in Nordrhein-Westfalen eingeführte „5er-Bewertungssystem"

bis 49 Punkte: 5,0	Nicht ausreichend
ab 50 Punkte: 4,0 ab 55 Punkte: 3,7	Ausreichend Ausreichend
ab 60 Punkte: 3,3 ab 65 Punkte: 3,0 ab 70 Punkte: 2,7	Befriedigend Befriedigend Befriedigend
ab 75 Punkte: 2,3 ab 80 Punkte: 2,0 ab 85 Punkte: 1,7	Gut Gut Gut
ab 90 Punkte: 1,3 ab 95 Punkte: 1,0	Sehr gut Sehr gut

2 Teilklausuren (Tests)

2.1 StVO

Test 1 / StVO Lösung: S. 97

Zeit:	20 Minuten
Hilfsmittel:	Keine
Bewertung:	30 Punkte
	Mit * gekennzeichnete Aufgaben sind zusammengesetzte, d. h. > 50 % müssen für eine positive Punktebewertung richtig beantwortet werden.

1 Beantworten Sie folgende Fragen.

1.1* Liegt in folgenden Beispielen öVR vor?

1.1.1 Abgesperrter Baustellenbereich auf der BAB ❑ Ja ❑ Nein

1.1.2 Vermietete Parkhaushausetage, die nur per Codecard von Betriebsangehörigen genutzt werden kann ❑ Ja ❑ Nein

1.1.3 Gemeinsame, zur Straße nicht abgegrenzte Garagenauffahrt zweier Reiheneinfamilienhäuser ❑ Ja ❑ Nein

1.2* Nennen Sie die entscheidenden beiden Merkmale des dem § 1 StVO zugrunde liegenden Grundsatzes der doppelten Sicherung.
a)....................
b)....................

1.3* Liegt in folgenden Fällen die Beeinträchtigung eines „Anderen" i. S. d. § 1 (2) StVO vor?

Verkehrsvorgänge als Ursache der Schädigung werden unterstellt.

1.3.1 –A– schädigt das von –X– kurzfristig geliehene Fz ❑ Ja ❑ Nein

1.3.2 –B– schädigt das am Fahrbahnrand geparkte Fz des –X–. ❑ Ja ❑ Nein

1.3.3 –C– schädigt den Vorgartenzaun des –X–. ❑ Ja ❑ Nein

1.4 Erläutern Sie stichwortartig das bei einer Belästigung entscheidende Kriterium.

2 Liegt im folgenden Beispiel eine vermeidbare Behinderung vor? Begründen Sie Ihre Auffassung problemorientiert.

–A– befährt agO eine gut ausgebaute Landstraße mit 100 km/h.

–B–, der offensichtlich schneller fahren möchte, wird durch ständigen Gegenverkehr am Überholen gehindert. ❑ Ja ❑ Nein

Begr.: ....

Test 2 / StVO

Lösung: S. 99

Zeit:	20 Minuten
Hilfsmittel:	keine
Bewertung:	25 Punkte
	Mit * gekennzeichnete Aufgaben sind zusammengesetzte, d. h. > 50 % müssen für eine positive Punktebewertung richtig beantwortet werden.

1* **Beantworten Sie folgende Fragen.**

1.1 Verbietet Z. 220 (Einbahnstraße) das Rückwärtsfahren zum Einparken? ❑ Ja ❑ Nein

1.2 Verbietet Z. 220 das Befahren des Gehweges mit einem Fahrrad in die entgegengesetzte (falsche) Richtung? ❑ Ja ❑ Nein

1.3 Verbietet Z. 229 (Taxistand) auch das eingeschränkte Halten, z. B. um kurzfristig nach dem Weg zu fragen? ❑ Ja ❑ Nein

1.4 Besteht auf einem gemeinsamen Rad- und Gehweg (Z. 240) das Gebot der Schrittgeschwindigkeit? ❑ Ja ❑ Nein

1.5 Bezieht Z. 262 (Einfahrverbot ... tats. Gewicht) die tGM des Anhängers mit ein, d. h. werden die tGM addiert? ❑ Ja ❑ Nein

2* **Gegen welche StVO-Bestimmungen wird in folgenden Fällen verstoßen? Ordnen Sie entsprechend zu!**

Bestimmung	§ 9 (3) StVSO	§ 26 StVO	§ 37 StVO
Sachverhalt			

§ 1 (2) StVO bleibt unberücksichtigt.

Das in folgenden Fällen dargestellte Fahrverhalten führt jeweils zu einem Zusammenstoß mit einem Fußgänger.

2.1 –A– verlässt seine Garageneinfahrt und stößt mit einem Fußgänger zusammen.

2.2 –B– folgt der abknickenden Vorfahrtstraße und ...

2.3 –C– biegt von der X- in Y-Straße ab und ...

2.4 –D– missachtet an einer mit LSA geregelten Fußgängerfurt den Vorrang und ...

2.5 –E– stößt auf einem Fußgängerüberweg mit ...

2.6 –F– biegt an einer mit LSA geregelten Kreuzung ab und ...

2.7 –G– biegt von der Fahrbahn in seine Hauseinfahrt ab und ...

2.8 –H– biegt von der Fahrbahn auf einen öffentl. Parkplatz ab und ...

3 Liegt im folgenden Fall ein Verstoß gegen § 26 StVO vor? Begründen Sie Ihre Auffassung problemorientiert.

–A– (Straßenbahn) sowie –B– (Radfahrer) fahren im Bereich eines mit Z. 293 gekennzeichneten Fußgängerüberweges ohne Bremsreaktion weiter, sodass Fußgänger, die den Überweg nutzen, stehen bleiben müssen.

A: ❑ Ja ❑ Nein

Begr.: ....

B: ❑ Ja ❑ Nein

Begr.: ....

Test 3 / StVO

Lösung: S. 101

Zeit: 25 Minuten
Hilfsmittel: keine
Bewertung: 15 Punkte

Mit * gekennzeichnete Aufgaben sind zusammengesetzte, d. h. > 50 % müssen für eine positive Punktebewertung richtig beantwortet werden.

1* **Gegen welche Bestimmungen wird in folgenden Fällen verstoßen? Ordnen Sie zu bzw. kreuzen Sie an.**

		§ 1 StVO	§ 8 StVO	§ 9 StVO	§ 10 StVO
1.1	A				
	B				
	C				
	D				
1.2	E				
	F				
1.3	G				
	H				

1.1

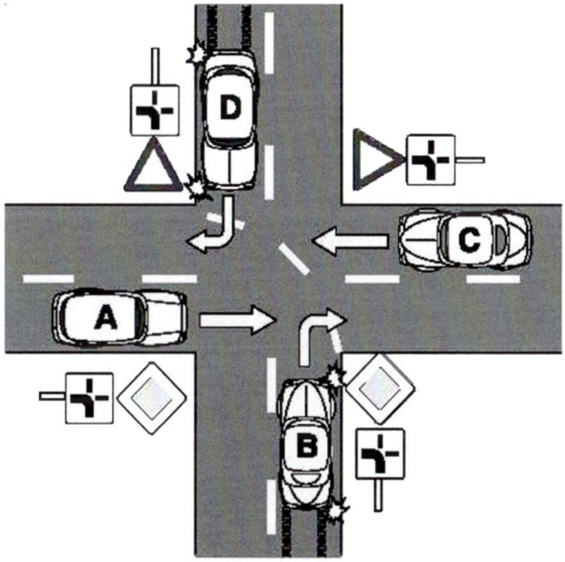

–A– / –C– setzen ihre Fahrt ohne Rücksicht auf –B– und –D– fort, sodass –B– und –D– einen Zusammenstoß nur durch eine Vollbremsung verhindern können.

1.2 Parkplatz eines Einkaufszentrums

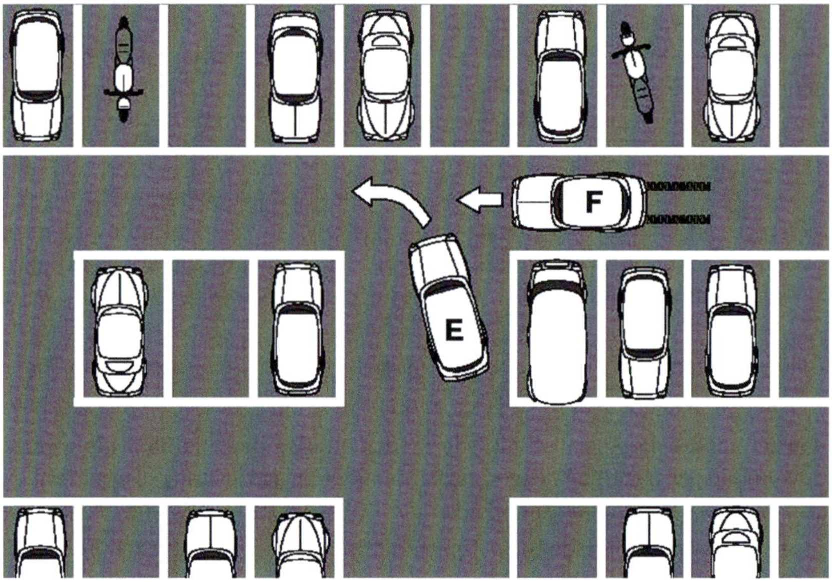

E– setzt seine Fahrt ohne Rücksicht auf –F– im Rahmen seiner Parkplatzsuche fort, sodass –F– einen Zusammenstoß nur durch eine Vollbremsung verhindern kann.

1.3 Gemietete Parkhausetage, nur über Codecard zugänglich

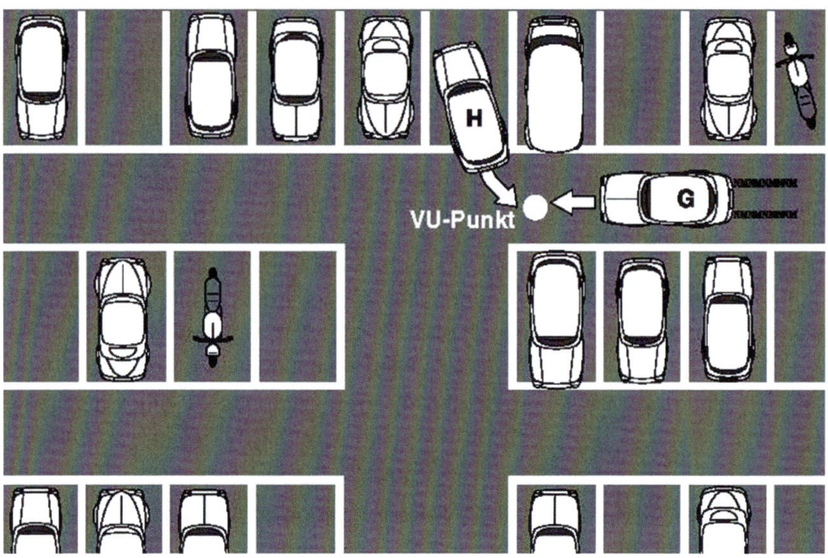

–H– setzt rückwärts aus einer Parklücke und stößt mit –G– zusammen.

2 **Liegen im folgenden Beispiel Verstöße gegen §§ 1, 26 StVO vor? Begründen Sie Ihre Auffassung problemorientiert.**

Straßenpflaster

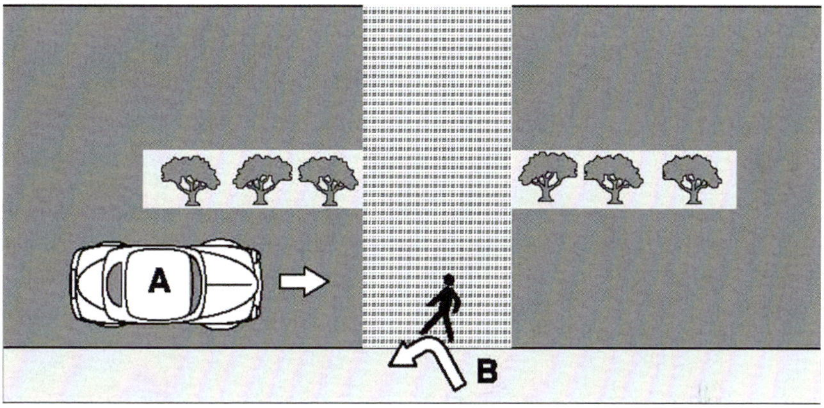

–A– bremst, setzt seine Fahrt jedoch ohne Rücksicht auf –B– fort, sodass –B– zurücktreten muss.

A: ❑ Ja ❑ Nein

Begr.: ....

B: ❑ Ja ❑ Nein

Begr.: ....

Test 4 / StVO Lösung: S. 103

Zeit: 30 Minuten
Hilfsmittel: keine
Bewertung: 20 Punkte

Mit * gekennzeichnete Aufgaben sind zusammengesetzte, d. h. > 50 % müssen für eine positive Punktebewertung richtig beantwortet werden.

1 Liegen in folgenden Fällen Verstöße gegen die bestehenden Verkehrszeichen vor? Begründen Sie Ihre Auffassung problemorientiert.

1.1

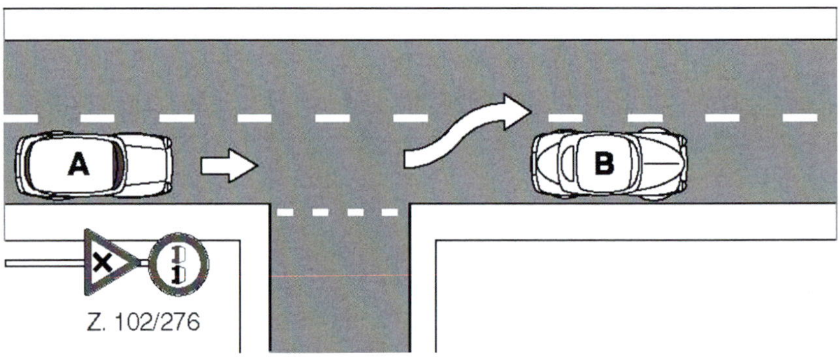

–A– überholt nach der Einmündung den bereits seit Längerem vorausfahrenden Pkw –B–. ❑ Ja ❑ Nein

Begr.: ....

1.2

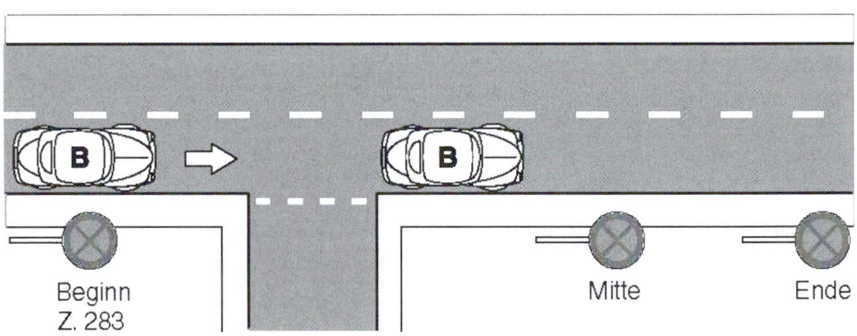

–B– parkt seinen Pkw wie eingezeichnet. ❑ Ja ❑ Nein

Begr.: ....

1.3 –C– befährt mit seinem Pkw eine wie nachstehend beschilderte Fahrradstraße mit ca. 40 km/h. ❑ Ja ❑ Nein
Begr.: ....

1.4 –D– und –E– befahren mit ihren E-Scootern den mit Zeichen 325.1

gekennzeichneten Verkehrsbereich nebeneinander mit Höchstgeschwindigkeit (20 km/h). ❑ Ja ❑ Nein
Begr.: ....

Test 5 / StVO

Lösung: S. 104

Zeit:	25 Minuten
Hilfsmittel:	keine
Bewertung:	15 Punkte
	Mit * gekennzeichnete Aufgaben sind zusammengesetzte, d. h. > 50 % müssen für eine positive Punktebewertung richtig beantwortet werden.

1* **Liegen in folgenden Beispielen Verstöße gegen die StVO vor? Nennen Sie die Bestimmung mit einer stichwortartigen Begründung.**

1.1 –A– befährt mit seinem Mofa durchgängig den für seine Fahrtrichtung bestehenden markierten linken Fahrstreifen igO. Zu Behinderungen kommt es nicht. § .... StVO

Begr.: ....

1.2 –B– befährt agO eine insgesamt dreispurig markierte Straße mit seinem Krad mit 120 km/h. Seine Fahrtrichtung ist zweispurig markiert und zum Gegenverkehr mit Zeichen 295 (Fahrstreifenbegrenzung) abgegrenzt. § .... StVO

Begr.: ....

1.3 –C– überholt mit seinem Lkr in einem mit Zeichen 276 (Überholverbot) beschilderten Streckenabschnitt einen lof-Zug. Zu Behinderungen kommt es nicht. § .... StVO

Begr.: ....

1.4 –D– hält mit seinem Pkw auf der BAB zum Vorausfahrenden bei einer Geschwindigkeit von 140 km/h einen Abstand von 30 m. Er herrscht eine durchschnittlicher Verkehrsbelastung, die äußeren Bedingungen sind gut. § .... StVO

Begr.: ....

1.5 –E– verlässt mit seinem Pkw die abknickende Vorfahrtstraße im rechten Winkel nach links und stößt dort mit einem die Fahrbahn kreuzenden Fußgänger zusammen. § .... StVO

Begr.: ....

2* **Sind folgende Aussagen richtig?**

2.1 Ein Vorfahrtfall bedingt grundsätzlich faktischen Querverkehr. ❑ Ja ❑ Nein

2.2 Begegnungsverkehr i. S. d. Abbiegens ist nur auf faktisch derselben Straße möglich. ❑ Ja ❑ Nein

2.3 Wartepflichtig i. S. d. Abbiegens ist ein Fz-Führer nur gegenüber Benutzern derselben Fahrbahn. ❑ Ja ❑ Nein

2.4 Auch der Vorfahrtberechtigte i. S. d. § 8 StVO unterliegt dem „Verzichtsgebot" aus § 11 (3) StVO. ❑ Ja ❑ Nein

2.5 Auf Verteilerfahrbahnen (verlaufen parallel zur durchgehenden Fahrbahn im BAB-Kreuz) gilt gegenüber den tangential einmündenden Zufahrtsbenutzern nicht die Vorfahrtregel gem. § 18 (3), sondern Verständigungspflicht. ❑ Ja ❑ Nein

Test 6 / StVO Lösung: S. 105

Zeit: 20 Minuten

Hilfsmittel: keine

Bewertung: 25 Punkte

Mit * gekennzeichnete Aufgaben sind zusammengesetzte, d. h. >50 % müssen für eine positive Punktebewertung richtig beantwortet werden.

1 Beantworten Sie folgenden Fragen.

1.1* Wer ist Adressat folgender Bestimmungen?

1.1.1 § 1 Abs. 2 (Gefährdungsverbot) ....

1.1.2 § 8 Abs. 2 (Vorfahrtverletzung) ....

1.1.3 § 3 Abs. 3, Ziff. 1 (zHG igO) ....

1.1.4 § 2 Abs. 1 (RfG) ....

1.1.5 Anlage 2, Zeichen (Z) 253 (Nutzungsverbot) ....

1.2 Kennt die StVO den Versuch als Begehungsform? ❑ Ja ❑ Nein

1.3* Wird bei StVO-Verstößen zwischen Täter, Mittäterschaft, Beihilfe oder Anstiftung unterschieden, und auf welche Bestimmung begründet sich dies? ❑ Ja ❑ Nein

§ ....

1.4* Ersetzen/berichtigen Sie folgende Begriffe im Zusammenhang mit einem StVO-Verstoß.

* schuldhaft ....
* Unrecht ....
* Strafe ....

1.5* Nach welcher Zeit verjährt die Verfolgung eines StVO-Verstoßes, und auf welche Bestimmung begründet sich dies? (Tage/Monate/Jahre)

§ ....

2 Liegt im folgenden Beispiel ein Verstoß gegen § 37 StVO vor? Begründen Sie Ihre Auffassung problemorientiert.

–A– nähert sich einer LSA geregelten Kreuzung. Jeder Fahrstreifen wird einzeln geregelt, der für den Geradeausverkehr zeigt Grün, der für den Linksabbiegerverkehrs Rot. –A– befährt den Fahrstreifen des Geradeausverkehrs, biegt dann aber auf der Kreuzung nach links ab.

Test 7 / StVO Lösung: S. 107

Zeit: 25 Minuten

Hilfsmittel: keine

Bewertung: 25 Punkte

Mit * gekennzeichnete Aufgaben sind zusammengesetzte, d. h. > 50 % müssen für eine positive Punktebewertung richtig beantwortet werden.

1 Ergänzen Sie folgende Aussagen:

1.1 Radfahrer müssen hintereinander fahren, nebeneinander dürfen sie nur fahren, wenn ....

1.2 Kinder bis ....
mit Fahrrädern Gewege benutzen; beim Überqueren einer Fahrbahn
....

1.3 IgO – ausgenommen auf Autobahnen (Zeichen 330) – dürfen ....
....
auf Fahrbahnen mit mehreren Fahrstreifen für eine Richtung (Zeichen 296 oder 340) den Fahrstreifen frei wählen.

2* Wird in folgenden Beispielen gegen Bestimmungen der StVO verstoßen? Wenn Ja, nennen Sie die verletzte(n) Bestimmung(en):

2.1 –A– überholt mit seinem FmH/KKR eine vor einem geschlossenen Bahnübergang auf dem rechten Fahrstreifen wartende Fz-Schlange vorsichtig rechts, wo ausreichend Raum vorhanden ist. ❑ Ja ❑ Nein

§§ .... StVO

2.2 IgO haben sich im Berufsverkehr Fz-Schlangen auf beiden Fahrstreifen für eine Richtung gebildet. –B– benutzt mit seinem Kleinlaster, 2,8 t zGM, seit längerem den linken Fahrstreifen, während –C– mit seinem Lkw, 9 t zGM, auf dem rechten Fahrstreifen überholt.

B: ❑ Ja ❑ Nein

§§ .... StVO

C: ❑ Ja ❑ Nein

§§ .... StVO

2.3 –D– missachtet an einer Engstelle die Vorschrift des Reißverschlussverfahrens, was zu weiteren Beeinträchtigungen des übrigen Verkehrs führt. ❑ Ja ❑ Nein

3 Erläutern Sie problemorientiert, ob im folgenden Sachverhalt ein Verstoß gegen § 2 StVO vorliegt.

Auf einer mit Seitenstreifen gut ausgebauten Umgehungsstraße benutzt –A– mit seinem Pkw mit Anhänger bei einer gefahrenen Geschwindigkeit von 80 km/h jeweils den Seitenstreifen, sobald rückwärtiger Fz-Verkehr auftaucht, um diesem das Überholen zu erleichtern.

Test 8 / StVO	Lösung: S. 108
Zeit:	30 Minuten
Hilfsmittel:	keine
Bewertung:	30 Punkte Mit * gekennzeichnete Aufgaben sind zusammengesetzte, d. h. > 50 % müssen für eine positive Punktebewertung richtig beantwortet werden.

**1*	Liegen in folgenden Fällen Verstöße gegen die StVO vor? Begründen Sie Ihre Auffassung stichwortartig.**

1.1	–A– überholt agO im Bereich einer LSA auf einer für seine Richtung zweispurigen Fahrbahn ein weiteres Kfz rechts.

1.2	–B– überholt als Führer eines Pkw mit Anhänger (Zug: zGM 4 t) auf einem mit Zeichen 277 gekennzeichneten Streckenabschnitt einen lof-Zug.

Zeichen 277

1.3	–C– überholt als Kradführer ca. 20 m vor einem gekennzeichneten Fußgängerüberweg einen Pkw.

Zu Behinderungen von Fußgängern oder Anderer VT kommt es nicht.

Zeichen 293

1.4	Der 12-Jährige –D– befährt igO mit dem E-Scooter seines Vaters – ohne dessen Wissen – den Gehwegbereich vor der elterlichen Wohnung.

**2*	Wie schnell dürfen folgende Kfz/Züge auf der Kraftfahrstraße fahren?**

- Pkw ....km/h
- Lkw, 2,8 t zGM ....km/h
- Wohnmobil, 2,8 t zGM ....km/h
- Pkw mit „Sportanhänger“ ....km/h
- Lkw, 5,6 t zGM ....km/h

3* **Ordnen Sie den einzelnen Sachverhalten alle zutreffenden Aussagen zu.**

Sachverhalte	Aussagen
3.1 –A– führt sein Mofa ohne Schutzhelm. 3.2 –B– hat beim Ausparken den Sicherheitsgurt nicht angelegt. 3.3 –C– fährt mit seinem Lkw, 5,6 t zGM, agO bei sich schließender Bahnschranke bis zum Andreaskreuz vor. 3.4 –D– schließt mit seinem Pkw mit Anhänger (Gesamtlänge 6,50 m) zu –C– auf. 3.5 –E– parkt an einer defekten Parkuhr unter Überschreitung der Höchstparkzeit.	A Mofafahrer unterliegen nicht der Helmpflicht. B Das Verhalten stellt einen Verstoß gegen § 21a StVO dar. C Hier darf nur unter Verwendung einer Parkscheibe geparkt werden. D Die Höchstparkzeit gilt nicht. E Lkw und Züge unterliegen nicht dem Wartegebot unmittelbar hinter der einstreifigen Bake (Zeichen 162). F Kfz über 2,8 t zGM, ausgenommen Pkw, unterliegen einem Wartegebot unmittelbar hinter der einstreifigen Bake (Zeichen 162).

Sachverhalt	3.1	3.2	3.3	3.4	3.5
zutreffende Aussage(n)					

Test 9 / StVO Lösung: S. 109

Zeit: 25 Minuten

Hilfsmittel: keine

Bewertung: 25 Punkte

Mit * gekennzeichnete Aufgaben sind zusammengesetzte, d. h. >50 % müssen für eine positive Punktebewertung richtig beantwortet werden.

1* Beantworten Sie folgende Fragen!

1.1 Nennen Sie stichwortartig die Voraussetzung zur Inanspruchnahme von Sonderrechten jeweils für die nachfolgenden Adressaten:

1.1.1 Zolldienst: ....

....

....

1.1.2 Fz des Rettungsdienstes: ....

....

....

1.2 Von welchen Verhaltensbestimmungen sind die Fz der Straßenreinigung § 35 (6) befreit?

Nennen Sie die beiden „Hauptverhaltensnormen" (inhaltlich/ohne §§).

a) ....

b) ....

1.3 Beinhaltet § 38 (1) StVO die Berechtigung zur Missachtung der zHG? ❑ Ja ❑ Nein

1.4 Für welchen Zeitraum gilt das sog. Sonntagsfahrverbot? ....

1.5* Nennen Sie die grundsätzlichen „Ladegebote" aus § 22 StVO. Auf Sicherheitsmaßnahmen i. S. d. Abs. 4 (z. B. Beleuchtung) ist nicht einzugehen.

2 Ist im folgenden Beispiel die Inanspruchnahme von Sonderrechten gerechtfertigt? Begründen Sie Ihre Auffassung problemorientiert.

–A– befährt mit einem Müllwagen eine mit Zeichen 250 gesperrte Straße, wobei er weitgehend in der Mitte der Straße fährt, sodass der Müllwagen von beiden Seiten beladen werden kann.

Test 10 / StVO

Lösung: S. 110

Zeit: 15 Minuten

Hilfsmittel: keine

Bewertung: 15 Punkte

Mit * gekennzeichnete Aufgaben sind zusammengesetzte, d. h. > 50 % müssen für eine positive Punktebewertung richtig beantwortet werden.

1* Liegen in folgenden Fällen Verstöße gegen Halte- und Parkverbote vor? In den Fällen 1.1 – 1.3 kommt es zu Behinderungen des rückwärtigen Verkehrs!

1.1 –A– parkt für ca. 5 Minuten in zweiter Reihe, um seine Urlaubskoffer einzuladen. ❑ Ja ❑ Nein

1.2 –B– parkt mit seinem Taxi ca. 5 Minuten in zweiter Reihe, um auf einen Fahrgast zu warten. ❑ Ja ❑ Nein

1.3 –C– hält in zweiter Reihe, um rückwärts einzuparken. ❑ Ja ❑ Nein

1.4 –D– parkt neben auf dem Seitenstreifen geparkten Fz in zweiter Reihe. ❑ Ja ❑ Nein

1.5 –E– parkt neben auf dem Gehweg geparkten Fz in zweiter Reihe. ❑ Ja ❑ Nein

2* Liegen in folgenden Fällen Verstöße gegen Beleuchtungsvorschriften vor?

2.1 –A– fährt mit seinem Mofa am Tage ohne Licht. ❑ Ja ❑ Nein

2.2 –B– verwendet bei einer nebelbedingten Sichtweite von ca. 60 – 70 m an seinem Krad nur den Nebelscheinwerfer. ❑ Ja ❑ Nein

2.3 –C– verwendet bei starkem Regen die Nebelscheinwerfer. ❑ Ja ❑ Nein

2.4 –D– parkt sein Kkr nachts unbeleuchtet igO auf dem Seitenstreifen. ❑ Ja ❑ Nein

2.5 –E– parkt seinen Kleinlaster (3,5 t zGM) igO nachts unbeleuchtet im Bereich einer Straßenleuchte. ❑ Ja ❑ Nein

3 Beurteilen Sie problemorientiert den nachfolgenden Sachverhalt im Hinblick auf Halt- und Parkverstöße.

–A– parkt zweckgebunden (Ladevorgang) im Bereich eines mit Zeichen 297 i. V. m Z. 340 markierten Einordnungsabschnitts.

Der Bereich ist zusätzlich mit Zeichen 286 gekennzeichnet.

2.2 FZV

Test 1 / FZV – Zulassung Lösung: S. 111

Zeit:	15 Minuten
Hilfsmittel:	keine
Bewertung:	15 Punkte
	Mit * gekennzeichnete Aufgaben sind zusammengesetzte, d. h. > 50 % müssen für eine positive Punktebewertung richtig beantwortet werden.

1 Beantworten Sie folgende Fragen stichwortartig!

1.1* Woraus besteht die „Zulassung" i. S. d. FZV

a) ....

b) ....
(als Voraussetzung)

c) ....
(als sichtbarer Nachweis)

1.2* Nennen Sie drei weitere Formen einer erlaubten Teilnahme am Straßenverkehr mit Fz

a) ....

b) ....

c) ....

1.3 Ist das Vorliegen eines Kfz-Haftpflichtvertrages unabdingbar zur rechtmäßigen Teilnahme am Straßenverkehr mit einem Kfz erforderlich? ❑ Ja ❑ Nein

1.4* In welchen der folgenden Fälle ist die Zulassungsfreiheit des Anhängers von der Verwendung einer Zugmaschine abhängig?

1.4.1	Arbeitsmaschine (in Anhängerform)	❑ Ja	❑ Nein
1.4.2	Packwagen im Schaustellergewerbe	❑ Ja	❑ Nein
1.4.3	Anhänger für Feuerlöschzwecke	❑ Ja	❑ Nein
1.4.4	lof-Anhänger	❑ Ja	❑ Nein
1.4.5	fahrbare Baubuden	❑ Ja	❑ Nein

1.5 Welche Verkehrsausweise sind in folgenden Fällen Ihnen bei einer Kontrolle an Ort und Stelle auszuhändigen?

		BE	ZB Teil I / Fz-Schein	Vers.-Bescheinigung
1.5.1	selbstf. Arbeitsmaschine, 90 km/h bbH	❑	❑	❑
1.5.2	Lkr	❑	❑	❑
1.5.3	fahrbare Baubude, bei 25 km/h tHG	❑	❑	❑
1.5.4	lof-Arbeitsgerät	❑	❑	❑
1.5.5	E-Scooter	❑	❑	❑

1.6 Welche Kennzeichnung ist beim Betrieb folgender Fz im öVR erforderlich?

		amtl. Kennzeichen	Vers. Kennzeichen
1.6.1	Lkr	❑	❑
1.6.2	Krankenfahrstuhl	❑	❑
1.6.3	selbstf. Arbeitsmaschine, 20 km/h bbH	❑	❑
1.6.4	Leichtmofa	❑	❑
1.6.5	E-Scooter	❑	❑

Test 2 / FZV – Zulassung

Lösung: S. 112

Zeit:	15 Minuten
Hilfsmittel:	keine
Bewertung:	25 Punkte
	Mit * gekennzeichnete Aufgaben sind zusammengesetzte, d. h. > 50 % müssen für eine positive Punktebewertung richtig beantwortet werden.

1* **Beantworten Sie folgende Fragen stichwortartig!**

1.1 Nennen Sie 3 Formen der Betriebserlaubnis.
a)............................
b)............................
c)............................

1.2 Nennen Sie 3 (allg. unterschiedliche) Formen des Erlöschens der BE.
a)............................
b)............................
c)............................

1.3 Nennen Sie 3 (übergeordnete) Einrichtungsbegriffe, die einer Bauartgenehmigung gem. § 22a StVZO bedürfen.
a)............................
b)............................
c)............................

2* Liegen in folgenden Beispielen Verstöße gegen die FZV/StVZO vor?

2.1 –A– zieht für 2 1/2 Monate im Rahmen von Montagearbeiten von A- nach B-Stadt, ohne der Zulassungstelle Mitteilung zu machen. ❑ Ja ❑ Nein

2.2 –B– bringt das Stützlastschild im Inneren des Kofferraums an. ❑ Ja ❑ Nein

2.3 –C– führt den Untersuchungsbericht der Hauptuntersuchung nach § 29 StVZO beim Betrieb des Kfz nicht mit. ❑ Ja ❑ Nein

2.4 –D– bringt an seinem Krad zusätzlich 2 Nebelscheinwerfer an. ❑ Ja ❑ Nein

3* **Liegen in folgenden Beispielfällen Verstöße gegen §§ 3, 4 FZV vor? Begründen Sie Ihre Auffassung problemorientiert.**

3.1 –A– befährt den öVR mit einem E-Scooter ohne gültige Versicherungsplakette.

3.2 –B– hat sein Krad für das Winterhalbjahr abgemeldet (bzw. Saisonkennzeichen für das Sommerhalbjahr). An einem schönen Frühlingstag macht er unter Verwendung der „alten“ Kennzeichen eine kleine Ausflugstour.

Test 3 / FZV – Zulassung	Lösung: S. 114
Zeit:	25 Minuten
Hilfsmittel:	FZV, Anlagen zur FZV, StVZO, AusnVO
Bewertung:	25 Punkte
	Mit * gekennzeichnete Aufgaben sind zusammengesetzte, d. h. > 50 % müssen für eine positive Punktebewertung richtig beantwortet werden.

1* **Ordnen Sie in folgenden Sachverhalten alle zutreffenden Aussagen zu.**

Sachverhalte	Aussagen
1.1 –A– händigt Ihnen bei der Kontrolle seines lof-Zuges lediglich den entsprechenden Führerschein sowie die ZB Teil I der Zugmaschine (32 km/h bbH) aus. 1.2 –B– verändert durch Ritzelaustausch bei seinem Kkr die bbH auf 90 km/h. 1.3 –C– führt hinter seinem Geländefz. (DB GL oder Mitsubishi Pajero) einen Blumenstand mit.	A Der Anhänger ist zulassungsfrei. B Das Kkr wird zum Lkr. C Der Anhänger ist zulassungspflichtig. D Die Zulassungspflicht ist von einer tgH < 25 km/h abhängig. E Das Zweirad ist zulassungspflichtig. F Die Anhänger bedürfen einer Kennzeichnung gem. § 58 StVZO, soweit sie zulassungsfrei sind.

Sachverhalt	1.1	1.2	1.3
zutreffende Aussage(n)			

2* **Liegen in folgenden Fällen Verstöße gegen die FZV vor? Nennen Sie die verletzte(n) Bestimmung(en) mit einer stichwortartigen Begründung.**

2.1 –A– kann Ihnen im Rahmen einer Verkehrskontrolle als Pkw-Führer nicht die ZB Teil I vorzeigen.

§........................FZV

Begr: ....

2.2 –B– führt hinter seinem Kleinlaster eine fahrbare Baubude mit. Die Baubude ist mit einem Kennzeichen des Baubetriebes sowie einem 25-km/h-Schild hinten versehen.

§........................FZV

Begr: ....

2.3 –C– führt als Landschaftsgärtner eine einachsige Zugmaschine (bHG: 10 km/h) mit Sitzkarre (Holder). Im Rahmen einer Unfallaufnahme stellten Sie fest, dass –C– weder eine BE mitführt noch das Fz mit Kennzeichen versehen ist.

§........................FZV

Begr: ....

2.4 –D– führt hinter seiner lof-Zugmaschine 2 mit Müll beladene lof-Anhänger mit. Nach Aussagen des –D– handelt es sich hierbei um Müll, der im Rahmen einer Landschaftssäuberungsaktion gesammelt wurde und nun der Mülldeponie zugeführt werden soll. §........................FZV

Begr: ....

2.5 –E– wird im Rahmen einer Radarkontrolle igO mit 65 km/h gemessen. Laut vorgezeigter BE handelt es sich bei dem geführten Zweirad um ein Kkr. Nach Aussage des –E– hat er durch Manipulation der elektronischen Drosseleinheit eine bHG von ca. 90 km/h erzielt. §........................FZV

Begr: ....

Test 4 / FZV – Zulassung

Lösung: S. 116

Zeit: 25 Minuten
Hilfsmittel: keine
Bewertung: 25 Punkte

Mit * gekennzeichnete Aufgaben sind zusammengesetzte, d. h. > 50 % müssen für eine positive Punktebewertung richtig beantwortet werden.

1* **Liegt in folgenden Fällen ungenehmigtes Schleppen vor?**

1.1 –A– bleibt mit seinem Pkw infolge Benzinmangels liegen.
–F– zieht ihn mit seinem Pkw zur nächsten Tankstelle. ❑ Ja ❑ Nein

1.2 –B– bleibt mit seinem Pkw infolge eines Keilriemenbruchs liegen.
–F– zieht ihn mit seinem Pkw zur nächsten Tankstelle. ❑ Ja ❑ Nein

1.3 –C– erwirbt in seiner Heimatstadt ein wegen eines Motorschadens nicht fahrbereites Oldtimerfahrzeug.
–F– zieht ihn mit seinem Pkw zur Restaurierung zu –C`s– Garage. ❑ Ja ❑ Nein

1.4 –D– bleibt mit seinem Pkw (VW) infolge eines Motorschadens in Köln liegen.
–F– zieht ihn mit seinem Pkw über eine Strecke von ca. 70 km zu –D`s– Werkstatt. ❑ Ja ❑ Nein

1.5 –E– bleibt mit seinem Pkw infolge eines Kühlerrisses auf der BAB liegen.
–F– zieht ihn über 2 Ausfahrten hinweg zur nächsten BAB-Raststätte. ❑ Ja ❑ Nein

2* **Besteht beim Betrieb folgender Fz Zulassungspflicht i. S. d. § 3 FZV?**

2.1 Zugmaschine, bbH 16 km/h ❑ Ja ❑ Nein

2.2 Zugmaschine, bbH 32 km/h – mit lof-Anhänger (ordnungsgemäß gekennzeichnet) ❑ Ja ❑ Nein

2.3 Pkw – mit einachsigem Anhänger (350 kg zGM) ❑ Ja ❑ Nein

2.4 Mofa, bbH 45 km/h nach Ritzelveränderung ❑ Ja ❑ Nein

2.5 Baukranwagen, 18 t zGM, 110 km/h bbH ❑ Ja ❑ Nein

3 **Liegt im folgenden Sachverhalt ein zulassungsrechtlicher Verstoß gegen § 3 FZV vor? Begründen Sie Ihre Auffassung problemorientiert.**

–A– fährt mit seinem lof-Zug auf der Rückfahrt (nach Abladen von Zuckerrüben, etc.) mit ca. 35–40 km/h.

Die Zugmaschine ist mit amtlichen Kennzeichen, der Anhänger mit Wiederholungskennzeichen sowie einem 25-km-Schild an der Rückseite versehen.

–A– zeigt Ihnen neben seinem Führerschein die ZB Teil I der Zugmaschine. Weitere Ausweispapiere führt er nicht mit.

Test 5 / FZV – Zulassung

Lösung: S. 117

Zeit: 15 Minuten

Hilfsmittel: keine

Bewertung: 15 Punkte

Mit * gekennzeichnete Aufgaben sind zusammengesetzte, d. h. > 50 % müssen für eine positive Punktebewertung richtig beantwortet werden.

1* Ergänzen Sie die folgende Übersicht hinsichtlich der jeweiligen technischen Definitionsmerkmale.

	Fz	Hubraum (ccm)	zHG (km/h)	Besonderheiten
1.1	Krad			
1.2	Lkr			
1.3	Kkr			
1.4	Quad			
1.5	Mofa			

2 Liegen in folgenden Sachverhalten Verstöße gegen Zulassungsvorschriften vor?

Antworten Sie mit Ja / Nein und begründen Sie Ihre Auffassung problemorientiert!

2.1 –A– bittet seinen Autohändler um eine mehrtägige Überlassung des neuen Modells, da er das Fz auf Geeignetheit in seinem Beruf als Handelsvertreter testen möchte.

Der Autohändler kommt der Bitte des –A– nach und überlässt ihm das neue Modell für den Zeitraum mehrerer Tage.

Das Fz ist mit „roten Kennzeichen" versehen.

–A– zeigt Ihnen bei der Kontrolle den entsprechenden „roten Fz-Schein“ vor.

❑ Ja ❑ Nein

Begr.: ....

2.2 –B– bringt auf dem Kofferraum seines Pkw einen Dachspoiler an.

Im Fz-Schein befindet sich kein entsprechender Eintrag. Ein Teilegutachten führt –B– ebenfalls nicht mit.

❑ Ja ❑ Nein

Begr.: ....

2.3 Fahrerlaubnis

Test 1 / FE Lösung: S. 119

Zeit:	20 Minuten
Hilfsmittel:	keine
Bewertung:	15 Punkte
	Mit * gekennzeichnete Aufgaben sind zusammengesetzte, d. h. > 50 % müssen für eine positive Punktebewertung richtig beantwortet werden.

1 Beantworten Sie folgende Fragen.

1.1* Welche der folgenden Aussage/n ist/sind falsch?

1.1.1 Die FE stellt keinen begünstigenden Verwaltungsakt dar. ❑

1.1.2 Die FE wird grundsätzlich befristet erteilt. ❑

1.1.3 Die FE darf jederzeit entzogen werden. ❑

1.1.4 Die FE ist stets durch den Führerschein nachzuweisen. Hierbei genügt eine Kopie. ❑

1.1.5 Innerhalb der 2-jährigen Probezeit führen alle vom Probanten begangenen Verkehrsordnungswidrigkeiten zur Nachbeschulung bzw. der Notwendigkeit der Neuablegung der Befähigungsprüfung. ❑

1.2* Welche FE-Klasse ist zum Führen folgender Kfz erforderlich?

1.2.1 Pkw mit „Sportanhänger“ (Zug-zGM: 3,2 t) ....

1.2.2 Lkw, 3,5 t zGM, mit zweiachsiger Baubude

a) bei 25 km/h tHG ....

b) bei 50 km/h tHG ....

1.2.3 Lkr,

a) 125 ccm Hubraum, 110 km/h bbH ....

b) 80 ccm Hubraum, 90 km/h bbH ....

1.2.4 Zugmaschine, 32 km/h bbH, 7,5 t zGM

a) ohne Anhänger ....

b) mit 2-achsigem lof-Anhänger, bei 25 km/h tHG ....

1.2.5 Zweirad

a) FmH/KKR a)....................

b) Mofa b)....................

c) E-Scooter c)....................

1.3	Wer kann Täter i. S. d. § 21 StVG sein?	a).................... b)....................
1.4	Nennen Sie je Tatbestandskette des § 21 (1) 1 StVG (= Fahrer) ein charakterisierendes Stichwort!	a).................... b).................... c)....................
1.5	Welcher Verstoß liegt im folgenden Fall vor? Taxifahrer –A– kann Ihnen nicht den notwendigen Führerschein zur Fahrgastbeförderung vorzeigen.	❑ § 21 StVG ❑ § 48 FeV ❑ § 4 FeV

Test 2 / FE		Lösung: S. 120
Zeit:	20 Minuten	
Hilfsmittel:	keine	
Bewertung:	25 Punkte Mit * gekennzeichnete Aufgaben sind zusammengesetzte, d. h. > 50 % müssen für eine positive Punktebewertung richtig beantwortet werden.	
Allgemeine Hinweise	Die Begriffe öVR, Kfz, Führen sind unterstellt.	

1* **Sind folgende Aussagen richtig?**

1.1 Nur bei amtlicher Aushändigung des Führerscheins (FS) ist die Fahrerlaubnis (FE) wirksam. ❑ Ja ❑ Nein

1.2 Die Angaben im FS müssen stets den tatsächlichen Gegebenheiten entsprechen. ❑ Ja ❑ Nein

1.3 Der Führerschein ist nur beim unmittelbaren Führen zuständigen Personen zur Kontrolle auszuhändigen. ❑ Ja ❑ Nein

1.4 Taxifahrer müssen an Taxiständen den FS stets zuständigen Personen aushändigen. ❑ Ja ❑ Nein

1.5 Der FS ist sowohl eine Urkunde i. S. d. § 267 StGB als auch ein Ausweispapier i. S. d. § 281 StGB. ❑ Ja ❑ Nein

2 **Liegen in folgenden Sachverhalten Verstöße gegen § 21 StVG vor? Antworten Sie mit Ja/Nein und begründen Sie Ihre Auffassung problemorientiert.**

2.1 –A– ist luxemburgischer Staatsangehöriger und studiert seit 3 Jahren in Deutschland. Im Rahmen einer Verkehrskontrolle zeigt er Ihnen als Pkw-Führer einen gültigen luxemburgischen Führerschein (entsprechend der Kl. B) vor. ❑ Ja ❑ Nein

Begr.: ....

2.2 –B– (* 1971) wohnt seit 3 Jahren als belgischer Staatsangehöriger in Deutschland. Im Rahmen einer VK überprüfen Sie ihn als Führer eines Mofas. Er zeigt Ihnen neben BE und Versicherungsbescheinigung ebenfalls einen belgischen Führerschein. ❑ Ja ❑ Nein

Begr.: ....

2.3 –C– (* 01/1965) wurde nach einer Trunkenheitsfahrt die Fahrerlaubnis entzogen. Sie überprüfen ihn als Mofafahrer im Rahmen einer VK. Außer BE und Versicherungsbescheinigung führt –C– keine Verkehrsausweise mit. ❑ Ja ❑ Nein

Begr.: ....

Test 3 / FE	Lösung: S. 121
Zeit:	30 Minuten
Hilfsmittel:	StVZO, StVG, FeV
Bewertung:	25 Punkte
	Mit * gekennzeichnete Aufgaben sind zusammengesetzte, d. h. > 50 % müssen für eine positive Punktebewertung richtig beantwortet werden.
Allgemeine Hinweise	1. Die Begriffe öVR, Kfz, Führen sind unterstellt. 2. Auf vorsätzliche oder fahrlässige Begehung ist nicht einzugehen.

1* **Welche FE-Klasse ist zur Führung folgender Fz erforderlich?**

		FE-Klassen
1.1	Mofa, soweit keine Prüfbescheinigung vorliegt	....
1.2	Zweirad, 50 ccm, 45 km/h bbH	....
1.3	Zweirad, 125 ccm, 110 km/h, 11 kW Nennleistung	....
1.4	Zweirad, 500 ccm, 25 kW, 250 kg Leergewicht	....
1.5	Zweirad, 125 ccm, 25 kW, 140 kg Leergewicht	....
1.6	Lkw, 6,9 t zGM, mit Starrdeichselanhänger (1,3 m Achsabstand)	....
1.7	Lkw, Dreiachser	....
1.8	Kombinationskfz nach Art eines Sattelkfz, 16,2 t zGM	....
1.9	Zugmaschine, 7,5 t zGM, mit 2 zulassungsfreien lof-Anhängern	....
1.10	Lkw, 5,6 t zGM, mit 2-achsiger fahrbarer Baubude, 50 km/h tgH	....

2 **Liegen in folgenden Sachverhalten Verstöße gegen § 21 StVG vor? Antworten Sie mit Ja/Nein und begründen Sie Ihre Auffassung problemorientiert.**

2.1 Sie überprüfen im Rahmen einer VK –A–, der eine Zugmaschine, 40 km/h bbH, 7,5 t zGM, mit einem Packwagen im Schaustellergewerbe (4 t zGM) führt. Die zulassungsbefreienden Vorschriften werden eingehalten.

–A– zeigt Ihnen u. a. einen Führerschein der Kl. 5 / T vor. ❑ Ja ❑ Nein

Begr.: ....

2.2 –B– führt ein Lkr (125 ccm, 110 km/h bbH, 11 kW). Im Rahmen einer VK zeigt er Ihnen neben der BE einen Führerschein der Kl. 1b / A1 vor.

–B– hat das 17. Lebensjahr vollendet. ❑ Ja ❑ Nein

Begr.: ....

2.3 –C– wird im Rahmen einer Geschwindigkeitsüberschreitung der zHG igO von Ihnen kontrolliert. Er händigt Ihnen neben einem Führerschein der Kl. AM die BE sowie Versicherungsbescheinigung des geführten Zweirades aus, wonach es sich hierbei um ein Kkr handelt.

–C– gibt zu, einen Rennluftfilter eingebaut zu haben. ❑ Ja ❑ Nein

Begr.: ....

Test 4 / FE	Lösung: S. 123
Zeit:	25 Minuten
Hilfsmittel:	StVZO, StVG, FeV
Bewertung:	25 Punkte
	Mit * gekennzeichnete Aufgaben sind zusammengesetzte, d. h. > 50 % müssen für eine positive Punktebewertung richtig beantwortet werden.
Allgemeine Hinweise	Die Begriffe öVR, Kfz, Führen sind unterstellt.

1* **Handelt es sich bei folgenden Einschränkungen um Auflagen oder Bedingungen i. S. d § 23 FeV?**

Ordnen Sie entsprechend zu bzw. kreuzen Sie an.

	Der Inhaber dieser Fahrerlaubnis ...	Auflage	Bedingung
1.1	... darf nur Kfz mit einer bbH von nicht mehr als 100 km/h führen ...	❑	❑
1.2	... darf nur in Begleitung ein Kfz führen ...	❑	❑
1.3.1	... muss beim Führen eine geeignete Sehhilfe tragen ...	❑	❑
1.3.2	... und eine Ersatzbrille mitführen ...	❑	❑
1.4	... darf nur von A-Stadt nach B-Stadt ein Kfz führen ...	❑	❑
1.5	... darf ein Kfz nicht schneller als mit 100 km/h führen.	❑	❑

2 **Liegen in folgendem Sachverhalten Verstöße gegen § 21 StVG vor?**

Begründen Sie Ihre Auffassung problemorientiert.

2.1 –A– ist BW-Soldat und hat mit 19 Jahren bereits die BW-Fahrerlaubnis der Kl. C/E erworben. Sie treffen ihn als 20-Jährigen bei der Führung eines Lkw, 18 t zGM, an.

Der Lkw wird offensichtlich nicht im Rahmen einer BW-Tätigkeit geführt.

2.2 –B– zeigt Ihnen während einer VK als Führer eines Pkw einen Führerschein der Kl. 3 mit der Eintragung „FE-Prüfung auf Automatikfahrzeug abgelegt“.

Der von –B– geführte Pkw weist ein Schaltgetriebe auf.

Test 5 / FE Lösung: S. 123

Zeit:	20 Minuten
Hilfsmittel:	StVG, StVZO, FeV
Bewertung:	25 Punkte
	Mit * gekennzeichnete Aufgaben sind zusammengesetzte, d. h. > 50 % müssen für eine positive Punktebewertung richtig beantwortet werden.
Allgemeine Hinweise	Die Begriffe öVR, Kfz, Führen sind unterstellt.

1* **Liegen in folgenden Fällen Verstöße gegen § 21 StVG vor? Kreuzen Sie an!**

1.1 –A– wohnt in den Niederlanden und arbeitet in der BRD. Als Pendler reist er an den Arbeitstagen seit 5 Jahren mit dem Pkw ein. Im Rahmen einer VK zeigt er Ihnen seinen niederl. FS (Kl. B) vor. ❑ Ja ❑ Nein

1.2 Dem –C– wurde durch die Verwaltungsbehörde die Fahrerlaubnis bestandskräftig versagt. –C– verlegt seinen Wohnsitz in die Niederlande, erwirbt dort eine Fahrerlaubnis und zeigt Ihnen diese bei einer Pkw-Kontrolle vor. ❑ Ja ❑ Nein

1.3 –D– hat als Ingenieur längere Zeit im Ausland gelebt und gearbeitet und während dieser Zeit eine ausländische Fahrerlaubnis (entsprechend der Kl. BE) erworben. Nach endgültiger Rückkehr und erneuter Arbeitsaufnahme in der BRD wird er von Ihnen nach 1 1/2 Jahren im Rahmen einer Verkehrskontrolle überprüft. Er zeigt Ihnen hierbei als Pkw-Führer den ausländischen Führerschein vor.

1.3.1 EU-FE ❑ Ja ❑ Nein

1.3.2 Sonstige FE ❑ Ja ❑ Nein

2 **Liegen in folgenden Sachverhalten Verstöße gegen § 21 StVG vor?**

Antworten Sie mit Ja / Nein und begründen Sie Ihre Auffassung stichwortartig.

2.1 –A– bleibt infolge eines Motorschadens mit seinem Pkw liegen.
–B– (Pkw-Führer) ist so freundlich, den –A– zur nächsten Werkstatt zu ziehen.
Beide sind im Besitz der FE-Kl. 3/B.

A: ❑ Ja ❑ Nein
Begr.: ....

B: ❑ Ja ❑ Nein
Begr.: ....

2.2 –B– führt während eines ungenehmigten Schleppvorgangs den geschleppten Pkw.
Er zeigt Ihnen einen Führerschein der Kl. B vor.

❑ Ja ❑ Nein

Begr.: ....

2.4 Verkehrsstraftaten

Test 1 / Verkehrsstraftaten Lösung: S. 124

Zeit: 15 Minuten
Hilfsmittel: keine
Bewertung: 15 Punkte
Mit * gekennzeichnete Aufgaben sind zusammengesetzte, d. h. > 50 % müssen für eine positive Punktebewertung richtig beantwortet werden.

1 Beantworten Sie folgende Fragen stichwortartig!

1.1 Welche Komponenten sind im Rahmen der Schuld zu prüfen? ....
....
....
....
....

1.2* Welche Bestimmung findet gem. §§ 19, 20 OWiG beim Zusammentreffen von Straftat und Owi Anwendung?

1.2.1 – bei Gesetzeskonkurrenz ....

1.2.2 – bei Tateinheit ....

1.2.3 – bei Tatmehrheit ....

1.3* Kann bei Tateinheit zwischen Straftat und OWi

1.3.1 – neben der Strafe auf eine sich aus der OWi ergebenden Nebenfolge entschieden werden ❑ Ja ❑ Nein

1.3.2 – bei Nichtverhängung einer Strafe die Verhängung einer Geldbuße erfolgen ❑ Ja ❑ Nein

1.3.3 – gleichzeitig Strafe und Geldbuße verhängt werden? ❑ Ja ❑ Nein

1.4* Ersetzen Sie folgende Begriffe („Fremdwörter"):

1.4.1 – deskriptive (TBM) ....

1.4.2 – normative (TBM) ....

1.5* Worin unterscheidet sich das Erfolgsdelikt vom Tätigkeitsdelikt?
Nennen Sie je ein Beispiel.

1.5.1 – Unterschiedsmerkmal: ....
....

1.5.2 – Bsp.: Tätigkeitsdelikt: ....

1.5.3 – Bsp.: Erfolgsdelikt: ....

Test 2 / Verkehrsstraftaten

Lösung: S. 125

Zeit:	20 Minuten
Hilfsmittel:	keine
Bewertung:	25 Punkte
	Mit * gekennzeichnete Aufgaben sind zusammengesetzte, d. h. > 50 % müssen für eine positive Punktebewertung richtig beantwortet werden.
Allgemeine Hinweise	1. Angegebene ‰-Angaben gelten als vorwerfbarer BAK-Wert. 2. öVR, Kfz/Fz, Führen sind unterstellt. 3. Auf Vorsatz, Fahrlässigkeit ist nicht einzugehen.

1* Ergänzen Sie folgende Aussagen.

1.1* Täter i. S. d § 316 StGB kann .... sein, es handelt sich um ein .... Delikt.

Ein aufgrund einer Garantenstellung Verpflichteter kann sich durch .... mitschuldig machen.

Lebererkrankungen, körperliche Arbeit oder z. B. Kaffeegenuss haben .... (keinen?) Einfluss auf die Resorptionsphase.

Die abs. Fahruntüchtigkeitsgrenze eines Kfz-Führers liegt bei .... ‰ BAK, die eines Radfahrers bei .... ‰ BAK.

1.2* Täterschaft i. S. d § 142 StGB setzt .... (nicht?) die Eigenschaft als Fz-Führer voraus. Unfallflucht setzt .... als Schuldform voraus.

Das Hinterlassen einer „Visitenkarte" genügt bei Verkehrsunfällen bis 500,– EUR ..... (nicht?).

Die Dauer der Wartepflicht richtet sich nach dem .... und der ...., die sich insbesondere nach der .... richtet.

2* Ordnen Sie die nachfolgenden Sachverhalte den jeweils verletzten Bestimmungen zu.

Bei gleichzeitigem Vorliegen einer Straftat und VOWi ist ausschließlich die Straftat zu wählen.

Im Rahmen einer Verkehrskontrolle stellen Sie fest, dass

2.1 ... –A– seinen Pkw mit 1,09 ‰ BAK führt.

2.2 ... –B– sein Mofa tretend mit 1,3 ‰ BAK fortbewegt.

2.3 ... –C– als Taxifahrer 0,4 ‰ BAK aufweist.

2.4 ... –D– als Führer des abgeschleppten Pkw 0,9 ‰ BAK aufweist.

2.5 ... –E– ohne Fahrtrichtungsänderungsanzeige abbiegt und 1,0 ‰ BAK aufweist.

Bestimmung	§ 24a StVG	§ 316 StGB
zutreffende(r) Sachverhalt(e)		

3 Begründen Sie im Beispiel 2.2 Ihre Auffassung problemorientiert.

Test 3 / Verkehrsstraftaten

Lösung: S. 127

Zeit: 25 Minuten

Hilfsmittel: keine

Bewertung: 15 Punkte

Mit * gekennzeichnete Aufgaben sind zusammengesetzte, d. h. > 50 % müssen für eine positive Punktebewertung richtig beantwortet werden.

Allgemeine Hinweise

1. Angegebene ‰-Werte entsprechen den vorwerfbaren BAK-Werten.
2. Zur Begründung des § 142 StGB genügt als Stichwort die Angabe der „Variante".
3. Auf Vorsatz, Fahrlässigkeit ist nicht einzugehen.

1* **Liegen in folgenden Fällen tatbestandsmäßig Verstöße gegen Strafvorschriften vor?**

Nennen Sie die verletzte(n) Bestimmung(en) und begründen Sie Ihre Auffassung stichwortartig.

1.1 –A– verunfallt nachts als Kradfahrer unter (infolge) Alkoholeinwirkung auf einer Landstraße, indem er von der Fahrbahn abkommt und im Graben liegen bleibt. Der entstandene Fremdschaden beträgt ca. 250,– EUR. Ohne länger am Unfallort zu verbleiben, entfernt sich –A– vom Unfall, um nicht „noch zufällig" von der Polizei aufgegriffen zu werden. Weitere Maßnahmen trifft er darüber hinaus nicht.

§ .... StGB

Begr.: ....

1.2 –B– führt ein Leichtmofa unter 1,2 ‰ BAK im öVR.

§ .... StGB

Begr.: ....

1.3 –C– verunfallt mit einem geleasten Pkw. Neben dem Schaden am geleasten Pkw entsteht kein weiterer Fremdschaden. Gemäß Leasingvertrag haftet –C– für alle Reparaturen, soweit sie auf sein Verhalten zurückzuführen sind. Ohne weitere Maßnahmen zu treffen, entfernt er sich von der Unfallstelle.

§ .... StGB

Begr.: ....

1.4 –D– führt ein Krad unter 1,09 ‰ BAK im öVR.

§ .... StGB

Begr.: ....

1.5 –E– verunfallt nachts als Pkw-Führer auf einem „Schleichweg". Der Fremdschaden beträgt ca. 500,– EUR. Nachdem –E– ca. 20 Minuten erfolglos gewartet hat, fährt er unter Hinterlassen seiner „Visitenkarte" nach Hause. Am nächsten Morgen (09.00 Uhr) erscheint –E– auf der Wache, um den Unfall zu melden.

§ .... StGB

Begr.: ....

Test 4 / Verkehrsstraftaten

Lösung: S. 129

Zeit:	30 Minuten
Hilfsmittel:	keine
Bewertung:	30 Punkte
	Mit * gekennzeichnete Aufgaben sind zusammengesetzte, d. h. > 50 % müssen für eine positive Punktebewertung richtig beantwortet werden.
Allgemeine Hinweise	1. Angegebene ‰-Werte entsprechen den vorwerfbaren BAK-Werten. 2. öVR, Kfz/Fz, Führen werden unterstellt. 3. Auf Vorsatz, Fahrlässigkeit ist nicht einzugehen.

1* **Sind folgende Aussagen richtig?**

1.1 Für den Soziusfahrer gelten die Beweisgrenzwerte ebenfalls. ❑ Ja ❑ Nein

1.2 § 316 StGB setzt zumindest vorsätzliches Führen des Fz voraus. ❑ Ja ❑ Nein

1.3 Abs. Fahruntüchtigkeit ist auch bei Drogenkonsum gegeben. ❑ Ja ❑ Nein

1.4 § 315c (1) StGB verlangt eine Kausalitätsprüfung in doppelter Hinsicht. ❑ Ja ❑ Nein

1.5 Für ein Vorliegen der relativen Fahruntüchtigkeit genügt die Erwartung von Fahrfehlern. ❑ Ja ❑ Nein

1.6 § 315c (1) 2 StGB verlangt zumindest einen geringfügigen Schaden. ❑ Ja ❑ Nein

1.7 § 315c (1) 2a StGB (Vorfahrt) gilt auch für den sich falsch verhaltenden Vorfahrtberechtigten. ❑ Ja ❑ Nein

1.8 Im Rahmen der sog. Nachholpflicht des § 142 StGB besteht nur im Einzelfall ein Wahlrecht zw. Benachrichtigung der Polizei oder des Betroffenen. ❑ Ja ❑ Nein

1.9 Täter i. S. d. § 142 StGB kann nur der Fz-Führer sein. ❑ Ja ❑ Nein

1.10 Täterschaft i. S. d. § 142 StGB setzt keine Anwesenheit zum Unfallzeitpunkt am Unfallort voraus (z. B. bei Falschparkern). ❑ Ja ❑ Nein

2 **Liegen in folgenden Sachverhalten tatbestandsmäßig Verstöße gegen § 315c (1) StGB vor?**

Antworten Sie mit Ja/Nein und begründen Sie Ihre Auffassung stichwortartig.

2.1 –A– fährt ohne seine (notwendige) Brille kurz „in die Stadt“, um eine Kleinigkeit einzukaufen. Beim Einparken stößt er infolge Fehleinschätzung der Entfernung gegen einen Betonpfeiler. An seinem Pkw entsteht ein Sachschaden in Höhe von ca. 1.500,– EUR. ❑ Ja ❑ Nein

2.2 –B– führt auf der Rückreise aus Spanien bereits seit ca. 15 Stunden seinen Pkw, ohne größere Pausen einzulegen. Während eines „Sekundenschlafs" stößt er mit dem Gegenverkehr zusammen. ❑ Ja ❑ Nein

2.3 –C– probiert das Skateboard seines Sohnes aus, wobei er mit einem Fußgänger zusammenstößt und diesen erheblich verletzt. ❑ Ja ❑ Nein

2.4 –D– fährt nach einer Party mit reichlich Alkoholgenuss mit seinem E-Scooter „die 500 m" nach Hause. Hierbei stößt er gegen den geparkten Pkw des –E– und verursacht großzügig geschätzt einen Schaden in Höhe von 250,– €. ❑ Ja ❑ Nein

Test 5 / Verkehrsstraftaten

Lösung: S. 131

Zeit:	30 Minuten
Hilfsmittel:	keine
Bewertung:	30 Punkte
	Mit * gekennzeichnete Aufgaben sind zusammengesetzte, d. h. > 50 % müssen für eine positive Punktebewertung richtig beantwortet werden.
Allgemeine Hinweise	1. Angegebene ‰-Werte entsprechen den vorwerfbaren BAK-Werten.

1* Gegen welche Bestimmung wird in folgenden Sachverhalten verstoßen?

Ordnen Sie jeweils zu, wobei bei Tateinheit nur die entscheidende „Strafbestimmung" zu wählen ist.

1.1 –A– verursacht als Pkw-Führer alkoholbedingt einen Verkehrsunfall mit Personenschaden. Um einer polizeilichen Feststellung zu entgehen, entfernt er sich – ohne sich um den Vorfall zu kümmern – vom Unfallort.

1.2 –B– führt seinen Pkw, obwohl ihm die Fahrerlaubnis rechtskräftig entzogen wurde.

Um einer polizeilichen Feststellung zu entgehen, fährt er unmittelbar auf den Halt gebietenden Polizeibeamten zu, um diesen zum Freimachen der Straße zu zwingen. Bei der anschließenden Verfolgungsfahrt verursacht er einen Verkehrsunfall, flüchtet aber.

1.3 –C– missachtet gröblichst die Vorfahrt des Querverkehrs, nur um einen Termin einzuhalten. Glücklicherweise kommt es nur zu einem geringfügigen Sachschaden.

1.4 –C– nutzt an „einer günstigen Stelle" die Grundregel „rechts-vor-links" aus, um einen Altschaden an seinem Pkw „zu regulieren".

1.5 –D– führt seinen Pkw unter Alkoholeinwirkung. Um der Feststellung zu entgehen, drängt er einen „kontrollierenden" Streifenwagen ab. Die später durchgeführte Blutprobe ergibt einen vorwerfbaren BAK-Wert von 0,8 ‰.

1.6 –E– muss „rotlichtbedingt" an einer Kreuzung halten und sieht neben sich seinen Kumpel/Konkurrenten –F–. Er zwinkert ihm zu beide starten mit durchdrehenden Rädern bei Grün. Das „Spiel" setzt sich ohne Gefährdung-/Schädigungsereignis über drei Kreuzungen fort.

§§ StGB	142	315b (1)	315b (3)	315c (1) 1	315c (1) 2	315d	316
zutreffende(r) Sachverhalte(e)							

3 Klausuren

3.1 Allgemeine Studienabschnitte

Innerhalb des Fachbereichs „Verkehrssicherheitsarbeit“ werden in NRW kombinierte Klausuren gefertigt, wobei die Zeitansätze bis zu 240 Minuten betragen.

Die nachfolgenden Klausuren beinhalten ausschließlich Aufgaben „Verkehrsrecht“, wobei die Klausuren 11 – 14 ausschließlich im polizeiüblichen Gutachterstil gefertigt sind.

Die Klausuren 1 – 10 beinhalten einen Mix aus Wissensabfragen, Ordnungsaufgaben und Aufgaben, die problemorientierte Rechtsbeurteilungen im Gutachterstil beinhalten. Ab Klausur 6 werden neben den Inhalten aus StVO, StVZO, FZV und FeV auch Verkehrsstraftaten einbezogen.

Die Kombination in der dargestellten Form wurde seitens der Studenten/Auszubildenden immer positiv angenommen, sie bietet jeder Form der persönlichen Begabung ein Erfolgserlebnis. Daneben ermöglichen die geforderten Gedankensprünge zwischen den verschiedenen Fachinhalten (StVO, StVZO ... und zurück) vielfach das Erkennen eigener Fehler und deren Verbesserung.

Klausur 14 soll als Anregung zu der Überlegung dienen, ob nicht auch neue Wege ihren Reiz haben.

Da die Erwartungen innerhalb einer Aufgabenlösung völlig unterschiedlich sein können und sind (von der Paragraphenaufzählung über die sachverhaltsbezogene Nennung der Tatbestandskette bis zur ausführlichen Subsumierung), haben wir den für die dargestellte Lösung u. E. benötigten Zeitansatz zu jeder Aufgabe vermerkt. Diese Verfahrensweise gibt dem Studenten zunächst einen hilfreichen Ansatz bei seinen Lösungsüberlegungen und erlaubt ihm unter Berücksichtigung des Zeitansatzes das Üben in Teillösungen sowie die Zusammensetzung weiterer Klausuren.

Im Übrigen spiegeln die Klausuren die verkehrsrechtlichen Inhalte wider, deren Kenntnis. u. E. von einem Streifenbeamten erwartet werden darf.

Innerhalb der Bewertung wurde Form, Aufbau und Schlüssigkeit mit 10 – 20 % berücksichtigt.

Klausur 1

Lösung: S. 132

Zeit:	Aufgabe 2.2 und 3.1 je 5 Minuten; die Übrigen je 30 Minuten
Hilfsmittel:	StVO, StVZO, FeV, StVG, FZV, eKFV
Bewertung:	100 Punkte (FAS: 10) Mit * gekennzeichnete Aufgaben sind zusammengesetzte, d. h. > 50 % müssen für eine positive Punktebewertung richtig beantwortet werden.
Allgemeine Hinweise	1. Es ist nur die Tatbestandsmäßigkeit zu prüfen. Rechtswidrigkeit und Schuld werden unterstellt. 2. Geschwindigkeitsangaben bzw. die Angaben sonstiger technischer Werte (z. B. zGM, bbH) entsprechen den vorwerfbaren Werten, d. h., auf Toleranzen und erlassgebundene Abzüge ist nicht einzugehen. 3. Öffentlicher Verkehrsraum ist in allen Beispielfällen zu unterstellen.

1 Liegen Verstöße des –A– gegen die StVO vor?

Begründen Sie Ihre Auffassung problemorientiert.

–A– befährt igO mit seinem Lkw, 10 t zGM, eine mit Zeichen 274 (70 km/h) beschilderte Ausfallstraße mit 80 km/h. Nachdem Sie dies durch Nachfahren ermittelt haben, überholen Sie –A– und geben eindeutige Haltezeichen (Anhaltekelle). –A– missachtet diese Zeichen und kann von Ihnen nur kontrolliert werden, als er das Rotlicht einer LSA beachtet.

2

2.1 Verstößt –B– im folgenden Sachverhalt gegen § 3 FZV?

Erläutern Sie Ihre Auffassung problemorientiert.

–B– führt hinter seinem Pkw einen soeben von ihm gekauften einachsigen Trailer (Anhänger zum Transport von Sportbooten) mit.

–B– verwendet zur Kennzeichnung des Anhängers ein selbst gefertigtes Kennzeichen mit den Angaben des Pkw-Kennzeichens (Wiederholungskennzeichen).

An Verkehrsausweisen zeigt –B– neben seinem Führerschein der Kl. B/BE Ihnen die auf seinen Namen ausgestellte ZB Teil I für den PKW sowie eine BE für den Trailer vor.

2.2* **Welche zulassungsrechtlichen Verkehrsausweise sind in folgenden Fällen bei einer Verkehrskontrolle auszuhändigen?**
Kreuzen Sie nur an!

	Fall	ZB Teil I/ Fz-Schein	BE	„Fahrtenbuch“
2.2.1	Pkw mit roten Kennzeichen zur wiederkehrenden Verwendung im Rahmen einer Überführungsfahrt			
2.2.2*	Zugmaschine (25 km/h bhG)			
	– mit lof Anhänger			
2.2.3	Bagger (20 km/h bHG)			
2.2.4	„Kkr“ (80 km/h bHG nach technischer Veränderung)			
2.2.5*	Pkw			
	– mit Sportbootanhänger			

3

3.1* **Welche FE-Klasse ist jeweils zur Führung folgender Kfz / Züge erforderlich? Nennen Sie die erforderliche Klasse.**

3.1.1 Zweirad, 500 ccm, 25 kW ....

3.1.2 Pkw mit einachsigem Wohnanhänger (> 750 kg zGM) ....

3.1.3 Lkw, 5,6 t zGM, mit Anhänger (Mittelachsabstand 0,90 m) ....

3.1.4 Kkr, 80 km/h nach Ritzelveränderung ....

3.1.5 Zugmaschine (32 km/h bbH, 7,5 t zGM) mit 2-achsigem lof-Anhänger bei 25 km/h tgG und vorgeschriebener Anhängerkennzeichnung ....

3.2 **Liegt im folgenden Sachverhalt ein Verstoß gegen § 21 StVG vor?**
Begründen Sie Ihre Auffassung problemorientiert.

–C– wird im Rahmen einer Radarkontrolle igO wegen Überschreitung der zHG von Ihnen kontrolliert. Er führt ein Zweirad (ZwR), das mit gültigen Versicherungskennzeichen versehen ist.

Nach der von –C– ausgehändigten BE handelt es sich bei dem geführten ZwR um ein Kkr.

Nach den glaubhaften Aussagen des –C– beträgt die bbH des ZwR nach einer von ihm durchgeführten Veränderung der Abgasanlage nun 75 km/h.

–C– händigt Ihnen einen gültigen Führerschein der Kl. B, ausgestellt im Jan. 2018 bzw. 3, ausgestellt am 10. 10. 89, aus.

Klausur 2

Lösung: S. 136

Zeit:	**Aufgabe 1:** 20 Minuten; **Aufgabe 2.1:** 25 Minuten; **Aufgabe 2.2:** 10 Minuten; **Aufgabe 3:** 35 Minuten
Hilfsmittel:	StVG, StVO, StVZO, FeV, FZV
Bewertung:	100 Punkte (FAS: 10) Mit * gekennzeichnete Aufgaben sind zusammengesetzte, d. h. > 50 % müssen für eine positive Punktebewertung richtig beantwortet werden.
Allgemeine Hinweise	1. Es ist nur die Tatbestandsmäßigkeit zu prüfen. Rechtswidrigkeit und Schuld werden unterstellt. 2. Geschwindigkeitsangaben bzw. die Angaben sonstiger technischer Werte (z. B. zGM, bbH) entsprechen den vorwerfbaren Werten, d. h., auf Toleranzen und erlassgebundene Abzüge ist nicht einzugehen. 3. Berechnungen müssen formelhaft nachvollziehbar sein. 4. Öffentlicher Verkehrsraum sowie die Begriffe Kfz und Führen sind zu unterstellen. 5. Alle Führer sind gleichzeitig Halter.

1* **Nennen Sie in folgenden Beispielen den jeweils notwendigen Abstand (z. B. Regelabstand) und begründen Sie diesen stichwortartig.**

	Fz	vorausfahrendes Fz	Bemerkungen	gefahrene Geschwindigkeit
1.1	Pkw	Sattelzug	agO, gut ausgebaute Landstraße, geringes Verkehrsaufkommen, gute Witterungsbeding.	60 km/h
1.2	Krad	Pkw	igO, Berufsverkehr	40 km/h
1.3	BMW 5er Serie mit Wohnanhänger	Pkw	BAB	80 km/h
1.4	VW UP mit Anhänger (350 kg zGM)	Lkw, 3,5 t zGM	agO, Bundesstraße, normales Verkehrsaufkommen, gute Witterungsverhältnisse	80 km/h
1.5	Lkw, 2,8 t zGM	Pkw	agO, schlechte äußere Bedingungen	90 km/h

2

2.1 **Beurteilen Sie nachfolgenden Sachverhalt aus zulassungsrechtlicher Sicht**

–B– verwendet seinen Sportpferdeanhänger, um Abfall und Müll zur Deponie zu fahren. Hierbei wird er von Ihnen kontrolliert.

Er zeigt Ihnen neben einem gültigen Führerschein der Kl. B/BE, ZB Teil I sowie die Anhänger-BE vor.

Pkw und Anhänger sind mit amtlichen Kennzeichen versehen.

2.2* **Welche Verkehrsausweise sind in folgenden Fällen auszuhändigen?**

Nennen Sie den/die je Fz erforderlichen Verkehrsausweis(e) mit einem Stichwort als Begründung.

		ZB Teil I/Fz-Schein	BE	Vers.-Beschei-nig.	Namen-sauf-schrift	Stichwort
2.2.1	lof Zugmaschine, 32 km/h bHG					
2.2.2*	Lkw					
	– mit fahrbarer Baubude					
2.2.3	Leichtmofa					
2.2.4	E-Scooter					
2.2.5*	Sattelkfz (Zugmaschine)					
	– mit Auflieger					

3 **Beurteilen Sie den nachfolgenden Beispielfall aus fahrerlaubnisrechtlicher Sicht.**

Im Rahmen einer Verkehrskontrolle überprüfen Sie –C–, der hinter einem Lkw, 5,6 t zGM, LG 2 t einen zweiachsigen Marktstand (Schießbude), 3 t zGM, mitführt.

–C– zeigt Ihnen neben den beiden ZB Teil I für Pkw und Anhänger einen gültigen „alten“ Führerschein der Kl. 3 vor.

Klausur 3

Lösung: S. 140

Zeit:	**Aufgabe 1:** 75 Minuten; **Aufgabe 2:** 15 Minuten
Hilfsmittel:	StVG, StVO, StVZO, FeV, FZV
Bewertung:	100 Punkte (FAS: 10) Mit * gekennzeichnete Aufgaben sind zusammengesetzte, d. h. > 50 % müssen für eine positive Punktebewertung richtig beantwortet werden.
Allgemeine Hinweise	1. Schuld und Rechtswidrigkeit sind nicht zu prüfen. 2. öVR ist vorausgesetzt. 3. Auf StGB-Bestimmungen ist nicht einzugehen. 4. Verstöße gegen das PflVersG, die AO und § 22 StVG sind nur ergebnisfeststellend zu prüfen.

1 Beurteilen Sie den nachfolgenden Sachverhalt aus verkehrsrechtlicher Sicht.

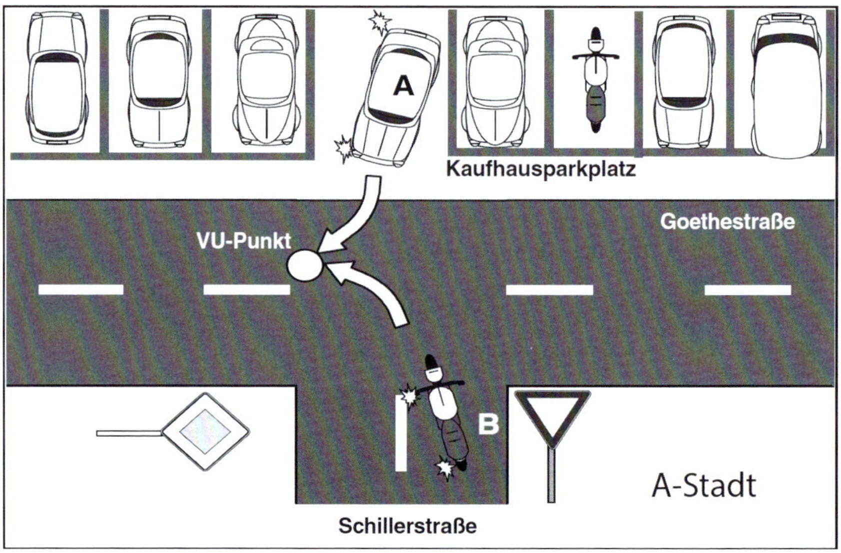

–A– (Pkw) verlässt den Parkplatz des Einkaufszentrums nach rechts, wobei er mit –B–(Kkr), der seinerseits die Schillerstr. nach links verlässt, zusammenstößt. –B– wird leicht verletzt.

–A– zeigt Ihnen im Rahmen der Unfallaufnahme einen Führerschein der Kl. 3 mit folgender Eintragung: „Der Inhaber darf nur Kfz im Bereich der Stadt X führen. Des Weiteren hat er beim Führen eine geeignete Sehhilfe zu tragen." vor. –A– trägt eine Brille.

Den Pkw hat er aus Service-Gründen von der Werkstatt –C– für die Reparaturzeit seines Pkw erhalten. Der Pkw ist mit roten Kennzeichen versehen.

Einen Fz-Schein kann –A– Ihnen nicht vorzeigen.

–B– hat sein Kkr mit einem Sonderlenkrad (Hochbaulenker) versehen, wie er sagt, des besseren Aussehens wegen. –B– zeigt Ihnen einen Führerschein der Kl. 4 sowie eine BE ohne jede über die Originaleintragungen hinausgehenden Eintragungen vor.

Beide Führerscheine wurden jeweils im Oktober 1985 ausgestellt.

2* **Ordnen Sie die Sachverhalte (2.1 – 2.5) jeweils den zutreffenden Aussagen (A – J) zu.**

Sachverhalte:	Aussagen:
Im Rahmen einer VK überprüfen Sie folgende Fz-Führer:	A Es liegt ein Verstoß gegen § 26 FZV vor.
2.1 –A– führt einen Pkw. Er zeigt Ihnen einen Führerschein der Kl. 3, ausgestellt 1940, vor. Die ZB Teil I kann er nicht vorzeigen. Der Pkw ist ordnungsgemäß zugelassen.	B Es liegt ausschließlich ein Verstoß gegen § 11 (6) FZV vor.
2.2 –B– führt im Rahmen einer Werkstattfahrt (Überprüfung einer Reparaturleistung) einen Pkw mit roten Kennzeichen. Er zeigt Ihnen seinen FS der Kl. B sowie den entsprechenden roten Fz-Schein vor. Das Fahrtenbuch befinde sich in der Werkstatt und werde – nach –B's– Aussage – stets nachträglich ausgefüllt.	C Es liegt kein Verstoß vor.
2.3 –C– führt ein Mofa. Er zeigt lediglich die entsprechende BE vor. Das Mofa ist mit einem gültigen Versicherungskennzeichen versehen.	D Es liegt ein Verstoß gegen § 16 FZV vor.
2.4 –D– führt einen einsitzigen, mit Vers.-Kennzeichen versehenen Krankenfahrstuhl (15 km/h bbH). Er zeigt Ihnen lediglich eine BE vor.	E Bei der Führung von Mofa genügt als Versicherungsnachweis das Kennzeichen.
2.5 –E– führt ein Krad (Leistungsverhältnis: 0, 169 kW/kg LG / 250 ccm / 25 kW). Er händigt einen FS der Kl. A1 / 1a aus. Die ZB Teil I hat er nach eigenen Aussagen vergessen.	F Führerscheine, die bis 1954 ausgestellt wurden, berechtigen nur zur Führung von Kfz bis 250 ccm Hubraum.
	G Es liegt ein Verstoß gegen § 21 StVG vor.
	H Der Verstoß gegen § 11 (6) FZV wird mit einem Verwarngeld geahndet.
	I Eintragungen, wie z. B. km-Stand, Fahrer, Fahrtbeginn, müssen vor Beginn der Fahrt in das Fahrtenbuch eingetragen werden.

Sachverhalt	2.1	2.2	2.3	2.4	2.5
zutreffende Aussage(n)					

Klausur 4

Lösung: S. 146

Zeit:	**Aufgabe 1:** 5 Minuten; **Aufgabe 2:** 35 Minuten; Aufgaben 3 und 4: je Teilaufgabe 3-7 Minuten
Hilfsmittel:	StVG, StVO, FZV, StVZO, Einigungsvertrag
Bewertung:	100 Punkte (FAS: 10) Mit * gekennzeichnete Aufgaben sind zusammengesetzte, d. h. > 50 % müssen für eine positive Punktebewertung richtig beantwortet werden.
Allgemeine Hinweise	1. Prüfen Sie nur die Tatbestandsmäßigkeit. 2. öVR ist zu unterstellen. 3. Begriffe wie Kfz, Führen, Vorfahrt, Abbiegen und Überholensind nicht zu erläutern.

1* **Wie schnell dürfen folgende Fz/-kombinationen agO bzw. auf der BAB fahren?**

	Fz	agO (km/h)	BAB (km/h)
1.1.1	Pkw mit zul.-freien „Sportanhänger“		
1.1.2	Lkw (2,8 t zGM) mit Anhänger		
1.1.3	Lkw (7,5 t zGM)		
1.1.4	selbstf. Arbeitsmaschine (5,6 t zGM)		
1.1.5	Wohnmobil (2,8 t zGM) mit Anhänger		

2 **Liegen im folgenden Beispiel Verstöße gegen die StVO vor?**
Begründen Sie Ihre Auffassung problemorientiert.

–A– befährt mit ca. 100 – 130 km/h als Kradfahrer eine kurvenreiche Landstraße, die durch Waldflächen bzw. Rainbewuchs teilweise schlecht einsehbar ist. Im weiteren Verlauf seiner Fahrt wird –A– (seiner Meinung nach) von einem mit 80 km/h fahrenden Pkw (VW-Golf) „aufgehalten“.

Daher hält er durchgängig einen Abstand von ca. 10 – 15 m und setzt nach ca. 1 km „unnötigen Aufenthalts“ ca. 80 m vor einer Linkskurve bei einer Sichtweite von etwa 120 m zum Überholen an. Während des Überholens fährt er mit einer Spitzengeschwindigkeit von ca. 140 km/h. Zu Behinderungen anderer Verkehrsteilnehmer kommt es nicht.

3 **Liegen in folgenden Sachverhalten Verkehrsordnungswidrigkeiten (VOWi) i. S. d § 24 StVG vor?**

Nennen Sie verletzte Bestimmung(en) und begründen Sie Ihre Auffassung – auch soweit Sie keinen Verstoß erkennen – problemorientiert.

Im Rahmen einer Verkehrskontrolle in B-Stadt stellen Sie Folgendes fest:

3.1 –A– hat den kontrollierten Pkw in A-Stadt zugelassen.

Nach Aussagen des –A– wohnt er jedoch bereits seit ca. 4 Monaten in B-Stadt, da er dort eine Montagearbeit übernommen hat, die noch ca. 1 1/2 Jahre in Anspruch nimmt.

3.2 Laut Plakette ist der Termin zur Hauptuntersuchung beim Pkw des –B– seit 3 Monaten überfällig.

–B– zeigt Ihnen 2 Schreiben an den TÜV am Standort der Zulassungsstelle mit der Bitte um Terminnennung. Nach Angaben des –B– ist diese bislang nicht erfolgt.

3.3 Ihnen fällt auf, dass –C– zur Festlegung des Pkw die Handbremse „bis ans Kinn" zieht, bevor diese Wirkung zeigt.

3.4 –D– und –E– führen einen Schleppvorgang durch. –D–, als Führer des schleppenden Pkw, zeigt Ihnen eine Fahrerlaubnis der Kl. CE und die ZB Teil I des Pkw vor.

–E– zeigt Ihnen als Führer des geschleppten Pkw einen Führerschein der Klasse B vor.

3.5 –F– hat seinen Pkw mit SR M+S Winterreifen bestückt. Aus der ZB Teil I ergibt sich eine bbH von 155 km/h. Eine Plakette über die Höchstgeschwindigkeit der Winterreifen ist im Sichtfeld des Fahrers nicht angebracht.

4 **Welche „FE-Norm" wird in den folgenden Beispielen jeweils verletzt?**

Begründen Sie Ihre Auffassung – auch soweit Sie keinen Verstoß erkennen – problemorientiert.

4.1 –A– händigt Ihnen im Rahmen einer Verkehrskontrolle als Pkw-Führer einen Führerschein der Kl. B / 3 mit der Eintragung, dass er neben einer geeigneten Sehhilfe eine Ersatzbrille mitzuführen hat, aus.

–A– trägt zwar eine Brille, kann jedoch keine Ersatzbrille vorweisen.

4.2 –B– händigt Ihnen als Führer eines Lkw (3,5 t zGM) mit zweiachsigem Anhänger einen Führerschein der Kl. B/E, ausgestellt 1988 in Dresden, aus.

4.3 –C– händigt Ihnen als Führer eines Lkw (5,6 t zGM) eine BW-Bescheinigung aus, wonach ihm eine BW-Fahrerlaubnis der Kl. C aus dienstlichen Gründen ausgestellt wurde.

–C– ist seit 3 Monaten nicht mehr BW-Angehöriger.

4.4 –D– führt eine Zugmaschine (11 t zGM / 32 km/h bbH).

Er händigt Ihnen einen Führerschein der Klasse T / 5 aus.

Klausur 5

Lösung: S. 152

Zeit:	**Aufgabe 1:** 25 Minuten; **Aufgabe 2:** 20 Minuten; **Aufgabe 3:** 15 Minuten; **Aufgabe 4:** 30 Minuten
Hilfsmittel:	StVG, StVO, StVZO, FZV, FeV
Bewertung:	100 Punkte (FAS: 10) Mit * gekennzeichnete Aufgaben sind zusammengesetzte, d. h. > 50 % müssen für eine positive Punktebewertung richtig beantwortet werden.
Allgemeine Hinweise	1. öVR, Kfz, Führen, Überholen sind begrifflich zu unterstellen. 2. Die Zulässigkeit der Verkehrskontrolle ist nicht zu beurteilen.

1 Beurteilen Sie den nachfolgenden Sachverhalt aus verkehrsrechtlicher Sicht.

–A– schaltet als Fahrer eines gekennzeichneten Schulbusses bereits ca. 50 m vor der Haltestelle (Zeichen 224) die Warnblinkanlage ein und verlangsamt seine Geschwindigkeit, um an der – vom StVA besonders markierten – Haltestelle Schulkinder aufzunehmen.

–B– nutzt als Kradfahrer die Verlangsamung des Schulbusses und zieht an ihm vorbei.

–C– als Pkw-Fahrer im Gegenverkehr fährt an dem bereits haltenden und Kinder aufnehmenden Schulbus mit ca. 30 km/h vorbei.

2* Liegen in folgenden Sachverhalten Überholverstöße vor?

Nennen Sie die im Einzelnen verletzte(n) Bestimmung(en) und begründen Sie Ihre Auffassung problemorientiert.

2.1 –A– überholt mit seinem Krad im Bereich des Zeichens 276 einen mit ca. 60 km/h auf dem Seitenstreifen fahrenden Lkw mit Anhänger.

2.2 –B– überholt mit seinem FmH vor einer LSA wartende Pkw rechts mit einer Geschwindigkeit von ca. 30 km/h.

2.3 –C– überholt mit seinem Pkw im Bereich des Zeichens 276 ein Trike.

2.4 –D– überholt mit seinem Lkw, 18 t zGM, auf der BAB mit ca. 85 km/h einen rechts mit ca. 80 km/h fahrenden Sattelzug.

Der nachfolgende Verkehr wird hierdurch an einem zügigen Überholen gehindert.

3* **Welche Verkehrsausweise werden in folgenden Sachverhalten zum Führen im öVR benötigt?**

Kreuzen Sie nur an, Führerschein unter Nennung der erforderlichen FE-Klasse (neu/alt).

		BE	ZB Teil I/ Fz-Schein	Vers.-Besch.	FE-Klasse
3.1	Krankenfahrstuhl				
3.2	E-Scooter				
3.3	Lkw, 3achsig				
3.4	SAM, 18 t zGG, 25 km/h bHG				
3.5	ZM, 11,5 t zGG, 40 km/h bHG				

4 **Beurteilen Sie nachfolgendes Beispiel aus verkehrsrechtlicher Sicht.**

–A– wird von Ihnen im Rahmen einer Verkehrskontrolle mit seinem Zweirad überprüft.

Er zeigt Ihnen eine Betriebserlaubnis vor, aus der sich ergibt, dass es sich bei dem einsitzigen Zweirad um ein FmH mit 25 km/h bbH handelt.

Weitere Verkehrsausweise zeigt –A– nicht vor.

Das Zweirad ist mit einem gültigen Versicherungskennzeichen versehen.

Klausur 6

Lösung: S. 158

Zeit:	**Aufgabe 1:** 20 Minuten; **Aufgabe 2:** 10 Minuten; **Aufgabe 3:** 20 Minuten; **Aufgabe 4:** 40 Minuten
Hilfsmittel:	StVO, StVZO, StVG, StGB, FZV
Bewertung:	100 Punkte (FAS: 15) Mit * gekennzeichnete Aufgaben sind zusammengesetzte, d. h. > 50 % müssen für eine positive Punktebewertung richtig beantwortet werden.
Allgemeine Hinweise	1. öVR, Kfz, Führen sind begrifflich zu unterstellen. 2. Es ist nur die Tatbestandsmäßigkeit zu prüfen. 3. Vorgegebene Werte (z. B. km/h, ‰) entsprechen den vorwerfbaren, d. h. auf Toleranzen und erlassgebundene Abzüge ist nicht einzugehen.

1 Liegen in folgenden Beispielen Verstöße gegen die StVO vor? Begründen Sie Ihre Auffassung problemorientiert.

1.1 –A– hält mit seinem „gekennzeichneten" KOM auf der Kraftfahrstraße bei einer Geschwindigkeit von 100 km/h einen Abstand zum Vorausfahrenden von 40 m.

Es herrscht ein durchschnittliches Verkehrsaufkommen. Die äußeren Bedingungen sind gut.

1.2 –B– und –C– befahren die abknickende Vorfahrtstraße jeweils aus entgegengesetzter Richtung. An der Kreuzung X-/Y-Straße beabsichtigen beide, die Vorfahrtstraße Richtung Y-Straße zu verlassen.

–B– fährt hierbei faktisch geradeaus und –C– nach rechts.

Auf der Kreuzungsmitte kommt es zum Zusammenstoß.

2* **Ordnen Sie folgenden Sachverhalten alle zutreffenden Aussagen zu.**

Sachverhalte:	Aussagen:
In allen Fällen beträgt die tgH 25 km/h, die jeweils erforderliche Kennzeichnung ist angebracht.	A Der Führer muss einen Fz-schein mitführen und aushändigen.
2.1 –A– führt einen Pkw mit Wohnanhänger.	B Der Führer muss zwei BE mitführen und aushändigen.
2.2 –B– führt eine selbstfahrende Arbeitmaschine mit Anhänger.	C Der Führer muss zwei Fz-Scheine mitführen und aushändigen.
2.3 –C– führt eine Zugmaschine mit lof-Anhänger.	D Der Führer muss nur eine BE für den Anhänger mitführen.
2.4 –D– führt einen Lkw mit fahrbarer Baubude.	E Der Führer muss BE und Fz-Schein (Anh.) mitführen und aushändigen.
2.5 –E– führt ein Mofa mit einachsigem Anhänger.	F Der Führer muss nur eine BE mitführen und aushändigen.

Sachverhalt	2.1	2.2	2.3	2.4	2.5
zutreffende Aussage(n)					

3 **Liegt in folgenden Fällen ein Verstoß gegen § 3 FZV vor?**

Begründen Sie Ihre Auffassung problemorientiert.

–A– ließ vor 8 Tagen seinen Pkw ordnungsgemäß im Rahmen einer Überführungsfahrt bedingt zu. Die bedingte Zulassung wurde für 5 Tage ausgesprochen.

Aufgrund einer Erkrankung des –A– musste er die Überführung um 5 Tage verschieben. Hierbei wird er von Ihnen heute betroffen und kontrolliert.

4 **Beurteilen Sie den nachfolgenden Sachverhalt im Hinblick auf eine mögliche Trunkenheitsfahrt aus verkehrsrechtlicher Sicht.**

–A– befährt offensichtlich in Schlangenlinien mit seinem Mofa eine Bundesstraße igO. Nur durch eine plötzliche Vollbremsung gelingt es einem vorfahrtberechtigten Pkw-Fahrer, einen Zusammenstoß mit –A– an der Einmündung X-/Y-Straße zu vermeiden.

Sie halten –A– zur Verkehrskontrolle mit deutlichen Haltezeichen an. Hierbei hat –A– erhebliche Probleme, beim Absteigen nicht umzufallen.

–A– steht unter Alkoholeinwirkung. Ein durchgeführter Alco-Test ergibt einen BAK-Wert von 1,0 ‰ (0,5 mg/L).

Klausur 7

Lösung: S. 163

Zeit:	**Aufgabe 1:** 30 Minuten; **Aufgabe 2:** 45 Minuten; **Aufgabe 3:** 15 Minuten
Hilfsmittel:	StVO, FZV, StVZO, StVG, StGB, Beispielkatalog zu § 19 StVZO
Bewertung:	100 Punkte (FAS: 15) Mit * gekennzeichnete Aufgaben sind zusammengesetzte, d. h. >50 % müssen für eine positive Punktebewertung richtig beantwortet werden.
Allgemeine Hinweise	1. öVR, Kfz und Führen werden begrifflich unterstellt. 2. Es ist nur die Tatbestandsmäßigkeit der Verstöße zu prüfen. 3. Vorgegebene Werte (z. B. km/h, ‰) entsprechen den vorwerfbaren, d. h. auf Toleranzen und erlassgebundene Abzüge ist nicht einzugehen.

1 Liegen in folgenden Beispielen Verstöße gegen die StVO vor?
Begründen Sie Ihre Auffassung aus verkehrsrechtlicher Sicht.

1.1 –A– stößt mit seinem Fahrrad beim Verlassen eines mit Zeichen 325.1 gekennzeichneten verkehrsberuhigten Bereichs mit dem von links die X-Straße befahrenden Pkw des –B– zusammen.

–A– wird erheblich verletzt, am Pkw des –B– entsteht Sachschaden in Höhe von ca. 800,– EUR.

1.2 –C– nutzt als Feuerwehrangehöriger auf der Fahrt zu einem Schwerverletzten mit seinem Rettungswagen die mit Zeichen 245 gekennzeichnete freie „Busspur" zum schnelleren Vorwärtskommen. Hierbei fährt er igO teilweise bis zu 80 km/h.

Zu Beeinträchtigungen anderer Verkehrsteilnehmer kommt es nicht.

–C– verwendet während der Fahrt Blaulicht und Einsatzhorn.

2 Beurteilen Sie nachfolgenden Sachverhalt problemorientiert aus verkehrsrechtlicher Sicht.

–A– stößt in einem öffentlichen Parkhaus beim Ausparken mit der vorderen Stoßstange seines Pkw gegen den nebenstehenden Pkw und beschädigt diesen erheblich.

Der entstandene Fremdschaden beläuft sich auf ca. 2.000,– EUR. An seinem Fz entsteht kein erkennbarer Schaden.

Da er sich unbeobachtet glaubt, setzt er seine Fahrt fort, ohne sich um den Vorfall zu kümmern.

3* **Welche Fahrerlaubnisklasse ist zur Führung folgender Kfz (-kombinationen) erforderlich?**

Nennen Sie die Klasse!

3.1 Zweirad, 125 ccm, 120 km/h bbH, 11 kW, 80 kg Leergewicht ....

3.2 Zweirad, 250 ccm, 175 km/h bbH, 25 kW, 160 kg Leergewicht ....

3.3 Zweirad, 80 ccm, 100 km/h bbH, 9 kW, 70 kg Leergewicht ....

3.4 Kkr ....

3.5 FmH/ Mofa/ E-Scooter ..../......./........

3.6 lof-Zugmaschine, 7,5 t zGM, 32 km/h bbH ....

3.7 lof-Zugmaschine, 9 t zGM, 32 km/h bbH, mit 2-achsigem lof-Anhänger bei 25 km/h tgH ....

3.8 Zugmaschine, 7,5 t zGM, 25 km/h bbH, mit zul.-pflichtigem 2-achsigem Anhänger ....

3.9 Zugmaschine, 7,5 t zGM, 60 km/h bbH, mit 2-achsigem Schaustelleranhänger bei 25 km/h tgH ....

3.10 selbstfahrende Arbeitsmaschine, 15 t zGM, 32 km/h bbH ....

3.11 Pkw mit 2-achsigem Wohnanhänger, Achsabstand: 0,9 m ....

3.12 Lkw 5,6 t zGM, 7,8 t tGM ....

3.13 Wohnmobil, 3,5 t zGM ....

3.14 KombinationsKfz nach Art eines SattelKfz, 16,2 t zGM ....

3.15 Sattelzugmaschine (7,5 t zGM, 3,36 t LG) ....

Klausur 8

Lösung: S. 168

Zeit:	**Aufgabe 1:** 35 Minuten; **Aufgabe 2:** 20 Minuten; **Aufgabe 3:** 45 Minuten
Hilfsmittel:	StVO, FZV, StVZO, StVG, StGB, Beispielkatalog zu § 19 StVZO
Bewertung:	100 Punkte (FAS: 15) Mit * gekennzeichnete Aufgaben sind zusammengesetzte, d. h. > 50 % müssen für eine positive Punktebewertung richtig beantwortet werden.
Allgemeine Hinweise	1. öVR, Kfz und Führen werden begrifflich unterstellt. 2. Es ist nur die Tatbestandsmäßigkeit der Verstöße zuprüfen. 3. Subsidiäre Bestimmungen sind nicht zu prüfen. 4. Vorgegebene Werte (z. B. km/h, ‰) entsprechen den vorwerfbaren, d. h. auf Toleranzen und erlassgebundene Abzüge etc. ist nicht einzugehen.

1* **Liegen in folgenden Sachverhalten Verstöße gegen die StVO vor? Nennen Sie die verletzte(n) Bestimmung(en) und begründen Sie problemorientiert Ihre Auffassung.**

1.1 –B–überholt mit seinem Krad auf einer mit Zeichen 276 mit Zusatzzeichen 1049-11 (Symbol Zugmaschine ... dürfen überholt werden) gekennzeichneten Steigungsstrecke einen mit 20 km/h fahrenden Lkw mit Anhänger.

1.2 –C– hält mit seinem Lkw (18 t zGM) auf einer kurvenreichen und unübersichtlichen Landstraße (agO) bei einer Geschwindigkeit von 80 km/h zum Vorausfahrenden einen Abstand von 40 m.

2 **Liegen in folgenden Sachverhalten Verstöße gegen § 21 StVG vor? Begründen Sie Ihre Auffassung problemorientiert.**

2.1 –A– unterliegt einem (generellen) Fahrverbot gem. § 44 StGB. Sie treffen ihn beim Führen seines Mofas im öVR an.

2.2 Im Rahmen einer allg. Pkw-Kontrolle überprüfen Sie –B– mit seinem Pkw mit zulassungsfreiem Sportanhänger. Er zeigt Ihnen einen Führerschein der Klasse 3 mit folgender Eintragung vor.

„Die Fahrerlaubnis ist auf das Führen von Einzel-Kfz mit einem zGM von 3,5 t beschränkt. Das Mitführen von Anhängern wird nicht erfasst."

3 **Beurteilen Sie das Verhalten des –A– aus verkehrsrechtlicher Sicht.**

Sie können als Zivilstreife beobachten, wie –A– mit seinem Krad auf einer schmalen, unübersichtlichen Landstraße (agO) einen mit ca. 80 km/h vorausfahrenden Pkw mit Anhänger überholt. Nur durch eine Vollbremsung kann ein entgegenkommender Pkw-Fahrer einen Zusammenstoß mit –A– verhindern.

Bei der anschließenden Überprüfung des –A– gibt dieser nur vor, es sei doch nichts passiert und das sei eben für ihn der Kick beim Kradfahren.

Die vorgezeigten Verkehrsausweise entsprechen den rechtlichen Erfordernissen.

Klausur 9

Lösung: S. 172

Zeit:	**Aufgabe 1:** 10 Minuten; **Aufgabe 2:** 10 Minuten; **Aufgabe 3:** 20 Minuten; **Aufgabe 4:** 50 Minuten
Hilfsmittel:	StVG, StVO, FZV, StVZO, AusnVO hierzu, StGB
Bewertung:	100 Punkte (FAS: 15) Mit * gekennzeichnete Aufgaben sind zusammengesetzte, d. h. > 50 % müssen für eine positive Punktebewertung richtig beantwortet werden.
Allgemeine Hinweise	1. Es ist nur die Tatbestandsmäßigkeit zu prüfen. Rechtswidrigkeit und Schuld werden unterstellt. 2. Geschwindigkeitsangaben bzw. die Angaben sonstiger technischer Werte (z. B. zGM, bbH, ‰) entsprechen den vorwerfbaren Werten, d. h., auf Toleranzen etc. ist nicht einzugehen. 3. Öffentlicher Verkehrsraum, Kfz, Führen ist in allen Beispielfällen zu unterstellen.

1 **Beurteilen Sie Ihre Inanspruchnahme von Sonderrechten problemorientiert!**

Im Rahmen eine OWi-Verfolgung überschreiten Sie mit Ihrem FuStW die zHG auf einer Landstraße. Zu Beeinträchtigungen anderer VT kommt es nicht.

2* **Liegen in folgenden Fällen Verstöße gegen „Halt- und Parkvorschriften" vor?**

Begründen Sie Ihre Auffassung problemorientiert.

2.1 –B– bleibt agO mit seinem Pkw ca. 75 m hinter einer unübersichtlichen Kurve mit Motorschaden liegen. Er schaltet die Warnblinkanlage ein und stellt das Warndreieck in ca. 50 m Entfernung auf. Bis zum Einbruch der Dunkelheit schleppt er den Pkw ab.

2.2 –C– parkt sein Krad nachts unter einer durchgängig brennenden Straßenlaterne. Kradeigene Beleuchtung schaltet er nicht an.

3 **Liegt im folgenden Sachverhalt ein Verstoß gegen § 21 StVG vor?**

Begründen Sie Ihre Auffassung problemorientiert.

Im Rahmen einer Radarkontrolle halten Sie –A– mit seinem 4-achsigen „Schaustellerzug" wegen Überschreitung der zHG in einer 30-km/h-Zone an. –A– händigt Ihnen neben dem Fz-Schein der Zugmaschine, der BE des Packwagens weiterhin einen Führerschein der Kl. C1E / 3 aus.

Aus dem Fz-Schein bzw. der BE ergeben sich folgende Fz-Daten:

ZGM	ZM:	7,49 t
ZGM	Anh.:	9 t
BbH	ZM:	40 km/h

4 Liegen in folgenden Sachverhalten Verstöße gegen „Trunkenheitsdelikte“ vor? Begründen Sie Ihre Auffassung problemorientiert.

4.1 –A– überschreitet gegen 02.00 h igO in einer 30-km/h-Zone die zHG um 10 km/h. Im Rahmen Ihrer anschließenden Verkehrskontrolle weist der von ihm durchgeführte Alco-Test 0,9 ‰ (0,45 mg/L) auf.

4.2 –B– weist im Rahmen einer allg. Verkehrskontrolle als Mofafahrer bei einem Alco-Test 1,3 ‰ (0,65 mg/L) auf.

Auffälligkeiten im Verhalten zeigt –B– nicht.

Klausur 10

Lösung: S. 177

Zeit:	**Aufgabe 1:** 10 Minuten; **Aufgabe 2:** 35 Minuten; **Aufgabe 3:** 45 Minuten
Hilfsmittel:	StVG, StVO, FZV, StVZO, AusnVO hierzu, StGB
Bewertung:	100 Punkte (FAS: 15) Mit * gekennzeichnete Aufgaben sind zusammengesetzte, d. h. >50 % müssen für eine positive Punktebewertung richtig beantwortet werden.
Allgemeine Hinweise	1. Es ist nur die Tatbestandsmäßigkeit zu prüfen. Rechtswidrigkeit und Schuld werden unterstellt. 2. Geschwindigkeitsangaben bzw. die Angaben sonstiger technischer Werte (z. B. zGM, bbH, ‰) entsprechen den vorwerfbaren Werten, d. h., auf Toleranzen etc. ist nicht einzugehen. 3. Öffentlicher Verkehrsraum, Kfz, Führen ist in allen Beispielfällen zu unterstellen.

1* Welche Verkehrsausweise sind aus zulassungsrechtlicher Sicht zur Führung folgender Kfz (-kombinationen) im öVR erforderlich?

Zählen Sie nur auf bzw. kreuzen Sie nur an!

		ZB Teil I/ Fz-Schein	BE	Vers.-bescheinigung	StVB-Genehmigung
1.1*	Zugmaschine (80 km/h bbH)				
	. . . mit Packwagen im Schaustellergewerbe bei 25 km/h tgH				
1.2	Löschfahrzeug der Berufsfeuerwehr				
1.3	Quad, 45 km/h bbH				
1.4	LKR				

2 **Beurteilen Sie den nachfolgenden Sachverhalt problemorientiert aus fahrerlaubnisrechtlicher Sicht.**

–A– erwirbt für seinen 18-jährigen Sohn –B–, der z. Z. die Fahrschule besucht und kurz vor der „Führerscheinprüfung Kl. BE" steht, einen älteren, nicht mehr zugelassenen aber noch fahrbereiten Pkw, den man gemeinsam zu Hause aufarbeiten möchte.

Während der von Ihnen durchgeführten Kontrolle zeigt –D– ein fahriges und unkoordiniertes Verhalten. Den Ihnen ausgehändigten Führerschein der Kl. BE / 3 sowie die ZB Teil I des Pkw findet er erst nach längerem Suchen im Handschuhfach, obwohl beide Ausweise leicht erkennbar waren.

Ein durchgeführter Alco-Test ergibt 1,0 ‰ (0,5 mg/L).

Klausur 12 Lösung: S. 187

Zeit:	**Aufgabe 1:** 35 Minuten; **Aufgabe 2:** 20 Minuten; **Aufgabe 3:** 35 Minuten
Hilfsmittel:	StVG, StVO, FZV, StVZO, AusnVO hierzu, StGB
Bewertung:	15 Punkte (100 Punkte, FAS: 20)
Allgemeine Hinweise	1. öVR ist in allen Fällen zu unterstellen. 2. Technische Angaben, wie z. B. bbH und ‰, entsprechen den vorwerfbaren Werten. 3. Auf „Sozialvorschriften“, versicherungsrechtliche Vertragsvereinbarungen sowie Zuständigkeiten, Ermächtigungen und Belehrungspflichten etc. ist nicht einzugehen. 4. Versicherungs-/Steuerverstöße – soweit gegeben – sind nur zu nennen. 5. Rechtswidrigkeit und Schuld werden unterstellt.

Aufgabe :

Beurteilen Sie die Sachverhalte 1 und 2 aus verkehrsrechtlicher Sicht und den Sachverhalt 3 aus fahrerlaubnisrechtlicher Sicht!

1 –A– stößt als Vorfahrtberechtigter agO mit dem Wartepflichtigen –B– zusammen.

In seiner Einlassung gibt –B– an, –A‘s– Geschwindigkeit unterschätzt zu haben. –A– bestreitet in seiner Einlassung, zu schnell gefahren zu sein und sofort gebremst zu haben, nachdem er den fehlenden Wartewillen –B‘s– erkannt habe.

–A– und –B– händigen die erforderlichen Verkehrsausweise aus.

Beide Pkw weisen leichte Unfallspuren auf, der des –A– vorne links, –B‘s– hinten rechts.

Für –A– stellen Sie eine Bremsspur von 42,1 m fest, für –B– keine.

Die Kreuzung ist übersichtlich, es herrscht gute Sicht und trockenes Wetter. Beide Straßen sind mit Zeichen 274 (70 km/h) beschildert.

2 –C– fährt, nachdem er sich einer augenärztlichen Untersuchung (Augendruck) unterzogen hat, mit seinem Pkw nach Hause.

Beim Abbiegen nach rechts in seine Garageneinfahrt übersieht er einen in gleicher Richtung gehenden Fußgänger und stößt mit ihm zusammen, wobei sich dieser einen Armbruch zuzieht.

In seiner Einlassung gibt –C– an, er habe geglaubt, den „Kilometer“ trotz der Sehbeeinträchtigung fahren zu können, da ihm die Strecke vertraut sei. Den Fußgänger habe er aufgrund dessen heller Kleidung nicht bemerkt.

3 Im Rahmen einer Radarkontrolle kontrollieren Sie –D– wegen einer Geschwindigkeitsüberschreitung igO.

–D– händigt Ihnen für seine Zugverbindung neben einem Führerschein der Kl. C1, die ZB Teil I des Lkw sowie die BE des zweiachsigen Anhängers, einem fahrbaren Baubüro, aus.

Die Fz weisen die für einen ordnungsgemäßen Betrieb erforderlichen Kennzeichnungen auf.

Aus den Verkehrsausweisen ergibt sich für den Lkw eine zGM von 5,6 t und für den Anhänger von 2,1 t. Das Leergewicht des Lkw beträgt 2,2 t.

Überladungen sind nicht feststellbar.

Klausur 13

Lösung: S. 192

Zeit:	**Aufgabe 1:** 30 Minuten; **Aufgabe 2:** 20 Minuten; **Aufgabe 3:** 35 Minuten; **Aufgabe 4:** 35 Minuten
Hilfsmittel:	StVG, StVO, FZV, StVZO, AusnVO hierzu, StGB
Bewertung:	15 Punkte (100 Punkte, FAS: 20)
Allgemeine Hinweise	1. öVR ist in allen Fällen zu unterstellen. 2. Technische Angaben, wie z. B. bbH und ‰, entsprechen den vorwerfbaren Werten. 3. Auf „Sozialvorschriften“, versicherungsrechtliche Vertragsvereinbarungen sowie Zuständigkeiten, Ermächtigungen und Belehrungspflichten etc. ist nicht einzugehen. 4. Versicherungs-/Steuerverstöße – soweit gegeben – sind nur zu nennen. 5. Rechtswidrigkeit und Schuld werden unterstellt.

Aufgabe:

Beurteilen Sie die nachfolgenden Sachverhalte problemorientiert aus verkehrsrechtlicher Sicht.

1 –A– streift beim Verlassen seiner Hauseinfahrt den „etwas eng“ geparkten Pkw des –B–, wobei er einen Fremdschaden in Höhe von ca. 250,– EUR verursacht.

Im Rahmen der Unfallaufnahme händigt –A– Ihnen seinen Führerschein der Kl. „B“, ausgestellt Juni 1980 in Magdeburg, sowie die ZB Teil I des von ihm geführten Lkw aus, aus dem sich ein zGM von 5,6 t ergibt.

2 Im Rahmen einer Verkehrskontrolle weist –C– als Pkw-Fahrer einen BAK-Wert von 1,09 ‰ (0,54 mg/L) auf.

Es ist bekannt, dass –C– unter Alkoholeinwirkung aggressiv reagiert. Sie stellen während der Kontrolle bzw. Ihrer weiteren Maßnahmen keinerlei Besonderheiten im Verhalten des –C– fest.

3 –D– wählt bei einer „Wettfahrt“ mit seinem Pkw die Ideallinie in einer Linkskurve und schneidet diese.

Nur durch eine Vollbremsung kann –E– als Gegenverkehr einen Zusammenstoß vermeiden.

4 –F– stürzt als Skatebordfahrer und reißt hierbei den Außenspiegel von –G‘s– geparktem Pkw ab. Ohne sich weiter um den Schaden zu kümmern, fährt –F– weiter, wird jedoch von Passanten festgehalten.

Klausur 14

Lösung: S. 199

Zeit:	120 Minuten
Hilfsmittel:	StVG, StVO, FZV, StVZO, AusnVO hierzu, StGB
Bewertung:	15 Punkte (100 Punkte, FAS: 20)
	Mit * gekennzeichnete Aufgaben sind zusammengesetzte, d. h. für eine positive Bewertung sind > 50 % richtiger Antworten erforderlich.
	Innerhalb der Aufgaben 1 bis 3 sind bei vollständiger richtiger Beantwortung 30 Punkte (2 Punkte je Einzelaufgabe, z. B. 1.1*) erreichbar.
	Eine positive Bewertung erfolgt jedoch nur, soweit in den Einzelaufgaben (1.1*– 3*) jeweils > 50 % richtig beantwortet wurde und insgesamt bei deren Addition mindestens 16 Punkte erreicht wurden.
Allgemeine Hinweise	1. öVR ist in allen Fällen zu unterstellen. 2. Technische Angaben, wie z. B. bbH und ‰, entsprechen den vorwerfbaren Werten. 3. Auf „Sozialvorschriften“, versicherungsrechtliche Vertragsvereinbarungen sowie Zuständigkeiten, Ermächtigungen und Belehrungspflichten etc. ist nicht einzugehen. 4. Versicherungs-/Steuerverstöße – soweit gegeben – sind nur zu nennen. 5. Rechtswidrigkeit und Schuld werden unterstellt.

1* Beantworten Sie folgende Fragen mit Ja/Nein.

Kreuzen Sie nur an bzw. nennen Sie die jeweilige Klasse etc.!

1.1* Genügt in folgenden Fällen die FE-Kl. 3 zum Führen im öVR?

1.1.1 SAM (10 km/h bbH, 15 t zGM) ❑ Ja ❑ Nein

1.1.2 Zugm. (7,5 t zGM, 32 km/h bbH) mit 3-achsigem lof-Anhänger bei einer gefahrenen Geschwindigkeit von 25 km/h. Die gem. § 58 StVZO erforderliche Kennzeichnung ist angebracht. ❑ Ja ❑ Nein

1.2* Erlaubt die FE-Klasse „BE“ die Führung folgender Kfz/Züge?

1.2.1 Lkw, 5,6 t zGM ❑ Ja ❑ Nein

1.2.2 Zweirad, 50 ccm Hubraum, 50 km/h bbH, Bj. 90 ❑ Ja ❑ Nein

1.3* Sind folgende Aussagen hinsichtlich gebietsfremder FE hinsichtlich ihrer Geltung in der BRD richtig?

1.3.1 Nicht-EU Fahrerlaubnisse gelten ½ Jahr, EU-Fahrerlaubnisse 3 Jahre ❑ Ja ❑ Nein

1.3.2 Studenten müssen für die Studienzeit ihre gebietsfremde FE nicht umschreiben lassen ❑ Ja ❑ Nein

1.4* **Handelt es sich in folgenden Fällen um Auflagen oder Bedingungen?**

1.4.1 Nach einem Kradunfall wird –A– folgende Fahrerlaubnis-Einschränkung erteilt: „... darf nur mit einer geeigneten Sehhilfe ein Kfz führen“.

❑ Bedingungen

❑ Auflage

1.4.2 –B– zeigt Ihnen bei der Führung seines Pkw in B-Stadt einen Führerschein mit der Eintragung „... darf nur Kfz im Stadtgebiet von A-Stadt führen.“

❑ Bedingungen

❑ Auflage

1.5* **Welche FE-Klasse neu wird zur Führung folgender KFz / Züge benötigt?**
Nennen Sie die jeweils benötigte Klasse (z.B.: T / 5)

		FE-Klassen
1.5.1	Pkw (2,2 t zGM, 1,1 t LM) mit 2-achsigem Bootstrailer (1,5 t zGM)	
1.5.2	Lkw (5,6 t zGM / 2,5 t LM) mit 1-achsigem Anhänger (2,4 t zGM)	
1.5.3	Lkw (7,5 t zGM / 3,8 t LM) mit 2-achsigem Anhänger (4 t zGM)	
1.5.4	Wohnmobil (3,5 t zGM, 2 t LM, 3achsig) mit 2-achsigem Wohnanhänger (1,8 t zGM)	

1.6* **Liegen in folgenden Beispielen Verstöße gegen § 21 StVG vor?**

1.6.1 Nach einer Trunkenheitsfahrt kann der Führerschein des –A– nicht beschlagnahmt werden, da –A– diesen nicht mitführt. Sie treffen –A– am nächsten Tag beim Führen seines Pkw an. ❑ Ja ❑ Nein

1.6.2 –B– führt trotz Entzug seiner Fahrerlaubnis durch das Gericht ein Mofa. ❑ Ja ❑ Nein

1.6.3 –C– führt ohne Fahrerlaubnis das geschleppte Fz (Pkw), obwohl die vorliegende Schleppgenehmigung ausdrücklich auf die Notwendigkeit verweist. ❑ Ja ❑ Nein

1.7* **Ist in folgenden Beispielen die BE erloschen i. S. d § 19 StVZO?**

1.7.1 –A– meldet sein Krad über den Winter ab. ❑ Ja ❑ Nein

1.7.2 –B– erhöht die bbH seines „Kkr“ durch Ritzelaustausch auf 70 km/h. ❑ Ja ❑ Nein

1.7.3 –C– baut einen Austauschmotor (gleiches Modell) in seinen Pkw ein. ❑ Ja ❑ Nein

2* **Sind – bezogen auf die jeweiligen Sachverhalte – die getroffenen Aussagen richtig? Kreuzen Sie nur an!**

2.1* –A– weist als Pkw-Fahrer bei einer Blutprobe 1,09 ‰ auf. Die zHG von 50 km/h igO hatte er vor der Kontrolle um ca. 10 km/h überschritten.

Aussagen:

2.1.1 –A– verstößt gegen § 24a StVG. ❑ Ja ❑ Nein

2.1.2 Die Überschreitung der zHG stellt eine Ausfallerscheinung i. S. d. relativen Fahruntüchtigkeit (FU) dar. ❑ Ja ❑ Nein

2.2* –B– verunfallt als Computervertreter mit einem Firmen-Pkw (beladen) aufgrund eines Sekundenschlafs nach 15-stündiger ununterbrochener Fahrt.

Aussagen:

2.2.1 –B– weist einen körperl./geistigen Mangel auf. ❑ Ja ❑ Nein

2.2.2 –B– verstößt gegen § 316 StGB. ❑ Ja ❑ Nein

2.2.3 Der Firmen-Pkw stellt kein Gefährdungsobjekt dar. ❑ Ja ❑ Nein

2.3* –C– weist als E-Scooter-Fahrer bei einer Verkehrskontrolle eine vorwerfbare BAK von 1,3 ‰ auf.

Aussagen:

2.3.1 –C– verstößt gegen § 24a StVG. ❑ Ja ❑ Nein

2.3.2 –C–verstößt gegen § 316 StGB. ❑ Ja ❑ Nein

2.4* –D– führt mit 25 km/h eine Zugmaschine (32 km/h bbH) mit einem Anhänger, der mit Rüben beladen ist. Die gefahrene Geschwindigkeit beträgt 25 km/h, die notwendigen Kennzeichnungen sind angebracht.

Aussagen:

2.4.1 –D– muss ZB Teil I und BE mitführen/vorzeigen. ❑ Ja ❑ Nein

2.4.2 Die Zugm. ist zulassungs- und versicherungspflichtig. ❑ Ja ❑ Nein

2.4.3 –D– bedarf der Fahrerlaubnis der Kl. B. ❑ Ja ❑ Nein

2.4.4 Der Anhänger muss seitlich und hinten mit 25-km-Schilder gekennzeichnet sein. ❑ Ja ❑ Nein

2.5* –E– zeigt bei einer Verkehrskontrolle eine BE vor, laut der das geführte Zweirad ein Kkr darstellt. Bei Überprüfung erkennen Sie, dass die Auspuffanlage ausgetauscht wurde. Die bbH beträgt nun 65 km/h.

Aussagen:

2.5.1 Es liegt ein Pflichtversicherungsgesetzverstoß vor. ❑ Ja ❑ Nein

2.5.2 Die BE ist erloschen und das Zweirad zul.-pflichtig. ❑ Ja ❑ Nein

2.6* –F– führt als Schausteller hinter seinem Wohnmobil (3,5 t zGM, 2 t LM) einen 2-achsigen Wohnwagen (2,8 t zGM) mit, der von einem angestellten Artisten bewohnt wird.

Aussagen:

2.6.1 –F– bedarf der „Altklasse“ 3. ❑ Ja ❑ Nein

2.6.2 –F– benötigt die FE-Kl. C1E. ❑ Ja ❑ Nein

2.7* –G– wird im Rahmen einer Verkehrskontrolle von Ihnen kontrolliert. Er händigt Ihnen eine Kopie seines Führerscheins der Kl. 3 mit der Bemerkung aus, dass ihm als Landwirt ein Mitführen des Originals nicht zumutbar sei, er benötige ja auch nicht die BE für seine Anhänger während der Fahrt.

Bei dem von –G– geführten Zug handelt es sich um eine lof-Zugmaschine (ZM: 11 t zGM, 40 km/h bbH) mit zwei lof-Anhängern.

Die Anhänger sind gem. § 58 StVZO gekennzeichnet, die ZM jedoch nicht.

Aussagen

2.7.1 –G– verstößt gegen § 4 FeV. ❑ Ja ❑ Nein

2.7.2 –G– verstößt gegen § 21 StVG. ❑ Ja ❑ Nein

3* **Welcher Kennzeichnung bzw. mitzuführender Verkehrsausweis(e) bedarf man beim Führen folgender Fz?**

Kreuzen Sie nur an!

	Fz	amtl. Kennzeichen	Vers.-kennzeichen	Wiederhol.-kennz.	25-km-Schilder	Fz-Schein	BE
3.1	Anhänger (mit Rüben beladen hinter Lkw)						
3.2	lof-ZM, 25 km/h bbH						
3.3	Lkr, 100 km/h bbH						
3.4	Sportpferdeanhänger (hinter Pkw)						

4 **Beurteilen Sie folgende Sachverhalte aus verkehrsrechtlicher Sicht.**

Begründen Sie Ihre Auffassung problemorientiert.

4.1 –A– überholt agO mit seinem Zweirad ca. 100 m vor einer unübersichtlichen Kurve mit ca. 120–130 km/h.

Ein während des Überholvorgangs entgegenkommender Pkw-Fahrer muss stark abbremsen, um einen Zusammenstoß zu vermeiden.

Im Rahmen der anschließenden Kontrolle des –A– zeigt Ihnen dieser einen Führerschein der Kl. A1/1b sowie eine BE, wonach es sich bei dem Zweirad um ein Lkr (125 ccm, 11 kW, 110 km/h bbH) handelt.

–A– gibt an, sich auf der Fahrt zum TÜV zu befinden, um eine von ihm durchgeführte Leistungserhöhung (Motorveränderung) „eintragen zu lassen“.

4.2 –B– stößt beim Ausparken gegen das Fz des –C– und beschädigt dieses.

Sein eigener Pkw wird rückseitig beschädigt.

Da er sich unbeobachtet glaubt, fährt er, ohne weitere Maßnahmen zu treffen, weg.

Kurze Zeit später bremst –B– auf einer Ausfallstraße igO mehrfach vor verschiedenen nachfolgenden Pkw stark ab. –D– fährt bei einem dieser Bremsmanöver auf.

In seiner Einlassung Ihnen gegenüber gibt –B– als Grund für das Bremsen das plötzliche Queren eines Hundes an. Diese Aussage wird von keinem Zeugen bestätigt.

Klausur 15		Lösung: S. 206
Zeit:	120 Minuten	
	Aufgabe 1: ca. 60 Minuten	
	Aufgabe 2: ca. 60 Minuten	
Hilfsmittel:	StGB, StVG, FeV, BKatV	
Bewertung:	100 Punkte	
	Aufgabe 1:	30 Punkte
	Aufgabe 2:	50 Punkte
	Form, Aufbau, Schlüssigkeit:	20 Punkte
Allgemeine Hinweise:	1. ÖVR ist in allen Fällen zu unterstellen.	
	2. Auf Rechtwidrigkeit und Schuld ist nicht einzugehen.	

Aufgaben:

1. **Beurteilen Sie das Verhalten von –A– aus verkehrsstrafrechtlicher Sicht! Auf strafprozessuale Vorschriften ist nicht einzugehen.**

–A– befährt mit seinem Motorrad die äußerst kurvenreiche und unfallträchtige, auf 70 km/h Höchstgeschwindigkeit beschränkte Landstraße zwischen den Ortschaften X und Y. Die Straße ist bei Radfahrern sehr beliebt und wird an mehreren Stellen von Wanderwegen gekreutzt. Aufgrund der am Helm von –A– befestigten und mitlaufenden Action-Cam kann folgende Fahrweise von –A– dokumentiert werden:

–A– fuhr über einen Zeitraum von 3 Minuten mit nicht angepasster Geschwindigkeit.

Der Tacho des Motorrades zeigte hierbei Geschwindigkeiten von bis zu 133 km/h an. Innerorts beschleunigte –A– sein Motorrad bis 124 km/h. Die tatsächliche Höchstgeschwindigkeit des Zweirades liegt bei 145 km/h. Mehrfach fuhr er ausschließlich auf dem Hinterrad. Trotz Gegenverkehrs bewegte –A– sein Motorrad in sämtlichen Linkskurven in die Fahrbahnmitte und streckte sein linkes Bein heraus. Die entgegenkommenden Fahrzeugführer erkannten alle rechtzeitig die Fahrweise von –A– und reagierten zeitig durch Verlangsamung der Geschwindigkeit und scharfes Rechtsfahren. Sein Oberkörper ragte in allen Linkskurven weit in die Gegenfahrbahn. Vor einer extrem engen, teilweise steil bergauf führenden sogenannten „Applauskurve" beschleunigte –A– weiter, wobei der Tacho 113 km/h anzeigte, bremste vor der Kurve hart auf ca. 85 km/h ab und beschleunigte anschließend derart scharf, dass sich der Vorderreifen von der Fahrbahn abhob.

2. **Beurteilen Sie das Führen eines Pkw am Tag, nachdem –B– seinen Führerschein bei –P– abgegeben hat, ausschließlich in Bezug auf –B–!**

Im Rahmen einer Verkehrsunfallaufnahme übergibt der 80-jährige Unfallverursacher –B– (Vorfahrtsverstoß) dem verdutzten Polizeibeamten –P– seinen gültigen und ausreichenden Führerschein mit der Bemerkung, dass er nach diesem Verkehrsunfall kein Auto mehr fahren möchte. Noch bevor –P– reagieren kann, setzt –B– sich in das wartende Fahrzeug seiner Tochter und lässt sich von ihr nach Hause fahren. Körperliche und/oder geistige Ausfallerscheinungen konnte –P– im Rahmen der Unfallaufnahme nicht festellen. Am nächsten Tag gerät –B– mit dem Pkw seiner Tochter in eine allgemeine Verkehrskontrolle des Verkehrsdienstes des Polizeipräsidiums. Die kontrollierenden Polizeibeamten wissen nichts von dem tags zuvor verursachten Verkehrsunfall und dem Umstand, dass –B– seinen Führerschein dem –P– übergeben hat. Als Grund für die Fahrt führt –B– an, gestern nach dem Verkehrsunfall vorschnell gehandelt zu haben. Er möchte seinen Führerschein von der Polizei zurück, da er auch weiterhin Kraftfahrzeuge führen will. Deshalb sei er jetzt auf dem Weg zur Polizeidienststelle. Umfangreiche Nachermittlungen der kontrollierenden Polizeibeamten bestätigen die Aussage des –B–. Der Führerschein liegt noch auf der Polizeidienststelle.

3.2 Thesis (Bachelor-Thesis)

3.2.1 Allgemeines

Durch seine Bachelor-Thesis soll der Prüfling den Nachweis erbringen, dass er innerhalb einer Zeitvorgabe ein (Fach-)Problem selbstständig nach wissenschaftlichen Methoden bearbeiten kann. Hilfestellung über Art und Durchführung bietet hierzu jede Fachhochschule auf Ihrer Homepage in ausreichender Fülle an, sodass hier eine Beschränkung auf die wesentlichen Punkte erfolgen kann.

3.2.2 Thema

Sie benötigen ein Thema, das Sie sinnvollerweise bereits im Verlaufe des Studiums angedacht haben, denn die Auswahl ist schlicht riesig und führt dann oft in „Torschlusspanik" zu einer vorschnellen und den eigenen Neigungen widersprechenden Themenwahl. Überlegen Sie also rechtzeitig, was Sie interessieren könnte und besprechen Sie das Thema wiederum frühzeitig mit Ihrem Erstgutachter. Themata sind im Verkehrsrecht/-management nun wirklich keine Mangelware. Ob ein spezielles Rechtsthema wie z.B. Sonderrechte, § 24c StVG oder 48a FeV oder ein allgemeines Verkehrssicherheitsthema wie z.B. „Problemgruppen Jung und Alt" oder „Geschwindigkeitskontrollen und ihre direkte Auswirkung auf die örtliche Unfallentwicklung" gewählt wird, spielt letztlich keine Rolle. Sie müssen es nur interessant finden, dann ist ausreichend Motivation für eine gute Arbeit gegeben und es wird Ihnen nicht schwerfallen, es mit einem aussagekräftigen Titel Ihrem Gutachter in einem kurzen, konkreten Exposé darzustellen.

3.2.3 Exposé

Das Exposé sollten Sie als kurze, aber präzise Darstellung Ihres Themas unter Beachtung des aktuellen wissenschaftlichen Forschungsstandes verstehen. Es sollte folgende Punkte/Fragen beantworten:

Worin besteht die Problem- und Fragestellung?

Warum interessiert Sie das Thema?

Worin besteht der Erkenntniswert in der Praxis?

Welche Ziele/Hypothesen werden mit der Arbeit verfolgt (und welche nicht)?

Worin bestehen die theoretischen Grundlagen und was ist Forschungsstand?

Welche Methoden und welches Material wird Ihrerseits angewandt und welchen Stellenwert hat das verwendete Material?

Darüber hinaus sollte ihr Exposé

- eine vorläufige Gliederung und
- ein vorläufiges Literaturverzeichnis

beinhalten.

Hier ein Beispiel für einen ersten Exposéentwurf (auszugsweise)[2]:

Thema: Junge Fahrer im Straßenverkehr/ eine Gefährdung für den Straßenverkehr?

Fragestellung und Problematik:

In meiner Arbeit soll das Verhalten der jungen Fahrer im Straßenverkehr analysiert werden. Ich möchte...herausfinden, ob das Verhalten der jungen Fahrer eine besondere Gefährdung ... Straßenverkehr darstellt. Dabei soll erörtert werden, welche Verhaltensweise der jungen Fahrer eine Gefährdung .... Soll der Kreis der jungen Fahrer eingekreist werden, der eine Gefahr...

Methoden und Vorgehen:

Wichtig für meine Arbeit werden zunächst aktuelle Statistiken zum Straßenverkehr sein. Hiermit können bestimmte Problembereiche herausgefiltert und angesprochen werden. ... ein Vergleich mit älteren Statistiken .... Der einen Trend der Verhaltensweisen der jungen Fahrer ...

Darüber hinaus soll zu den Problembereichen Fachliteratur herangezogen werden.

Zielgruppe und erwartete Ergebnisse:

Die Arbeit soll neue Erkenntnisse in Bezug auf junge Fahrer und deren Verhaltensweisen geben. Dies kann insbesondere hilfreich für die Arbeit im alltäglichen Wach- und Wechseldienst sein. ... Dies kann sowohl für repressive als auch für präventive Maßnahmen sehr hilfreich sein.

Forschungsstand:

Die Verhaltensweisen der jungen Fahrer wurden in der Vergangenheit ... in der Vergangenheit einige Maßnahmen getroffen, um das Verhalten der jungen Fahrer im Straßenverkehr zu verbessern ... Zur Heranführung der jungen Fahrer wurde außerdem das begleitete Fahren ab 17 eingeführt. Erste Erfolge zeichnen sich im Straßenverkehr dadurch ab.

Gliederung:

1 Einleitung und Problemstellung
2 Definition der jungen Fahrer
3 Darlegen aktueller Statistiken und Problemfeldern
3.1 Zahl der verunglückten jungen Fahrer
3.2 Zahl der durch junge Fahrer verursachten Verkehrsunfälle und deren Folgen
3.3 Ursachen der durch junge Fahrer verursachten Verkehrsunfälle
4 Analyse der Verhaltensweise der jungen Fahrer und Gründe für ihr Verhalten
5 Darstellen präventiver Maßnahmen
6 Darstellen strafrechtlicher Aspekte und repressiver Maßnahmen
7 Auswirkungen auf die polizeiliche Arbeit im Wach- und Wechseldienst
8 Fazit
9 Quellennachweis, Anhang

2 Haßelberg, Sebastian, Junge Fahrer im Straßenverkehr/Eine Gefährdung für den Straßenverkehr?, Bachelorarbeit, NRW 2010.

Zu einem ähnlich gelagertem Thema sah der Gliederungsentwurf folgendermaßen aus:[3]

Gliederung (vorläufig):

I. Einleitung

II. Die Risikogruppe junge Fahrer

II.I Begriffsbestimmung

II.II Fahrertypen

II.III Unfallgeschehen/Unfallursachen

III Präventionsmaßnahmen

  III.I Kommunikationskampagnen

  III.Ia Theoretische Grundlagen

  III.Ib „Runter vom Gas“

  III.Ic „Crash Kurs NRW“

  III.II Begleitetes Fahren ab 17

  III.II.a Rechtliche Voraussetzungen

  III.II.b Ziele

  III.II.c Erfolge

IV Fazit

V Quellen Anhang usw. ...

Ihr Gutachter wird sicherlich hier bereits die ersten Hinweise und Hilfen geben und nach Diskussion mit Ihnen, seine Bereitschaft zur Gutachtertätigkeit aussprechen.

Danach erhalten Sie (in NRW Anfang April) seitens des Prüfungsamtes Ihr Thema zugeteilt und Sie haben Gelegenheit, innerhalb der nächsten 7 Wochen Ihr Thema zu bearbeiten und vorzulegen.

3.2.4 Aufbau und Gestaltung der Thesis-Arbeit

Wie dargestellt, die Thesis-Arbeit soll zeigen, dass Sie die Grundzüge wissenschaftlicher Arbeit kennen und umsetzen, also ein Thema methodisch bearbeiten können.

Dass hierbei über Einleitung, Hauptteil und Schluss größter Wert auf

- Frage- und Problemdarstellung
- Argumentation
- Transparenz und Nachvollziehbarkeit
- Methodik
- Erkenntniswert

zu legen ist, versteht sich von selbst.

Über Form und Aufbau im Einzelnen informieren die Fachhochschulen. Wir können nur empfehlen, den entsprechenden Hinweisen höchste Beachtung zu schenken.

3 Heyer, Simon, Verkehrsunfälle junger Fahrer, Ursachen und Präventionsmaßnahmen unter besonderer Berücksichtigung des Begleitenden Fahrens mit 17 und polizeilicher (Präventiv-)Maßnahmen, Bachelorarbeit, NRW 2010.

3.2.5 Belegverfahren/Verweise

Spätestens seit „zu Guttenberg" sollte jedem die Problematik des Belegnachweises/Plagiatsverdachts klar sein. Hier gilt der Rat „Besser einmal zu viel ..." und der Ratschlag zum Führen eines detaillierten Quellennachweises kann nicht oft genug vorgetragen werden.

Fehlende Quellennachweise führen zum Plagiatsverdacht und begründen Maßnahmen als Folge eines Täuschungsversuch, die letztlich auch ein Nichtbestehen beinhalten können.

3.2.6 Abschluss

Sie haben 7 Wochen Zeit zur Vorlage Ihrer Arbeit. Kein allzu langer Zeitraum und kein Zeitraum, der „träumen" erlaubt und verzeiht, im Gegenteil. Hier gilt der Ratschlag zur Notwendigkeit kontinuierlichen Arbeitens mit Zielvorgaben. Denken Sie auch daran, dass Korrekturlesen Zeit beansprucht und die Arbeit digital sowie in gebundener Form vorgelegt werden muss. Auch dies kostet Zeit.

3.2.7 Kolloquium

Nach positiver Prüfung (nicht Bewertung), sprechen sich Erst- und Zweitgutachter für Ihre Zulassung zum Kolloquium aus, das Sie sicher als eine Form mündlicher Prüfung empfinden. Inhalt des Kolloquiums stellt aber ausschließlich Ihre Thesis-Thema dar, das Sie zunächst innerhalb des 20-minütigen Kolloquiums vor- und darstellen. Hier sind Sie frei in der Form, also ob Sie nur vortragen oder dies mediengestützt machen. Nur sollten sie die 10 Minuten (Zeitvorgabe) nicht wesentlich unter- bzw. überschreiten. Danach werden Sie sich den Fragen Ihrer beiden Gutachter stellen müssen.

Abschließend werden die beiden Gutachter Ihre Arbeit und das Kolloquium in Form und Inhalt und hier u.a. nach Richtigkeit, Relevanz und Argumentation bewerten. In NRW wird ihnen das Ergebnis nach dem Kolloquium sofort mitgeteilt.

4 Lösungen

4.1 Allgemeines / Bewertungshinweise

Unter der Rubrik „Punkte" erfolgt ein Bewertungsvorschlag. Im Übrigen wird ausdrücklich nochmals auf die Einführung und die dortigen Bewertungshinweise (S. 13 ff.) verwiesen.

4.2 Teilklausuren (Tests)

4.2.1 StVO

Test 1 / StVO

		Punkte:
1.1*	in allen Fällen Nein	6
1.2	Sorgfaltspflicht und Vertrauensgrundsatz	3
1.3*	Nein / Ja / Ja	6
1.4	Entscheidend ist die objektive Betrachtung, subjektive Überempfindlichkeit des Einzelnen ist unbedeutend.	5
2	Nein Zu beurteilen ist die Frage, ob das Verhalten des –A– eine vermeidbare Behinderung i. S. d. § 1 (2) StVO darstellt. ÖVR sowie die Frage, ob –A– „VT" und –B– „Anderer" i. S. d. § 1 (2) StVO ist, wird als begründet unterstellt. Somit bleibt die Frage, inwieweit das Verhalten des –A– sich als Behinderung darstellt. Unter Behinderung versteht man jede Beeinträchtigung der zulässigen Verkehrsteilnahme, gleichgültig, ob die Verkehrsteilnahme gänzlich vereitelt oder nur gestört wird. –B– möchte laut Sachverhalt erkennbar schneller fahren, woran er durch –A's– Geschwindigkeitswahl gehindert wird. Entscheidend i. S. d. § 1 ist jedoch die Störung einer zulässigen Verkehrsteilnahme. Da die zHG agO bestenfalls 100 km/h beträgt, wird –B– somit nicht an einer zulässigen, sondern nur an einer unzulässigen Verkehrsteilnahme gestört. Da dies auch nicht in einer schulmeisterlichen Art durch –A– geschieht, liegt keine vermeidbare Behinderung i. S. d. § 1 (2) StVO vor.	10

Weitergehende Erläuterungen:

1.1 Öffentlicher Verkehrsraum, und nur dort sind die Verkehrsvorschriften anwendbar, gleich ob OWi oder Straftat, ist nur dort gegeben, wo entweder infolge wegerechtlicher Widmung (rechtlich öVR) oder bei Privatflächen infolge stillschweigender Duldung (faktisch öVR) zunächst eine Nutzung durch jedermann, also einer unbestimmten Anzahl von Personen möglich ist. Neben dieser Nutzungsmöglichkeit muss aber zumindest beim fakt. öVR eine tatsächliche, nicht nur einmalige (sporadische) Nutzung stattfinden, d. h. der Gebrauch muss durch die Allgemeinheit erkennbar sein.[4] Die Zugehörigkeit einer Fläche zum öVR endet mit einer eindeutigen, äußerlich manifestierten Handlung des Verfügungsberechtigten, die unmissverständlich erkennbar macht, dass ein öVR nicht (mehr) geduldet wird.[5]

1.2 Der Eigentümer des geführten Fz ist nicht „Anderer“ i. S. d. § 1 (2) StVO, d. h., das geführte Fz, gleich ob im eigenen oder fremden Eigentum stehend, kann nicht Gefährdungsobjekt sein.[6]

1.4 Darüber hinaus muss sich die Belästigung – wenn auch unbeabsichtigt – gegen Personen richten, wie z. B. Geräuschbelästigungen bei Anwohnern.

4 BGHSt 16, 7, 9 / OLG Nürnberg, DAR 83, 87.

5 BGH, jurisPR-VerkR 16/2013.

6 BGHSt 12, 282.

Test 2 / StVO

Punkte:

1* Nein / Nein / Ja / Nein / Nein 5

2* 5

Bestimmung StVO	§ 9 (3)	§ 26	§ 37
zutreffende(r) Sachverhalt(e)	2.3	2.5	2.4

3 –A– / –B– stehen im Verdacht eines Verstoßes gegen §§ 1 (2), 26 StVO, soweit sie als Adressat des § 26 den Vorrang eines zu Fuß Gehenden missachtet haben. ÖVR wird unterstellt.

–A–: 5

Nein

Gemäß § 26 (1) sind Schienenfahrzeuge ausdrücklich als Adressat von der Beachtung des Fußgängervorrangs freigestellt.

Inwieweit er gegen die nach § 1 (2) StVO bestehende Verpflichtung zur Sorgfalt und dem hieraus resultierenden Schädigungsverbot verstoßen hat, ist aus dem SV nicht ersichtlich und gemäß Aufgabenstellung auch nicht zu beurteilen.

–B–: 10

Ja

Gemäß § 26 (1) StVO haben Fahrzeugführer zu Fuß Gehenden, welche den Überweg erkennbar benutzen wollen, das Überqueren der Fahrbahn zu ermöglichen, wenn nötig, müssen sie warten.

Gemäß § 26 (4) gilt die Beachtung des Fußgängervorranges für Radfahrer auch auf gekennzeichneten Radwegen, soweit Zeichen 293 diese mit einbezieht.

–B– ist als Radfahrer Fz-Führer und Adressat der Bestimmung, soweit er sich auf der Fahrbahn befindet, gem. Abs. 1, soweit er sich auf einem Radweg befindet, gem. Abs. 4.

In beiden Fällen hat er dem zu Fuß Gehenden ein Überqueren, d. h. eine ungehinderte Nutzung des Fußgängerüberweges zu ermöglichen, ggf. durch Warten.

Da zu Fuß Gehende stehen bleiben müssen, missachtet er zweifelsfrei deren Vorrang und verstößt gegen § 26 StVO.

Inwieweit hierdurch gleichzeitig § 1 (2) StVO verletzt ist, ist nicht zu prüfen.

Weitergehende Erläuterungen:

1.2 Zeichen 220 schreibt nur auf der Fahrbahn die Fahrtrichtung vor. Natürlich liegt ein Verstoß gegen § 2 StVO (Fahrbahnbenutzungspflicht) vor. Zu beachten ist jedoch, dass per Zusatzzeichen (Anlage 2, lfd. Nr. 9) Radfahrverkehr in der Gegenrichtung zugelassen werden kann.

1.3 Zeichen 229 beinhaltet ein absolutes Haltverbot (Anlage 2, lfd. Nr. 15)

1.4 Nach Anlage 2, lfd. Nr. 19 ist die Nutzung durch andere VT durch Zusatzzeichen möglich. Dann müssen Fahrzeugführer auf Fußgänger und Radfahrer Rücksicht nehmen. Erforderlichenfalls müssen alle die Geschwindigkeit an den Fußgängerverkehr anpassen.

1.5 Im Gegensatz zu Zeichen 253 (... zGM) gelten die Zeichen 262 – 265 jeweils für das Einzelfahrzeug. Nur Zeichen 266 (... Länge) gilt auch für den Zug.

2 In allen Fällen liegt tateinheitlich ein Verstoß gegen § 1 (2) StVO vor, wobei die VOWi jeweils subsidiär zu der vorliegenden fahrl. Körperverletzung sind.

Im Einzelnen liegen folgende weitere Verstöße vor:

2.1 § 10 StVO;

2.2 Anlage 2, Abschn. 3, zu lfd. Nr. 2 und 3;

2.6 § 37 StVO

2.7/8 § 9 (5) StVO

3 § 1 (2) ist nur bei gleichzeitiger Schädigung verletzt (OLG Koblenz, VRS 46, 154). Ggf. liegt bei Gefährdung eine Straftat i. S. d. § 315c (1) 2c StGB vor.

Test 3 / StVO

Punkte:

1* je VT 2 Punkte, mindestens 5 VT müssen richtig gelöst sein. 8

		§ 1 StVO	§ 8 StVO	§ 9 StVO	§ 10 StVO
1.1	A	X		X	
	B				
	C		X		
	D				
1.2	E	X			
	F				
1.3	G				
	H				

2 **–A–:** 3

–A– steht im Verdacht eines Verstoßes gegen § 1 (2) StVO. Hiernach müsste er als VT einen anderen vermeidbar behindert haben.

–A– ist Verkehrsteilnehmer und –B– Anderer. Eine Behinderung setzt jedoch letztlich die Beeinträchtigung einer zul. Verkehrsteilnahme voraus, d. h. sachverhaltsbezogen die Beeinträchtigung eines Vorrangs.

Ein Vorrang des zu Fuß Gehenden –B– ist jedoch nicht erkennbar. § 26 greift nur an mit Zeichen 293 markierten Überwegen („Zebrastreifen"). Dies liegt hier nicht vor.

–B–: 4

–B– steht im Verdacht, Verstöße gegen die §§ 1 (2), 25 (3) StVO begangen zu haben. ÖVR wird unterstellt.

Gemäß § 25 (3) haben zu Fuß Gehende die Fahrbahn unter Beachtung des Fz-Verkehrs zügig auf dem kürzesten Weg quer zur Fahrtrichtung zu überqueren. –B– überquert die Fahrbahn offensichtlich ohne jede Beachtung des Fz-Verkehrs. Die Stelle, an der –B– die Fahrbahn quert, weist zwar eine Querungshilfe für zu Fuß Gehende auf, gibt aber keinen Vorgang. Somit verstößt –B– gegen § 25 StVO, wonach zu Fuß Gehende den Fz-Verkehr zu beachten haben.

Gemäß § 1 (2) hat sich jeder Verkehrsteilnehmer so zu verhalten, dass kein Anderer vermeidbar behindert wird.

–B– ist zweifelsfrei VT und –A– Anderer i. S. d. § 1 (2).

Unter einer Behinderung i. S. d. § 1 (2) ist jede Beeinträchtigung einer zulässigen Verkehrsteilnahme zu verstehen.

Durch das Verhalten des –B– muss –A– sein Fz abbremsen, er wird hierdurch in seiner zulässigen Verkehrsteilnahme, des ungehinderten Befahrens der Fahrbahn gestört, also behindert. Ein Verstoß ist jedoch nur gegeben, soweit die Behinderung vermeidbar ist, d. h. – sachverhaltsbezogen – dem –B– ein anderes Verhalten zumutbar ist.

Die Behinderung ist allein bereits durch normgerechtes Verhalten, d. h. Beachtung des § 25 StVO vermeidbar. Die Einhaltung der StVO ist jedem Verkehrsteilnehmer, also auch –B– zumutbar. Somit verstößt –B– gegen §§ 1 (2), 25 (3) StVO.

Weitergehende Erläuterungen:

1.1 –A–/–B–: Hier handelt es sich um Begegnungsverkehr (Benutzer derselben Straße), und die Vorrangregelung ergibt sich aus § 9 (4) StVO, wonach der entgegenkommende Rechtsabbieger (hier –B–) gegenüber dem Linksabbieger (hier –A–) Vorrang hat. Da eine Gefährdung vorliegt, ist tateinheitlich § 1 (2) verletzt.

–C–/–D–: Hier liegt Vorfahrtfall vor (Querverkehr, Benutzer unterschiedlicher Straßen), wobei die Grundregel „rechts vor links" Anwendung findet.

Soweit –C– jedoch das Fehlverhalten des –D– erkennen kann, hat er im Rahmen der Sorgfaltspflicht eine Gefährdung/Schädigung zu vermeiden. Der Sachverhalt lässt jedoch eine Gefährdung des –D– nicht erkennen.

1.2 Im faktisch öffentlichen Verkehrsraum (EKZ-Parkplatz ist Privateigentum) gelten zwar die Verkehrsregeln, jedoch letztlich nur über § 1 (2) StVO analog. Entscheidend ist die Beurteilung im Rahmen der Sorgfaltspflicht, also im Rahmen gegenseitiger Rücksichtnahme. Insofern gilt hier als Hilfskriterium „rechts vor links", d. h. –E– unterliegt der „größeren" Sorgfaltspflicht. Es besteht aber kein Anspruch.[7]

1.3 Eine nur per Codecard zugängliche Parketage (auch in einem jedermann zugänglichen Parkhaus (= öVR) stellt keinen öVR dar. Somit ist die StVO nicht anwendbar. Im Rahmen des Zivilrechts (§ 823 BGB) dürfte sicherlich hier –H– schadensersatzpflichtig sein (analoge Anwendung der Sorgfaltspflichten – § 9 (5) StVO).

7 Vgl. Hentschel/König/Dauer, Straßenverkehrsrecht, 45. Aufl. 2019, § 1 Rn. 14, § 8 Rn. 31a.

Test 4 / StVO

1 je Fall 5 Punkte **Punkte: 20**

1.1 Nein / –A– steht im Verdacht eines Verstoßes gemäß § 5 (3), 41, Anlage 2, Z. 276 StVO. Hiernach liegt ein Verstoß vor, soweit –A– die Anordnung des Verkehrszeichens 276 (Überholverbot) missachtet hat.

Bei Zeichen 276 handelt es sich um ein Streckenverbot i. S. d. Anlage 2, lfd. Nr. 53, dessen Gültigkeitsende grundsätzlich durch die Zeichen 278 ff. angezeigt wird.

Dies ist nicht erforderlich, soweit das Streckenverbot zusammen mit einem Gefahrzeichen angebracht ist und sich aus der Örtlichkeit zweifelsfrei das Ende der Gefahrenstelle ergibt.

Im Sachverhalt ist Z. 276 zusammen mit Zeichen 102 (Kreuzung oder Einmündung mit Vorfahrt von rechts) angebracht. Das Ende dieser Gefahrenstelle (Einmündung) ist zweifelsfrei erkennbar.

–A– setzt zum Übeholen erst nach Passieren der Einmündung, also hinter der Gefahrenstelle und somit nach Aufhebung (Ende) des Überholverbotes an, sodass ein Verstoß nicht zu begründen ist.

1.2 Nein / –B– steht im Verdacht eines Verstoßes gegen § 49 (3) Nr. 5 StVO i. V. m. Anlage 2, lfd. Nr. 61 und 62, soweit er das abs. Haltverbot des Zeichens 283 missachtet.

Haltverbote enden gemäß Anlage 2, lfd. Nr. 61 Ziff. 1 an der nächsten Kreuzung bzw. Einmündung von rechts, sodass –B– nicht gegen Zeichen 283 (Beginn) verstößt.

Zeichen 283 (Mitte) stellt zum einen einen Hinweis auf ein bestehendes Haltverbot dar und erneuert zum anderen dieses. Soweit kein Haltverbot – wie im Sachverhalt – besteht, kennzeichnet es den Beginn eines (neuen) Haltverbotes.

–B– parkt (hält) vor diesem Zeichen, also nicht innerhalb einer Haltverbotszone.

–B– missachtet lediglich das Parkverbot i. S. d. § 12 (3) 1 StVO, soweit er die 5-m-Regel nicht beachtet hat.

1.3 Ja / –C– könnte gegen § 49 (3) Nr. 5 StVO i. V. m. Anlage 2, lfd. Nr. 23 verstoßen haben. Hiernach darf im vorliegenden, mit Zusatzzeichen gekennzeichneten Bereich (Fahrradstraße) nur mit einer Geschwindigkeit von 30 km/h gefahren werden. Radfahrer dürfen weder gefährdet noch behindert werden. Wenn nötig, muss der Kfz-Führer die Geschwindigkeit weiter verringern.

1.4 Gem. § 10 (1) eKFV darf der verkehrsberuhigte Bereich (vB) mit E-Scootern befahren werden. Gem. § 11 (1) muss jedoch hintereinander gefahren werden. Somit liegt ein Verstoß und eine OWi gem. § 14 Nr. 6 eKFV vor. Ebenso ist in Tateinheit ein Verstoß/OWi gegen §§ 41, Anlage 2, Zeichen 325.1, 49 (3) 4 StVO gegeben, da im vB Schrittgeschwindigkeit (4 – 7 km/h) gilt.

Test 5 / StVO

				Punkte:
1*	je Fall 2 Punkte bei mindestens 3 richtigen Lösungen			10
1.1	Kein Verstoß gegen § 2 StVO (RfG), da gem. § 7 (3) StVO / freie Fahrstreifenwahl für Kfz bis 3,5 t zGM		2	
1.2	§ 3 (3) StVO	/ zHG 100 km/h agO (mindestens 2 markierte Fahrstreifen je Richtung)	2	
1.3	§ 5 (3) StVO	/ Überholverbot für Kfz aller Art, mehrspurige Kfz zu überholen	2	
1.4	§§ 1 (2), 4 (1) StVO	/ Unterschreitung des Gefährdungsabstandes von 31,11 m unter gleichzeitiger Gefährdung des Vorausfahrenden	2	
1.5	§§ 1 (2), 9 (3) StVO	/ Missachtung des Fußgängervorranges beim Abbiegen unter gleichzeitiger Schädigung	2	
2*	je Fall 1 Punkt bei mindestens 3 richtigen Lösungen Nein / Nein / Nein / Ja / Ja[8]			5

Weitergehende Erläuterungen:

2.1 Ein Vorfahrtfall bedingt rechtlichen Querverkehr. Im Bereich einer abknickenden Vorfahrtstraße wird dies unmittelbar deutlich, Fz auf faktisch derselben Straße sind untergeordnet, Fz auf faktisch unterschiedlichen Straßen (der zusammengefassten Vorfahrtstraße) stellen Begegnungsverkehr i. S. d. Abbiegens dar.

2.2 Entsprechendes gilt beim Abbiegen. Auch hier wird Begegnungsverkehr auf rechtlich derselben Straße gefordert.

2.3 Die Wartepflicht i. S. d. § 9 (3, 4) StVO gilt gegenüber allen Benutzern derselben Straße, nicht nur gegenüber den Fahrbahnbenutzern (Fz-Verkehr).

2.4 § 11 (3) StVO verlangt den Vorrangverzicht bei untypischen, verwickelten Verkehrslagen. Die Verkehrssicherheit geht hierbei stets der Regelanwendung vor.

§ 11 (3) ist nicht bußgeldbewehrt, soweit es jedoch um die Vermeidung von Gefahren geht, ergibt sich bei Missachtung ein Verstoß aus § 1 (2) StVO.

8 OLG Düsseldorf, NZV, 89, 404.

Test 6 / StVO

			Punkte:
1			25
1.1	VT / wartepflichtiger Fz-Führer / Kfz-Führer / Fz-Führer / Kfz > 3,5 t zGM, Zugmaschinen, ausgenommen: Pkw u. KOM	5	
1.2	Nein	2	
1.3	Nein / § 14 OWiG	2	
1.4	vorwerfbar / unerlaubt / Buße	3	
1.5	3 Monate bis zum Bußgeldbescheid oder öffentl. Klageerhebung, danach 6 Monate / § 26 (3) StVG	3	
2	Zu beurteilen ist, inwieweit –A– gegen § 37 StVO verstoßen hat. ÖVR wird unterstellt. Dies wäre u. a. der Fall, wenn er das durch Rotlicht bestehende Haltgebot missachtet. Gemäß § 37 (2) 4 StVO besteht die Möglichkeit, markierten Fahrstreifen eigene Lichtzeichen zu geben. Dies liegt hier offensichtlich vor. Für die Linksabbieger zeigt die LSA Rot, d. h. für die Linksabbieger bestand Haltpflicht. Soweit –A– den Spurwechsel von vorneherein zum Zwecke des Umfahrens des Rotlichts beabsichtigt hatte, missachtet er das Haltgebot des Rotlichts gemäß § 37 (2) 1 StVO. Dabei kommt es für das Vorliegen des Rotlichtverstoßes nicht darauf an, ob der Entschluss zum Fahrstreifenwechsel vor oder erst nach Passieren der Haltelinie gefasst wurde (OLG Köln, ZfSch 2016, 229). In anderen Fällen liegt lediglich ein Verstoß gegen Anlage 2 lfd. Nr. 70 i. V. m. § 49 (3) 5 StVO (Pfeilmarkierung) vor. (Soweit „LSA mit Pfeilen" liegt in jedem Fall ein Verstoß gegen § 37 (3) vor (BGH, PVT 98, 2).)		10

Weitergehende Erläuterungen:

1.3 Bei Verstößen gegen die StVO handelt es sich um Ordnungswidrigkeiten gemäß § 24 StVG. Das Ordnungswidrigkeitenrecht kennt gemäß § 14 OWiG aus Vereinfachungsgründen nur einen einheitlichen Täterbegriff, der nicht zwischen Täter und Teilnehmer unterscheidet.

Auch infolge (logischerweise) fehlender unterschiedlicher Rechtsfolgen bedarf es keiner Klarstellung des Tatbeitrages.

Die Ahndung wegen Beteiligung setzt jedoch voraus, dass alle Beteiligten vorsätzlich gehandelt haben.[9] Soweit der Täter bei Verstößen im ruhenden Verkehr nicht greifbar ist, kommt die Kosten-Halterhaftung gemäß § 25a StVG zum Tragen.

9 BGHSt 31, 309.

1.5 Die Verfolgungsverjährung im Ordnungswidrigkeitenrecht regelt sich grundsätzlich i. S. d. §§ 31 – 33 OWiG, d. h., sie beträgt je nach Höhe der angedrohten Geldbuße zwischen 6 Monaten und 3 Jahren.
Da es sich bei StVO-Verstößen jedoch um Verkehrsordnungswidrigkeiten i. S .d. § 24 StVG handelt, greift die Verjährungsvorschrift aus § 26 StVG (3 Monate).
Dies gilt daher nicht bei einem Trunkenheitsdelikt i. S. d. § 24a StVG, dem sog. 0,5 ‰-Gesetz und bei einem Verstoß gegen § 24c StVG (Alkoholverbot für Fahranfänger und Fahranfängerinnen).

Test 7 / StVO

			Punkte:
1			6
1.1	... dadurch der Verkehr nicht behindert wird.	2	
1.2	... vollendeten achten Lebensjahr müssen, ältere bis zum 10. vollendeten Lebensjahr dürfen ...; ... müssen sie absteigen.	2	
1.3	... Kfz bis 3,5 t zGM ...	2	
2			9
2.1	Ja / § 5 (1) StVO / § 19 (1) StVO	3	
2.2	–B–: Nein –C–: Nein (siehe § 7 Abs. 3 StVO)	3	
2.3	Ja / § 1 Abs. 2 StVO i. V. m. § 7 (4) StVO	3	
3	Zunächst wird ÖVR unterstellt, sodass –A– im Verdacht steht, gegen die Fahrbahnbenutzungspflicht für Fz i. S. d. § 2 StVO verstoßen zu haben. Hiernach haben Fahrzeuge die Fahrbahn zu benutzen.	1	
	Als Pkw-Führer ist –A– zweifelsfrei Adressat der Bestimmung (Fz-Führer) und hat somit die Fahrbahn zu benutzen.	1	
	Gemäß § 2 (1) StVO stellt der Seitenstreifen kein Fahrbahnteil dar und darf daher von –A– nur in Ausnahmefällen, z. B. i. S. d. Anlage 2, lfd. Nr. 68 (Z. 295) oder i. S. d. § 5 (6) StVO benutzt werden.	2	
	Denkbar wäre für –A– hier die Inanspruchnahme der Ausnahmeregelung aus § 5 (6), wonach langsamere Fz auf den Seitenstreifen ausweichen dürfen, um mehreren nachfolgenden Fz ein Überholen zu ermöglichen.	2	
	Laut Sachverhalt weicht –A– stets auf den Seitenstreifen aus, sobald rückwärtiger Verkehr auftaucht, also auch bei Einzelfahrzeugen.	2	
	In diesen Fällen rechtfertigt § 5 (6) aber nicht die Nutzung des Seitenstreifen, sodass –A– in diesen Fällen eine VOWi gem. §§ 2, 49 StVO i. S. d. § 24 StVG begeht.	2	10

Weitergehende Erläuterungen:

2.1 –A– führt kein Mofa, sondern ein FmH (45 km/h bbG) bzw. Kkr ist also nicht Adressat des § 5 (8) StVO. Darüberhinaus verbietet § 19 (1) Fz – das Überholen von Kfz ab Z. 151/156.

2.3 § 7 (4) StVO ist nicht bußgeldbewehrt, daher liegt nur ein Verstoß gegen § 1 (2) vor.

Test 8 / StVO

			Punkte:
1*	je Fall 5 Punkte bei mindestens 3 richtigen Lösungen		15
1.1	Kein Verstoß (gemäß § 37 (4) StVO i. V. m. hierzu ergangener Rechtsprechung[10])	5	
1.2	Kein Verstoß, da –B– als Pkw ausdrücklich ausgenommen ist. Dies gilt auch im Zugbetrieb.	5	
1.3	§ 26 (3) StVO verbietet jedes Überholen an Überwegen. Der Überholvorgang, 20 m vor dem Überweg begonnen, dürfte kaum vor dem Überweg zu beenden sein.	5	
1.4	Gem. § 3 eKFV ist das Führen von eKF erst mit der Vollendung des 14. Lebensjahres zulässig. Der 12-Jährige ist jedoch schuldunfähig, sodass keine Verfolgung bzw. Ahndung der VOWi erfolgt.	5	
2*	100 / 100 / 100 / 80 / 80 km/h		5
3*	siehe Tabelle		5

Sachverhalt	3.1	3.2	3.3	3.4	3.5
zutreffende Aussage(n)	B	–[11]	E	E	C

Weitergehende Erläuterungen:

1.1 IgO ist § 37 (4) gegenüber § 7 (3) StVO subsidiär, sodass § 37 (4) hier nur noch für Kfz über 3,5 t zGM von Bedeutung ist.

Das Rechtsüberholen ist im Interesse der Leichtigkeit des Verkehrs (Flüssigkeit) auch außerorts zulässig.[10]

2 Bei autobahnähnlich ausgebauter Kraftfahrstraße greift § 18 (5) i. V. m. § 3 (3 c StVO, wonach dann neben der Richtgeschwindigkeit (130 km/h) in den Fällen 2.1 – 2.3 keine Geschwindigkeitsbegrenzung besteht.

Beachte auch die 9. AusnVO zur StVO, wonach bestimmte PKW mit Anhänger auf Kraftfahrstraßen 100 km/h fahren dürfen.

10 BayObLG, NJW 80, 1115. Dies gilt jedoch nicht bei aufgestelltem Z. 276.

11 § 21a (1) 3 StVO – Fahren mit Schrittgeschwindigkeit.

Test 9 / StVO

			Punkte:
1			15
1.1.1	§ 35 (1) StVO: ... soweit dies zur Erfüllung hoheitlicher Aufgaben dringend geboten ist.	2	
1.1.2	§ 35 (5a) StVO: ... wenn höchste Eile geboten ist zur Rettung von Menschenleben oder der Abwendung schwerer gesundheitlicher Schäden.	3	
1.2	a) Regel der Straßenbenutzung (Fahrbahnbenutzungsgebot / Rechtsfahrgebot) b) Halt- und Parkverbote	3	
1.3	Nein	2	
1.4	An Sonn- und Feiertagen in der Zeit von 00.00 – 22.00 Uhr	2	
1.5	Ladung ist so zu verstauen, dass sie auch bei Vollbremsung	1	
	– nicht verrutscht – keinen vermeidbaren Lärm erzeugen – nicht herabfallen kann.	1	
2	Es ist zu prüfen, ob die von –A– begangenen Verstöße gegen die Anlage 2, lfd. Nr. 28 (Z. 250/ Nutzungsverbot) und § 2 StVO (Rechtsfahrgebot) gemäß § 35 (6) StVO als Inanspruchnahme von Sonderrechten zu rechtfertigen sind. Gemäß Abs. 6 dürfen Fz der Müllabfuhr, die mit einem weiß-rot-weißen Anstrich gekennzeichnet sind, auf allen Straßen und Straßenteilen zu allen Zeiten fahren, soweit ihr Einsatz dies erfordert. Dass es sich bei dem Müllfahrzeug des –A– um ein solches i. S. d. Abs. 6 handelt, wird aus allg. Lebenserfahrung unterstellt. Sowohl die Missachtung des Zeichen 250 als auch die des Rechtsfahrgebotes wird von Abs. 6 erfasst. Fraglich ist lediglich, ob der Einsatz dies erfordert. Die Durchführung der Müllabfuhr unter Beachtung des Nutzungsverbotes (Z. 250) ist schlicht unmöglich, somit zweifelsfrei einsatzbedingt erforderlich. Die Missachtung des Rechtsfahrgebotes ermöglicht eine wesentlich schnellere Einsatzerledigung und ist somit – z. B. auf die gesamte Ortschaft oder den einzelnen Einsatzablauf gesehen – einsatzbedingt, insbesondere unter Berücksichtigung, dass die Müllabfuhr eine bedeutungsvolle Allgemeinaufgabe darstellt.		10

Test 10 / StVO

		Punkte:
1*	je Aufgabe 1 Punkt bei mindestens 3 richtigen Lösungen Ja / Nein / Nein/ Ja / Nein	5
2*	je Aufgabe 1 Punkt bei mindestens 3 richtigen Lösungen Ja / Nein / Nein / Nein / Nein	5
3	Zeichen 297, Ziffer 2 der Ge- oder Verbote (Anlage 2, lfd. Nr. 70) verbietet jedes Halten im Bereich von Pfeilmarkierungen. Zeichen 286 erlaubt im Gegensatz hierzu zweckgebundenes Halten. Bei widersprüchlicher Regelung gilt stets, die den VT geringst beeinträchtigende Regelung, sodass hier kein Verstoß vorliegt.[12]	5

Weitergehende Erläuterungen:

1.1 – 1.5 Halten in zweiter Reihe neben anderen Fz (nicht anderen Hindernissen) ist grundsätzlich gemäß § 12 (4) Satz 2 untersagt.

In Einzelfällen (Interessen-/Güterabwägung) ist es kurzfristig hinzunehmen.

Parken (> 3 Minuten) in zweiter Reihe – auch zu Ladegeschäften im Bereich von Z. 286 – ist unzulässig.[13]

Taxis ist auch längerfristiges (> 3 Minuten) zweckgebundenes Parken in zweiter Reihe erlaubt.

§ 1 (2) StVO gilt aber uneingeschränkt, sodass stets eine Güterabwägung (Vermeidbarkeitprüfung) vorzunehmen ist.

Soweit die Gehwegfläche als Parkfläche gekennzeichnet ist, liegt ein Verstoß gegen § 12 (3) Ziff. 2 StVO vor.

2.1 – 2.5 vgl. § 17 (2a, 3, 4) StVO.

12 OLG Köln, VRS 62, 310.
13 BHG, NJW 79, 224.

4.2.2 FZV

Test 1 / FZV – Zulassung

		Punkte:
1.1	a) Zuteilung eines amtl. Kennzeichens/Ausstellung der Zul.-Bescheinigung Teil I b) Nachweis Haftpflichtversicherung / Erteilung einer BE (... EG-Typgenehmigung)/Nachweis fehlender Steuerschulden c) Zulassungsbescheinigung Teil I	3
1.2	z. B. Probe-, Prüfungs- oder Überführungsfahrten / ausl. Kfz i. S. d. §§ 18 ff. FZV / zul.-freie Fz i. S. d. § 3 (2) FZV	3
1.3	nein	2
1.4	Packwagen im Schaustellergewerbe	2
1.5	alle BE, außer lof Arbeitsgerät und E-Scooter	3
1.6	Lkr – amtl. Kz. / SAM – Namensaufschrift / alle anderen Vers.-Kz.	2

Weitergehende Erläuterungen:

1.1 Das Abschließen eines Haftpflichtvertrages, die erfolgte Erteilung einer BE und der Nachweis, dass keine Kfz-Steuerschulden bestehen, ist gemäß § 3 FZV Voraussetzung für die Erteilung eines amtl. Kennzeichens sowie der Ausstellung einer Zulassungsbescheinigung Teil I und die Mitteilung an die Finanzbehörde erfolgt. Inwieweit hieraus Steuerpflicht entsteht (Halten als Steuergegenstand i. S. d. § 1 KfzStG), ist von weiteren Faktoren wie z. B. Person des Halters oder Art und Verwendung des Fz abhängig. Gemäß § 13 KfzStG ist der Nachweis fehlender Steuerschuld(en) zu erbringen.

1.3 Bsp.: selbstf. Arbeitsmaschine, Kfz bis 6 km/h bbG

1.4 Lof-Anhänger können auch hinter Arbeitsmaschinen zulassungsfrei mitgeführt werden. Fahrbare Baubuden unterliegen lediglich der „25-km/h-Regel".

1.5 Lkr sowie selbstf. Arbeitsmaschinen > 20 km/h bbH benötigen amtl. Kennzeichen. Da ohne Nachweis einer gültigen Kraftfahrzeug-Haftpflichtversicherung keine amtl. Kennzeichen zugeteilt werden, ist kein weiterer Nachweis erforderlich.

Die Anhänger sind zulassungsfrei und damit versicherungsfrei.

1.5 und 1.6

E-Scooter bedürfen zwar einer BE und einer Versicherungsplakette (nebst einem Fabrikschild). Ein Mitführen der entsprechenden Verkehrsausweise wird jedoch nicht gefordert. Lediglich die Aushändigung bei Nachfrage (§ 2 (1) eKFV).

Test 3 / FZV – Zulassung

Punkte:

1* 10

Sachverhalt zutreffende	1.1	1.2	1.3
Aussage(n)	A/D/F	E	C

2* je Fall 3 Punkte 15

2.1 § 11 (5) FZV 3

Begr.: Kein Verstoß i. S. d. § 3, sondern gem. § 11 (5) FZV – Mitführpflicht der ZB Teil I

2.2 § 3 FZV 3

Begr.: Die Baubude ist zwar gem. § 3 (2c) FZV zulassungsfrei, jedoch nur unter Beachtung der Kennzeichnungspflicht i. S. d. § 58 (5) StVZO. Hiernach besteht Kennzeichnungspflicht an der Rück- sowie an beiden Längsseiten. Dem kommt –B– nicht nach, somit besteht Zulassungspflicht.

2.3 Kein Verstoß 3

Begr.: Einachsige Zugmaschinen (von Fußgängern an Holmen geführt) sowie Sitzkarren benötigen weder eine BE noch ein Kennzeichen, soweit sie eine bbH von nicht mehr als 20 km/h haben. Dies ist hier anzunehmen.

2.4 Kein Verstoß 3

Gem. d. 2. VO über Ausnahmen straßenverkehrsrechtlicher Bestimmungen ist die Nutzung von lof-Anhängern im Rahmen von Landschaftssäuberungsaktionen zulässig.

2.5 § 3 FZV 3

Kkr sind grundsätzlich gemäß § 3 (2) 1d FZV zulassungsfrei und benötigen lediglich ein Versicherungskennzeichen, eine BE und eine Versicherungsbescheinigung. Unter einem Kkr sind gem. § 2, Ziff. 11a FZV Zweiräder mit einem Hubraum von nicht mehr als 50 cm³ und einer bbH von nicht mehr als 45 km/h zu verstehen.

Die bbH des zu beurteilenden Zweirades liegt laut SV > 50 km/h. Infolge der Manipulation der elektronischen Drosseleinheit wurde der Hubraum nicht verändert, somit liegt dieser lediglich bis 50 cm³, sodass es sich bei dem nun zu beurteilenden Zweirad um ein Krad i. S. d. § 3 (1) handelt. Eine entsprechende Zulassung i. S. d. Bestimmung liegt nicht vor.

Weitergehende Erläuterungen:

2.1 Aussage –A– trifft für SV 1.3 nicht zu, da Zulassungsfreiheit von der Verwendung einer Zugm. als ziehendes Fz abhängig ist.

Aussage –B– trifft für SV 1.2 nicht zu, da das Kkr einen Hubraum von nicht mehr als 50 ccm aufweist. Lkr sind Zweiräder mit einem Hubraum von mehr als 50 ccm, aber nicht mehr als 125 ccm und einer Nennleistung von nicht mehr als 11 kW (vgl. § 2, Ziff. 10 FZV).

Aussage –C– trifft nicht zu, da der Anhänger 1.1 zulassungsfrei ist.

2.2 § 3 FZV, ein Verstoß wegen falscher Wiederholungskennzeichen liegt infolge der entstandenen Zulassungspflicht nicht vor.

2.3 Ein Verstoß ist jedoch denkbar gegen § 4 (4) FZV, soweit das Fz nicht mit einem Namensschild (Firmenbezeichnung) versehen ist.

2.5 Ein Versicherungsverstoß i. S. d. §§ 1, 6 PflVersG liegt nicht vor, da ein Versicherungsvertrag gegeben ist.

Ein Steuerverstoß liegt zumindest in Form der fahrl. Steuerverkürzung vor.

Test 4 / FZV – Zulassung

		Punkte:
1*	je Fall 2 Punkte bei mindestens 3 richtigen Lösungen Ja / Nein / Ja / Ja / Ja	10
2*	je Fall 1 Punkt bei mindestens 3 richtigen Lösungen Ja / Ja, Nein / Ja, Ja / Nein / Nein	5
3	Gemäß §§ 1, 3 FZV als Ausführungsvorschrift zu § 2 StVG bedingt für Kfz >6 km/h bbH die Erteilung einer BE sowie die Zuteilung eines amtlichen Kennzeichens (Zulassung) und den Nachweis einer Haftpflichtversicherung. Äußerer Nachweis der Zulassung ist gem. § 11 FZV die ZB Teil I, wofür Mitführ-/Aushändigungspflicht besteht. Hinsichtlich der Zugmaschine ist kein Verstoß erkennbar. Gem. § 3 (2) 2a FZV sind lof-Anhänger von der o. a. Zulassungspflicht befreit, soweit bei ihrer Führung u. a. eine tGH von höchstens 25 km/h eingehalten wird. Weiterhin besteht Kennzeichnungspflicht i. S. d. § 58 StVZO, der – A– nachkommt. Laut Sachverhalt führt –A– den lof-Zug mit 35–40 km/h, also schneller als § 3 (1) FZV für die Zulassungsfreiheit erlaubt. Der Anhänger wird somit – zumindest vorübergehend –zulassungspflichtig, sodass –A– einer BE, eines amtlichen Kennzeichens und letztlich einer ZB Teil I für den Anhänger bedarf.	10

Weitergehende Erläuterungen:

1.1 Benzinmangel ist ein Wartungsmangel, der nicht zum Abschleppen berechtigt.

1.2 Kein Verstoß gegen § 3 FZV, soweit eine Reparatur an Ort und Stelle unzumutbar ist.

1.3 Abschleppen ist nur noch möglich beim Liegenbleiben eines zugelassenen Fz während der Fahrt. Somit liegt hier eindeutig Schleppen i. S. d. § 33 StVZO vor.

1.4 Die Abschleppstrecke ist unangemessen. Es kann davon ausgegangen werden, dass in Köln eine Reparaturmöglichkeit besteht. Finanzielle Einsparungen sind unbedeutend.

1.5 Hier liegt neben einem Verstoß gegen § 15a StVO, wonach die nächste Abfahrt zu benutzen ist, ein Verstoß gegen § 33 StVZO vor, soweit nicht die nächste Werkstatt angefahren wurde/wird.

2.1 – 2.2 Zugm. sind grundsätzlich zulassungspflichtig, soweit sie nicht einachsig sind.

2.4 Das Mofa (FmH 25) wird zum FmH (45), welche nach § 3 (2) Buchstabe d FZV zul.-frei sind.

2.5 Der Baukranwagen stellt eine SAM dar, die gem. § 3 (2) Buchstabe a FZV zul.-frei ist.

Test 5 / FZV – Zulassung

Punkte:

1* je Fall 1 Punkt bei mindestens 3 Lösungen 5

		Hubraum (ccm)	zHG (km/h)	Besonderheiten
1.1	Krad	alle motorisierten Zweiräder, soweit sie nicht unter die Nachstehenden fallen.		
1.2	Lkr	> 50 bis < 125	———	< 11 kW Nennleistung
1.3	Kkr	< 50	< 45*	———
1.4	Quad	< 50	< 45*	> 50 ccm/> 45 km/h = Pkw
1.5	Mofa	< 50	< 25	wie FmH, < 4800 U/min.

</> = kleiner / größer gleich
*bis Bj. 01:50 km/h / FE-Kl. AM: 45 km/h

2.1 Nein 5

Die Möglichkeit einer vereinfachten Zulassung gem. § 16 FZV (rote Kz.) besteht u. a. bei Probefahrten.

Hierunter versteht man u. a die Überprüfung der Gebrauchsfähigkeit des Fz, z. B. unter den Bedingungen des/r täglichen Gebrauchs/Nutzung. Im vorliegenden Fall geht es um die Gebrauchsfähigkeit.

Eine Probefahrt darf auch mehrere Tage dauern, sie richtet sich insbesondere nach dem Zweck der Fahrt. Für einen Handelsvertreter kann eine mehrtägige Nutzung – je nach Jahresfahrleistung – sicherlich die zum Kauf oder Verzicht notwendigen Erkenntnisse liefern.[14]

2.2 Nein 5

Teil der Zulassung i. S. d. § 3 FZV ist die Erteilung einer BE.
Gemäß § 19 (2) StVZO erlischt die BE bei Veränderungen, die
a) zu einer Änderung der Fz-Art führen,
b) Gefährdungen anderer VT erwarten lassen oder
c) zu einer Verschlechterung der Emissionswerte führen.
Die Möglichkeiten a) und c) sind hier zweifelsfrei abzulehnen. Dachspoiler können – wie alle Luftleiteinrichtungen – zu Veränderungen des Fahrverhaltens und damit zu Gefährdungen führen. § 19 (2) stellt aber nicht auf eine abstrakte, rein theoretische Gefährdungsmöglichkeit ab, sondern auf eine „schon etwas konkret“[15] zu erwartende, d. h., es müssen Anhaltspunkte für eine Gefährdung anderer VT konkret vorliegen.

14 14 BGH VR 67, 548.
15 15 Begr. BMV zu § 19 (2).

Ein Hilfsmittel zur Beurteilung dieser Frage ist sicherlich der vom BMV hierzu ergangene Beispielkatalog, der unter Ziff. 6.11 den im Beispiel zu beurteilenden Fall aufzeigt und ein Erlöschen der BE grundsätzlich ausschließt, d. h. von einer uneingeschränkten Verwendbarkeit (nach Änderung) ausgeht.

Weitergehende Erläuterungen:

2.1 Soweit die Überlassung des Fz gegen Entgelt erfolgt, liegt keine Probefahrt vor und ein Verstoß gegen § 3 bzw. § 16 FZV wäre begründbar. Hiermit wären jedoch keine steuer- oder versicherungsrechtlichen Verstöße verbunden. Ebenso käme weder Kennzeichenmissbrauch noch Urkundenfälschung in Betracht, da hier zum einen „rechtswidrige Absicht“ verlangt wird bzw. zum anderen „rote Kennzeichen“ keine Urkunden darstellen.[16]

16 OLG Stuttgart, VRS 47, 25/ vgl. Conrads/Brutscher, Verkehrsrecht, 20. Aufl. 2017.

4.2.3 Fahrerlaubnis

Test 1 / FE

		Punkte:
1.1	alle Aussagen sind falsch	3
1.2		5
1.2.1	B	
1.2.2	a/b: B (E. soweit Anh. > 750 kg/Kombinations-zGM > 3,5 t zGM; bis 4,25 t zGM: B96)	
1.2.3	a/b: A1	
1.2.4	a/b: T (L bei lof-Zweck)	
1.2.5	a) AM b) – (Prüfbescheinigung) c) –	
1.3	a) Halter b) Fahrer	2
1.4	a) ohne erforderliche FE b) trotz Fahrverbot gem. § 44 StGB ... gem. § 25 StVG c) trotz einer strafprozessualen Maßnahme i. S. d. §§ 94 ff. StPO	3
1.5	§ 48 FeV	2

Weitergehende Erläuterungen:

1.1 FE ist stets ein begünstigender VA / FE wird grundsätzlich auf Lebenszeit erteilt bzw. bei den C/D-Klassen auf 5 Jahre / Entzug nur bei Vorliegen konkreten Anhaltspunkte für Ungeeignetheit möglich, vergl. §§ 2a, 4 StVG, §§ 69 ff. StGB, § 111a StPO.

Eine Kopie stellt keinen beweisfähigen Nachweis dar. Nur OWi bzw. Straftaten, die in der Anlage A/B zu § 2a StVG enthalten sind, ziehen eine Nachbeschulung etc. nach sich.

1.2 Bei „Altklassen" beachte § 6(6) FeV i. V. m. Anlage 3 und 9.

1.5 Vorzeige- und Aushändigungspflicht für FEzFgB, auch soweit –A– keine gültige FEzFgB besitzt, ist nur von § 48 FeV berührt, soweit –A– die erforderliche FE i. S. d. § 2 StVG (Kl. 3/B gemäß § 6 FeV) nachweisen kann.

Test 2 / FE

		Punkte:	
1*	je Fall 2 Punkte bei mindestens 3 richtigen Lösungen Ja / Nein / Nein / Ja / Ja[17]		10
2	je Fall 5 Punkte Gegen § 21 StVG verstößt, wer – sachverhaltsbezogen – ein Kfz >6 km/h bbH im öVR führt, ohne im Besitz der erforderlichen FE zu sein. Die Erfüllung der TBM ... „Führung eines Kfz im öVR ...“ wird unterstellt.		15
2.1	Nein gemäß § 28 FeV	5	
2.2	Nein, die Führung eines Mofa ist gemäß § 4 (2) FeV fahrerlaubnisfrei. Gemäß § 5 FeV ist lediglich eine Prüfbescheinigung oder (irgend)eine FE erforderlich (soweit am/nach dem 1.4.1965 geboren). –B– ist im Besitz einer ausländischen FE, die ihn zur Führung fahrerlaubnispflichtiger Kfz in der BRD berechtigt. Die Forderung des § 5 ist soweit erfüllt.	5	
2.3	Nein, die Führung eines Mofa ist ... (wie 2.2).	5	

Weitergehende Erläuterungen:

1.1 vgl. § 25 FeV

1.2 Der FS entspricht dem Sachstand z. Z. der Erteilung. Änderungen, z. B. der Anschrift werden nicht gefordert. Eine Änderungsvornahme ist nur durch die Behörde möglich. Gem. § 25 FeV ist auf Antrag ein neuer FS bei Änderung der tatsächlichen Gegebenheiten auszustellen.

1.3 – 1.4 Der FS ist auch im unmittelbaren zeitlich/sachlichen Zusammenhang mit dem Führen eines Kfz vorzuzeigen und auszuhändigen. Dies gilt z. B. auch für den Lkw-Beifahrer bei abwechselnder Fahrweise.[18]

2.3 Soweit –C– vor dem 1.4.1965 geboren ist, liegt ebenfalls keine VOWi i. S. d. §§ 5, 75 FeV vor.

Ein Verstoß gegen § 21 StVG wäre grundsätzlich nur im Falle eines Fahrverbotes zu bejahen.

17 OLG Hamm, VRS 5, 619 (auch ohne Lichtbild).
18 OLG Celle, VRS 41, 462 / KG Berlin, VRS 22, 385.

Test 3 / FE

Punkte:

1* je Fall 1 Punkt bei mindestens 6 richtigen Lösungen 10

1.1	1.2	1.3	1.4	1.5	1.6	1.7	1.8	1.9	1.10
AM*	AM	A1	A2	A	bis 12 t zGM – C1E, darüber CE	C	CE	L > 40 km/h bbH = T	wie 1.6

* Soweit an/nach dem 1.4.1965 geboren, jedoch liegt kein Verstoß gegen § 4 FeV oder § 21 StVG vor. Nur gegen §§ 5, 75 FeV.

2 je Fall 5 Punkte 15

Gegen § 21 StVG verstößt, wer – sachverhaltsbezogen – ein Kfz > 6 km/h bbH im öVR führt, ohne im Besitz der erforderlichen FE zu sein.

Die Erfüllung der TBM ... „Führung eines Kfz im öVR ...“ wird unterstellt.

Für die Überprüfung der Altklassen wird das Prüfschema in 3 Prüfungsschritten (PrS) empfohlen:

1. PrS: Erforderliche („neue“) FE gem. § 6 FeV
2. PrS: Analogieprüfung gem. Anlage 3
3. PrS: Einschränkungen gem. Anlage 9

Auf die Frage einer vorsätzlichen oder fahrlässigen Begehung (Abs. 1 oder 2, jeweils Ziff. 1) ist nicht einzugehen.

2.1 –A– benötigt je nach zGM C1E. T genügt in keinem Fall, da kein lof-Zweck vorliegt. 5

Altklasse:

1. PrS: C1E
2. PrS: Kl. 5 erfasst gem. Anlage 3 nicht die Kl. C1E
3. PrS: entfällt

Somit führt –A– ein Kfz im öVR ohne die erforderliche Fahrerlaubnis. Ob ein Halterverstoß vorliegt, ist nach Sachverhaltslage nicht beurteilbar.

2.2 Nein, da keine Altersbegrenzung (18 Jahre) mehr vorgesehen ist. 5

Gemäß § 6 FeV wird Kl. A1 benötigt.

Altklasse:

1. PrS: A1
2. PrS: Kl. 1b erfasst gem. Anlage 3, A, I, Nr. 8/9 die Kl. A1
3. keine Einschränkung gem. Anlage 3

2.3 Ja, 5

gemäß § 6 FeV wird zur Führung von Kkr Kl. AM benötigt.

Das von –C– geführte Zweirad erfüllt aber aufgrund der Veränderung (> 50 km/h bbH) nicht mehr die definitionsmäßigen Voraussetzungen eines Kkr. Es handelt sich hier um ein Krad, das zur Führung zumindest Kl. A1 bedingt.

Test 4 / FE

			Punkte:
1*	je Fall 3 Punkte bei mindestens 4 richtigen Antworten Bedingung (B) / Auflage (A) / A / — / A / A		15
2	je Sachverhalt 5 Punkte Gegen § 21 StVG verstößt, wer – sachverhaltsbezogen – ein Kfz >6 km/h bbH im öVR führt, ohne im Besitz der erforderlichen FE zu sein. Die Erfüllung der TBM ... „Führung eines Kfz im öVR ...“ wird unterstellt.		10
2.1	Ja, gem. § 26 ff. FeV gelten BW-Fahrerlaubnisse entsprechend ihrer Klasse ausschließlich im Dienst für die Dauer des Dienstverhältnisses. Somit liegt ein Verstoß gegen § 21 StVG vor.	5	
2.2	Nein, –B– ist im Besitz der zur Führung eines Pkw erforderlichen FE-Kl. 3 (§ 6 (1), (6) FeV i. V. m. Anlage 3, A, I, Nr. 17/18 = Kl. B). Fraglich ist, ob die im Führerschein enthaltene Eintragung als Beschränkung i. S. d. § 23 FeV und damit verwaltungsrechtlich als Bedingung einzustufen ist. Dies ist jedoch nicht der Fall. Die Eintragung stellt lediglich einen „EU-internen“ Verwaltungshinweis dar, rechtliche Konsequenzen sind im Inland damit nicht verbunden.	5	

Weitergehende Erläuterungen:

1 Bedingungen sind techn. Änderungen des Fz, Auflagen verlangen dagegen eine persönliche Leistung.

Die Forderung nach einer Ersatzbrille überschreitet das Maß des Notwendigen, sie stellt keine beim Führen eines Kfz erforderliche Ausgleichsmaßnahme dar und ist somit unzulässig.[19]

19 BGH, NJW 84, 65.

Test 5 / FE

			Punkte:
1*	Nein / Ja / Nein, Ja		15
2	je Fall 5 Punkte		10
2.1	Nein, hier liegt Abschleppen vor. Gem. § 6 FeV genügt beim Abschleppen die Klasse des abschleppenden Kfz, sodass hier Kl. 2 (Zug > 3 Achsen) / CE nicht erforderlich ist und Kl. 3/B ausreicht.	5	
2.2	Nein, bei dem geschleppten Pkw handelt es sich nicht um ein fahrerlaubnispflichtiges Kfz i. S. d. §§ 2, 21 StVG. Hier liegt ein Verstoß gegen § 33 StVZO vor.	5	

Weitergehende Erläuterungen:

1 siehe § 28 (4) zu FeV

1.1 Da kein dauernder Wohnsitz vorliegt, ergibt sich die Regelung aus § 29 FeV.

1.2 Soweit die FE nach Ablauf der Sperrfrist und vor dem 19. Jan. 2009[20] erteilt wurde, liegt kein Verstoß vor (EuGH).

2.2 Gem. § 33 StVZO dürfen Fahrzeuge, die nach ihrer Bauart zum Betrieb als Kfz bestimmt sind, nicht als Anhänger betrieben werden. Es liegt demnach eine OWi i. S. d. §§ 33, 69a (3)3 StVZO vor. FE-rechtlich liegt kein Verstoß vor, da für das Lenken eines Anhängers keine FE vorgesehen ist.

20 Danach ist die Gültigkeit grundsätzlich nur auf Antrag gegeben.

4.2.4 Verkehrsstraftaten

Test 1 / Verkehrsstraftaten

		Punkte:
1.1	Schuldfähigkeit / Schuldform / Unrechtsbewusstsein / Entschuldigungsgründe / spezielle Schuldmerkmale	5
1.2	Strafgesetz (StGB) / StGB / StGB und OWiG	3
1.3	Ja / Ja / Nein	3
1.4	beschreibende TBM / wertende TBM	2
1.5*	mindestens 2 richtige Lösungen gefordert	2
1.5.1	Eintritt einer bestimmten Folge	
1.5.2	Bsp.: § 142 StGB (Unfallflucht)	
1.5.3	§ 315c StGB (Gefährdung des Straßenverkehrs)	

Weitergehende Erläuterungen:

1.2 – 1.3 Vergl. §§ 19 – 21 OWiG, § 42 OWiG

1.4 Im Bereich des beschreibenden (deskriptiven) TBM ist nur zu prüfen, ob durch den jeweiligen Sachverhalt die Tatumstände (TBM) erfüllt sind, z. B. ob der Täter – wie vorgeschrieben – Kfz-Führer ist.

Im Gegensatz hierzu ist im Rahmen der wertenden (normativen) TBM eine Wertung, also eine juristische Prüfung/Beurteilung erforderlich. Beispiele hierfür sind „grob verkehrswidrig" oder „rücksichtslos" i. S. d. § 315c StGB.

1.5 Abstrakte Gefährdungsdelikte (z. B. § 316 StGB) gehören zu den Tätigkeitsdelikten, da der Eintritt eines im Gesetz bestimmten Erfolges nicht gefordert wird.

Test 2 / Verkehrsstraftaten

Punkte:

1* je Fall 4 Punkte bei > 50% richtiger Lösungen 8

1.1* Täter i. S. d. § 316 kann **nur der Fahrzeugführer** sein, es handelt sich um ein **eigenhändiges** Delikt. 4

Ein aufgrund einer Garantenstellung Verpflichteter kann sich durch **Unterlassen** mitschuldig machen.

Lebererkrankungen, körperliche Arbeit oder z. B. Kaffeegenuss haben **keinen** Einfluss auf die Resorptionsphase.

Die abs. Fahruntüchtigkeitsgrenze eines Kfz-Führers liegt bei **1,1‰**, die eines Radfahrers bei **1,6 ‰**.

1.2* Täterschaft i. S. d. § 142 setzt **nicht** die Eigenschaft als Fz-Führer voraus. Unfallflucht setzt **Vorsatz** als Schuldform voraus. 4

Das Hinterlassen einer „Visitenkarte" genügt auch bei Verkehrsunfällen bis 500,– EUR **nicht.**

Die Dauer der Wartepflicht richtet sich nach dem **Feststellungsbedürfnis** und der **Zumutbarkeit,** die sich insbesondere nach der **Wahrscheinlichkeit des Auftauchens einer feststellungsbereiten Person richtet.**

2* je Fall 2 Punkte bei mindestens 3 richtigen Lösungen 10

Bestimmung	§ 24a StVG	§ 316 StGB
zutreffende(r) Sachverhalte(e)	2.1/2.5	

3 Gegen § 316 StGB verstößt sachverhaltsbezogen, wer trotz alkoholbedingter FU ein Fz im öVR führt. Bei Unterstellung der TBM „Fz, führen, öVR und Alkoholgenuss" ist problemorientiert lediglich das TBM „FU" zu prüfen. Rel. FU scheidet infolge fehlender Ausfallerscheinungen aus, abs. FU ist bei Kfz-Führern ab 1,1 ‰ und bei Radfahrern ab 1,6 ‰ gegeben. Da –B– sein Mofa tretend fortbewegt, also nicht unter Motorkraftnutzung, ist er als Radfahrer zu beurteilen, sodass kein Verstoß gegen § 316 StGB vorliegt. 7

Zur Erfüllung des § 24a StVG genügt zwar eine BAK von 0,5 ‰ oder mehr, als Adressat kommen aber nur Kfz-Führer in Frage, sodass hier ebenfalls kein Verstoß gegeben ist.

Weitergehende Erläuterungen:

1.2 Unfallflucht setzt zwar Vorsatz voraus, wobei bedingter genügt, nicht gefordert wird jedoch die Absicht, die notwendigen Feststellungen zu vereiteln. Der Täter muss demzufolge nur um den Unfall wissen (ihn zumindest vermuten), sowie um seine (mögliche) Beteiligung und im Falle des Abs. 2 um die mit seiner Entfernung verbundene Möglichkeit der Feststellungserschwerung.

2.1 1,09 ‰ genügt nicht zur abs. Fahruntüchtigkeit bei Kfz-Führern.

2.2 –B– ist nicht als Kfz-Führer einzustufen, daher gilt für ihn die abs. Fahruntüchtigkeitsgrenze von 1,6 ‰ für Radfahrer.

2.3 –C– verstößt gegen § 8 (3) BOKraft, was eine VOWi gemäß § 45 (2) 1 BOKraft darstellt.

2.4 Das abgeschleppte Fz stellt kein Kfz dar, demzufolge ist § 24a StVG nicht anwendbar. Ab 1,1 ‰ ist jedoch abs. Fahruntüchtigkeit i. S. d. § 316 StGB gegeben.[21]

21 BGHSt 36, 341.

Test 3 / Verkehrsstraftaten

			Punkte:
1	je Fall 3 Punkte bei mindestens 3 richtigen Lösungen		15
1.1	§§ 142, 316 StGB (§ 53 StGB – Tatmehrheit) Begr.: § 316 StGB: –A– führt ein Fz (Kfz) im öVR unter alkoholbedingter Fahruntüchtigkeit. § 142 StGB: 1. Wartepflicht bei nicht ausreichendem Verbleiben am Unfallort oder 2. Nachholpflicht, soweit die Wartepflicht infolge der Geringfügigkeit des Schadens als ausreichend angesehen wird.	3	
1.2	§ 316 StGB Begr.: –A– führt ein Fz (Kfz) im öVR unter alkoholbedingter Fahruntüchtigkeit. Er überschreitet mit 1,2 ‰ den für Kfz-Führer geltenden Beweisgrenzwert der abs. Fahruntüchtigkeit.	3	
1.3 – 1.5	Kein Verstoß	9	

Weitergehende Erläuterungen:

1.1 Der Sachverhalt unterstellt die akoholbedingte Fahruntüchtigkeit in Form zumindest der relativen FU, da –A– alkoholbedingt von der Fahrbahn abkommt.

Im Rahmen einer dezidierten Begründung der Fahruntüchtigkeit wäre zu prüfen, inwieweit alkoholbedingte Leistungseinbußen, z. B. des Hemm-, Koordinations- oder Reaktionsvermögens, zum Abkommen von der Fahrbahn führten oder ob dieses Abkommen z. B. auf nicht erkennbare Fahrbahnmängel zurückzuführen ist.

Ein Verstoß gegen § 315c (1) 1a StGB ist nicht begründbar, da keine ausreichende Gefährdung einer fremden Sache von bedeutendem Wert gegeben ist. Die Wertgrenze liegt bei 750,– EUR (vgl. Brutscher, Verkehrsstraftaten). Der entstandene Schaden lässt auch die Erwartung einer derartigen Gefährdung nicht begründen.

Im Hinblick auf § 142 StGB kommt jeweils nur eine Alternative in Betracht; welche (Warte- od. Nachholpflicht) hängt ausschließlich von der Verweildauer am Unfallort ab.

Der Sachverhalt lässt diesbezüglich, hinsichtlich der Frage des Feststellungsbedürfnisses (sicherlich äußerst gering zum Unfallzeitpunkt) sowie der Zumutbarkeit, keinerlei Erkenntnisse zu.

Die Möglichkeit einer polizeilichen Feststellung der Trunkenheitsfahrt rechtfertigt in keinem Falle ein Entfernen.

1.2 Auch ein Leichtmofa gilt als Kfz, soweit es unter Ausnutzung des Motorantriebs bewegt wird.[22]

22 Hentschel/König/Dauer, Straßenverkehrsrecht, 45. Aufl., 2019. § 316 Rn. 17.

1.3 Grundsätzlich besteht stets Feststellungsinteresse, soweit ein Dritter – hier der Vermieter – geschädigt ist.

Dies trifft jedoch nicht auf Leasingnehmer zu, die – wie hier – selbst haften.[23]

1.4 Abs. FU ist bei Kfz-Führer ab 1,1 ‰ und bei Radfahrern erst ab 1,6 ‰ gegeben. Hier liegt eine OWi i. S. d. § 24a StVG vor.

1.5 Zunächst wird unterstellt, dass –E– seiner Wartepflicht genügt hat, da mit dem Auftauchen einer feststellungsbereiten Person nicht zu rechnen war (Schleichweg). Seiner Nachholpflicht kommt er ebenfalls unverzüglich nach, soweit er zunächst die Absicht hatte, den Geschädigten aufzusuchen, und sich erst morgens für „seinen Gang" zur Polizei entschied.

23 OLG Hamm, NZV 92, 240.

Test 4 / Verkehrsstraftaten

			Punkte:
1*	je Fall 1 Punkt bei mindestens 6 richtigen Lösungen Nein / Ja / Nein / Ja / Nein / Nein / Nein / Nein / Nein / Nein		10
2			15
2.1	Nein Zunächst werden die TBM öVR, Fz und Führen unterstellt. Der Sehfehler stellt zweifelsfrei einen körperlichen Mangel dar, der hier offensichtlich Fahruntüchtigkeit begründet, da es zu einer Fehleinschätzung der Entfernung kommt, wodurch wiederum der Unfall bedingt ist (Kausalität). Das vom Täter geführte Fz stellt jedoch als tatnotwendiges Mittel kein Gefährungsobjekt i. S. d. § 315c StGB dar, sodass der Verstoß abzulehnen ist. Über einen „ausreichenden“ Fremdschaden am Betonpfeiler oder in anderer Form macht der Sachverhalt keine Angaben.	5	
2.2	Ja ÖVR, Fz und Führen werden als gegeben unterstellt. Die 15-stündige Fahrt (ohne Unterbrechung) dürfte zu einem körperlich/geistigen Mangel in Form der Übermüdung geführt haben. Dies beweist auch der Sekundenschlaf. I. S. d. Bestimmung bedingt Übermüdung anerkanntermaßen (Rspr.) Fahruntüchtigkeit, die wiederum laut Sachverhalt ursächlich für den Zusammenstoß (Gefährdung) ist. Ein Zusammenstoß mit dem Gegenverkehr stellt – nach allg. Lebenserfahrung – eine Gefährdung für Leib oder Leben eines anderen bzw. fremder Sachen von bedeutendem Wert (Kfz / > 700,– /1.300,– EUR) dar.	5	
2.3	Nein –C– ist als Skateboardfahrer Fußgänger und damit nicht Adressat der Bestimmung.	5	
2.4	Nein –D– erfüllt zwar (unterstellt) aufgrund des reichlichen Alkoholgenusses die TBM Fz-Führer im öVR, Alkoholgenuss und alkoholbedingte FU, jedoch reicht der Schaden (250,– €) nicht um das Merkmal der Individualgefahr zu erfüllen. Das bedingte einen Schaden/ eine Schadenserwartung von mindestens 750,– €. Somit liegt entweder ein Vergehen i.S.d. § 316 StGB oder – bei Verneinung der FU – eine OWi i.S.d. § 24a StVG vor.	5	

Weitergehende Erläuterungen:

1.2 § 316 StGB kennt zwar gem. Abs. 2 die fahrlässige Begehungsweise, jedoch setzt diese wissentliches, und damit (zumindest bedingt) vorsätzliches Führen voraus.

Fahrlässigkeit genügt somit nur hinsichtlich der Vorwerfbarkeit der alkoholbedingten Fahruntüchtigkeit.

1.3 Beweiswertgrenzen sind z. Z. nur im Zusammenhang mit Alkohol gegeben. Drogenkonsum setzt die Prüfung der (rel.) Fahruntüchtigkeit voraus.

1.4 Die doppelte Kausalitätsprüfung bezieht sich auf die Ursächlichkeit des Alkoholgenusses für die Fahruntüchtigkeit sowie auf deren Ursächlichkeit hinsichtlich der Gefährdung.

1.5 Relative Fahruntüchtigkeit verlangt das Vorliegen einer konkreten Ausfallerscheinung, z. B. eines Fahrfehlers.

Die bloße, auch noch so begründete Wahrscheinlichkeit genügt nicht.

1.7 Ziff. 2 a bezieht sich ausschließlich auf den Wartepflichtigen eines Vorfahrt- oder Vorrangfalles zwischen Fahrzeugen.

Der Fußgängervorrang gem. § 9 (3) StVO ist zumindest in der Rspr. strittig.

1.8 – 1.10 Grundsätzlich besteht das genannte Wahlrecht. Lediglich bei Schwerstunfällen oder wenn eine Benachrichtigung des Betroffenen kaum möglich erscheint, beschränkt sich die Mitteilungspflicht auf die Polizei.

Täter kann nur der zum Unfallzeitpunkt am Unfallort anwesende Verkehrsteilnehmer sein.[24]

2.3 –C– begeht hier zweifelsfrei eine fahrl. KV in Tateinheit mit einem Verstoß gegen § 1 (2) StVO.

---

24 BayObLG, NJW 90, 335 / BVerfG –2BvR– 2273/06.

Test 5 / Verkehrsstraftaten

Punkte:

1* je Fall 5 Punkte bei mindestens 3 richtigen Lösungen 30

§§ StGB	142	315b (1)	315b (3)	315c (1) 1	315c (1) 2	315d	316
zutreffende(r) Sachverhalt(e)	1.1		1.2, 1.4, 1.5	1.1	1.3	1.6	

Weitergehende Erläuterungen:[25]

Tateinheit bzw. Tatmehrheit regelt sich nach den §§ 52 ff. StGB. Entscheidend ist letztlich die Frage des einheitlichen Tatwillens.

1.1 Die „folgenschwere Alkoholfahrt" stellt einen Verstoß gegen § 315c (1) 1a StGB dar, wozu die Verletzung des § 316 StGB subsidiär ist. Die Entscheidung zur Flucht stellt einen neuen Tatentschluss dar, sodass § 142 StGB in Tatmehrheit vorliegt.

1.2 Den kontrollierenden Polizeibeamten zum Freimachen der Straße zu zwingen, erfüllt zweifelsfrei hier den Tatbestand des § 315b (3) StGB (ähnl., ebenso gefährl. Eingriff in der Absicht, eine andere Straftat (§ 21 StVG) zu verdecken). Die Verfolgungsfahrt, der Verkehrsunfall und die hieraus resultierende Flucht begründen sich im gleichen Tatwillen, sodass hier Tateinheit gegeben ist.

1.3 Der Sachverhalt gibt eine gröblichste Missachtung, d. h., eine grob verkehrswidrige Missachtung der Ziff. 2a (Vorfahrt) vor. Der Grund (Termineinhaltung) ist nicht zu akzeptieren und erfüllt das Tatbestandsmerkmal „rücksichtslos". Dass nur ein geringfügiger Sachschaden entstanden ist, also kein bedeutender fremder Sachwert (> 700,–/1.300,– EUR) gefährdet wurde, ist – ohne Berücksichtigung eines möglichen höheren Gefährdungspotentials – unter Beachtung der mit einer Vorfahrtverletzung verbundenen Gefährdung von Leib oder Leben eines anderen (des Querverkehrs) unbeachtlich.

1.4 Die Vorfahrtverletzung stellt kein „normales" Fahrverhalten im Rahmen eines beabsichtigen Ortswechsels dar, sondern ist Zweck der Fahrt (pervertiertes Verkehrsverhalten). Somit liegt Hindernisbereitung oder ein ähnl., ebenso gefährlicher Eingriff i. S. d. § 315b (1) StGB vor, der sich gem. Abs. 3 infolge der Absicht der Herbeiführung eines Unglückfalles (Verkehrsunfall) bzw. der Ermöglichung einer anderen Straftat (§ 263 StGB/Betrug) zum Verbrechen qualifiziert.

1.5 siehe 1.2 / 1.4

Für die Erfüllung des Abs. 3 genügt der Glaube des Täters, eine Straftat zu begehen.

1.6 § 315d Abs. 1 StGB verlangt nicht den Eintritt einer Gefährdung.

25 Zu den Tatbeständen im Einzelnen vgl. Conrads/Brutscher 20. Aufl., 2017.

4.3 Klausuren

4.3.1 StVO / Zulassung / Fahrerlaubnis

Klausur 1

Punkte:

A: Bewertungs-/Konzeptbogen

1 20

§§ 3 (3) 1, 49 StVO i. V. m. § 24 StVG, OWi 10

- zHG-Erhöhung durch Zeichen gem. § 45 (8) StVO
- Anlage 2, lfd. Nr. 49, Erläuterung 2
- zHG i. S. d. § 3 (3) 1 – 70 km/h
- § 3 (3) 2b StVO ohne Bedeutung, da igO

Kein Verstoß gegen § 36 (5) StVO 10

- Anhaltepflicht i. S. d. Abs. 5
- hier Haltezeichen zur Ahndung / keine Mitwirkungspflicht
- nicht von § 6 (1) 3a StVG erfasst

2.1 §§ 3 (1), 48 FZV i. V. m. § 24 StVG, OWi 15

- §§ 1, 3 FZV 5
  - grundsätzl. Zulassungspflicht (BE / amtl. Kz.)
- Zul.-freiheit gem. Abs. 2 Ziff. e 10
- Anhänger zur Beförderung von Sportgeräten / Verwendung
- §§ 3 (1), 4 (2) 3 FZV – BE / amtl. Kz. / Ausgestaltung (§ 10 FZV)

2.2 je Teilfrage 2 Punkte bei mindestens 3 richtigen Antworten

		ZB Teil I/ Fz-Schein	BE	„Fahrtenbuch"
2.2.1	Pkw mit roten Kennzeichen zur wiederkehrenden Verwendung im Rahmen einer Überführungsfahrt	X (rot)		–[26]
2.2.2	Zugmaschine (25 km/h bbH) mit – lof-Anhänger	X	–[27]	
2.2.3	Bagger (20 km/h) bbH)		X	
2.2.4	„Kkr" (80 km/h bbH nach technischer Veränderung)	X[28]		
2.2.5	Pkw mit	X		
	– Sportbootanhänger		X	

26 Das „Fahrtenbuch" ist am Betriebssitz zu führen und darf auch nach der Fahrt geführt werden.

27 Es besteht hinsichtlich der zu fordernden BE keine Mitführpflicht.

28 Es handelt sich nunmehr um ein zulassungspflichtiges Krad.

			Punkte:
3.1*	je Teilfrage 5 Punkte bei mindestens 3 richtigen Antworten		25
3.1.1	A2, soweit ≤ 0,2 kW/kg; sonst A	5	
3.1.2	B, soweit Fz-Kombination < 3,5 t bzw. B96 bis 4,25 t zGB, sonst BE	5	
3.1.3	C1E / CE, [soweit Fz-Kombi > 12 t zGM].	5	
3.1.4	A1	5	
3.1.5	L	5	
3.2			20
	§ 21 (1) 1 StVG, Vergehen • Kfz-Führer / öVR • nicht die erforderliche FE • § 6 FeV	10	
	• Kkr/Kl. AM; infolge Veränderung mindestens Kl. A1/B schließt A1 nicht ein • kein Einschluss; Altregelung gem. Prüfschema, § 6 (1), (6) FeV, Anlage 3, A, I, 19, Anlage 9, 79.03 und 04	10	
Form, Aufbau, Schlüssigkeit			10

B: Lösungsbeispiel

In allen Fällen wird öVR und damit die Anwendung der Verkehrsvorschriften unterstellt.

1.1[29]

Laut Aufgabenstellung wird öVR unterstellt, sodass alle verkehrsrechtlichen Bestimmungen Anwendung finden können. –A– könnte einen Verstoß gegen § 3 (3) 1 StVO begangen haben. Hiernach unterliegt er als Kfz-Führer igO einer grundsätzlichen zHG von 50 km/h bzw. einer im Einzelfall durch Verkehrszeichen bestimmten zHG.

Gemäß § 45 (8) StVO können die Straßenverkehrsbehörden igO die zulässige Höchstgeschwindigkeit (mit Zustimmung der höheren Verwaltungsbehörde) auf bestimmten Straßen durch Zeichen 274 erhöhen. Gemäß Anlage 2, lfd. Nr. 49 gilt diese für alle Fahrzeuge.

Dies ist im vorliegenden Sachverhalt offensichtlich der Fall. Durch die Aufstellung des Zeichens 274 beträgt die auf der Ausfallstraße für (K)Fz geltende Höchstgeschwindigkeit nunmehr 70 km/h.

Die Rechtmäßigkeit der Aufstellung ist nicht zu prüfen, wird aber unterstellt.

–A– darf somit hier mit einer zHG von 70 km/h fahren, obwohl er als Kfz > 7,5 t zGM gemäß § 3 (3) 2b StVO einer Fz-bedingten Höchstgeschwindigkeit von 60 km/h unterliegt, aber eben nur außerhalb und nicht innerhalb geschlossener Ortschaften.

Inwieweit die Einhaltung der zHG hier für –A– bereits eine Überschreitung der angepassten Geschwindigkeit i. S. d. § 3 (1) StVO darstellt, ist nicht prüfbar.

–A– fährt – wie nachweislich festgestellt – 80 km/h, also 10 km/h zu schnell.

29 OLG Hamm, VRS 36, 228 – vgl. Conrads/Brutscher, Verkehrsrecht, 20. Aufl., 2017.
BGH, NJW 84, 1568 – vgl. Conrads/Brutscher, Verkehrsrecht, 20. Aufl. 2017. Auch nach der Neufassung des Abs. 5 werden Anhaltevorgänge zur Verfolgung nicht von § 6 (1) 3 StVG erfasst.

Somit verstößt er gegen § 3 (3) 1 StVO, was – auch bei fahrlässiger Begehung – eine VOWi i. S. d. § 24 StVG gemäß § 49 (1) 3 StVO darstellt.[30]

–A– missachtet meine eindeutigen Haltezeichen und steht damit im Verdacht eines Verstoßes gegen § 36 (5) StVO, wonach den Zeichen eines Polizeibeamten zur Verkehrskontrolle nachzukommen ist.

Gemäß § 36 sind Zeichen und Weisungen eines Polizeibeamten zur Verkehrskontrolle, d. h. zur Überprüfung von Fahrer und Fz zulässig, ohne dass Verdachtsmomente hinsichtlich eines Verstoßes bestehen. Diesen Weisungen ist vom Verkehrsteilnehmer nachzukommen.

Nach herrschender Rechtsmeinung werden jedoch Zeichen und Weisungen, die der Verfolgung oder Ahndung einer Straftat oder OWi dienen, nicht von der Ermächtigung zur Erlassung von Rechtsvorschriften des § 6 (1) 3a StVG erfasst. Dies würde dem Verfassungsgrundsatz der Nichtmitwirkungspflicht des Täters/Betroffenen widersprechen.

–A– wurde bei der Begehung der o. a. VOWi beobachtet, und die Haltezeichen dienen eindeutig der Verfolgung bzw. Ahndung dieser VOWi und nicht einer allg. Verkehrskontrolle (ohne Verdachtsmoment). Somit liegt hier kein Verstoß gegen § 36 (5) StVO durch –A– vor.

2.1

Zu prüfen ist, ob –B– gegen § 3 FZV verstoßen hat. Ich unterstelle, dass sich die Prüfung ausschließlich auf den Betrieb des Trailers im öVR bezieht, da gemäß Sachverhalt (SV) der Pkw auf –B– zugelassen ist und er mir die ZB Teil I für den Pkw aushändigt.

Grundsätzlich sind Anhänger hinter Kfz über 6 km/h bbH gemäß §§ 1 StVG 1, 3 FZV zulassungspflichtig, d. h., sie bedürfen einer BE sowie der Zuteilung eines amtlichen Kennzeichens. Als Nachweis der Zulassung dient i. d. R. die gemäß § 11 FZV erteilte Zulassungsbescheinigung. Einen derartigen Nachweis kann –B– nicht erbringen.

Gemäß § 3 (2) 2e FZV sind Spezialanhänger zur Beförderung von Sportgeräten oder Tieren zu Sportzwecken von der Zulassung befreit, soweit die Anhänger ausschließlich für solche Beförderungen verwendet werden.

Bei dem von –B– mitgeführtem Anhänger handelt es sich laut Sachverhalt um einen Trailer, also einen Spezialanhänger zur Beförderung von Sportbooten.

Aus dem SV ist weiterhin ersichtlich, dass –B– den Trailer soeben gekauft hat und vermutlich nach Hause oder z. B. einem Sportheim oder einer Sportbootanlegestelle überführt. Da mit einem Trailer eine zweckfremde Nutzung kaum vorstellbar ist, unterstelle ich obige Zielorte bzw. eine korrekte Verwendung i. S. d. Bestimmung. Dass der Trailer leer ist, ist hier infolge unterstellter beabsichtigter (oder erfolgter) bestimmungsgemäßer Nutzung für die weitere Beurteilung zunächst ohne Bedeutung.

Zulassungsfreie Anhänger i. S. d. Ziff. 2 („Sportanhänger“) bedürfen zur zulässigen Verwendung im öVR gemäß § 4 (1) einer BE, die gemäß Abs. 5 mitzuführen und auszuhändigen ist. Dieser Forderung kommt –B– nach.

Gemäß § 4 (2) 3 FZV bedürfen „Sportanhänger“ bei Verwendung im öVR einer Kennzeichnung mit amtlichen Kennzeichen, die gemäß § 10 FZV anzubringen sind.

30 Bay OblG, NZV 99, 50; Hentschel/König/Dauer, Straßenverkehrsrecht, 45. Aufl. 2019, § 3 Rn. 56.

–B– verwendet an seinem Trailer ein selbst gefertigtes Wiederholungskennzeichen. Dies entspricht unter keinen Bedingungen den gesetzlichen Vorgaben, sodass im Sinne der Aufgabenstellung ein Verstoß gegen §§ 4, 10 FZV zu bejahen ist, was eine OWi gem. § 48 FZV i.S.d. § 24 StVG darstellt. Ein Vers.-/Steuerverstoß ist nicht gegeben.

2.2
siehe Bewertungstabelle

3.1
siehe Bewertungstabelle

3.2
–C– steht im Verdacht, ein Vergehen i. S. d. § 21 (1) 1 StVG begangen zu haben.

Hierzu müsste er ein Kfz im öVR ohne erforderliche Fahrerlaubnis geführt haben.

–C– führt laut ausgehändigter BE ein Kkr, ein motorgetriebenes Landfahrzeug, das nicht an Schienen gebunden ist, also ein Kfz. Dass die bbH durch eine Veränderung der Abgasanlage erhöht wurde, ist für die Beurteilung als Kfz ohne Bedeutung, da hier weder eine bauartliche Mindest- noch Höchstgeschwindigkeit gefordert wird.

Da ich laut SV ihn wegen einer Geschwindigkeitsüberschreitung igO kontrolliere, unterstelle ich weiterhin, dass –C– das Kfz führte, also auf die Bedienungselemente des Kfz verantwortlich einwirkte. Dass eine Minimalbewegung vorlag, ist zweifelsfrei bei einer Überschreitung der zHG gegeben.

Es mangelt i. S. d. § 21 an der erforderlichen FE, wenn die gemäß § 2 StVG und den hieraus resultierenden Ausführungsbestimmungen der §§ 4 ff. FeV geforderte Fahrerlaubnisklasse nicht erbracht wird.

Gemäß § 6 FeV wird zur Führung von Kkr die FE-Kl. AM gefordert. Die ausgehändigte Kl. B schließt diese ein.

Bezüglich des vorgezeigten „AltFs“ ist zu prüfen, inwieweit nach altem Recht die FE zur Führung berechtigte, da diese gemäß § 6 (6) FeV ihre Gültigkeit behält.

Laut SV hat –C– durch Abänderung der Abgasanlage die bbH des „Kkr“ auf 75 km/h erhöht. Da die bbH nunmehr über 45 km/h liegt, handelt es sich bei dem von –C– geführten Kfz nicht mehr um ein Kkr, sondern um ein Krad. Da –C– den Hubraum des „Kkr“ nicht veränderte (erhöhte/ über 50 ccm), kommt eine Beurteilung als Lkr nicht in Betracht. Als benötigte Klasse ist somit zumindest A1 gefordert, die von der ausgehändigten Kl. B nicht eingeschlossen wird.

Infolge der Änderung benötigt –C– zur Führung die FE-Kl. PrS 1 (Prüfschritt 1). Gemäß § 6 (6) FeV besteht Besitzstandswahrung gemäß der Anlage 3. Nach Buchstabe A I Nr. 19, auch Kfz der Kl. A1, jedoch nur unter Beachtung der Schl.-Nr. 79.03 u. 04. Das geführte Krad entspricht diesen Einschränkungen nicht, sodass – wie im Fall der Kl. B – Fahren ohne erforderliche FE i. S. d. § 21 StVG vorliegt.

Dass –C– das Zweirad mit Wissen und Willen, also vorsätzlich führt, darf hier ebenso wie die Kenntnis um die notwendige FE-Klasse unterstellt werden.

Somit ist festzustellen, dass –C– in beiden Fällen ein Kfz im öVR ohne die erforderliche FE führt und ein Vergehen i. S. d. § 21 StVG begeht.[31] Ein Halterverstoß ist nicht zu beurteilen.

31 Tateinheitlich liegt eine VOWi i. S. d. §§ 3 (1), 48 FZV, 24 StVG sowie zumindest eine leichtfertige Steuerverkürzung vor.

Klausur 2

Punkte:

A: **Bewertungs-/Konzeptbogen**

1* je Fall 6 Punkte bei mindestens 3 richtigen Antworten — 30

Berechnungsformeln:

Regelabstand: tgG : 2,4 // Gefährdungsabstand: tgG : 4,5 //

Einscherabstand: geforderter Abstand x 2

1.1 25 m / Regelabstand / fehlende Einsicht / Übersicht nach vorne — 6

1.2 8,88 m / Gefährdungsabstand / Berufsverkehr — 6

1.3 33,33 m / Regelabstand — 6

1.4 wie vor / nicht Adressat aus § 4 (2) StVO (Zuglänge < 7 m) — 6

1.5 37,5 m / Regelabstand /schlechte äußere Bedingungen — 6

2.1[32] §§ 1, 3 (1) FZV — 20

- allg. Zulassungspflicht (BE, amtl. Kz., ZB Teil I) — 5

§ 3 (2) 2e – §§ 3 (1), 4 (2) FZV — 10

- Anhänger zur Beförderung ... („Sportanhänger") ...
- bei ausschließlicher Nutzung hierzu zul.frei
- BE, amtl. Kennzeichen (aber versicherungsfrei)
- Zulassungspflicht infolge zweckfremder Nutzung
- Fahrlässigkeit / VOWi

PflVersG / AO — 5

- Verstöße liegen vor (Vergehen / AO: zumindest OWi)

2.2* je Fall 3 Punkte bei mindestens 3 richtigen Antworten — 15

		ZB Teil I/ Fz-Schein	BE	Vers.-Beschein.	Namens-aufschrift	Stichwort
2.2.1	lof-Zugmaschine, 32 km/h bbH	X				zul.-pflichtig
2.2.2*	Lkw	X				zul.-pflichtig
	– mit fahrbarer Baubude		X			tHG 25 km/h/ sonst: ZB Teil 1/ Fz-Schein
2.2.3	E-Scooter		X[33]	X[33]		zul.-frei/ vers.-pflichtig
2.2.4	Lkr		x			amtl. Kz. als Vers.-nachweis
2.2.5*	Sattelkfz (Zugmaschine)	X				zul.-pflichtig
	– mit Auflieger	X				zul.-pflichtig/ Anh.-verzeichnis

32 Vergehen i. S. d. § 21 StVG liegt vor, ist aber nicht zu prüfen.

33 Beides erforderlich, es besteht jedoch keine keine Mitführpflicht.

		Punkte:	
3			25
	§ 2 StVG, §§ 4 ff. FeV	15	
	Altregelung • FE-pflicht zur Führung von Kfz im öVR • entsprechend der Klasseneinteilung gem. § 6 (6) FeV:		
	• Klassenteilung Kl. C (1) E	5	
	• 3 = C1E gem. Anlage 3, A, I, Nr. 18/19 kein Verstoß	5	
Form, Aufbau, Schlüssigkeit			10

B: Klausurlösung

Zunächst ist in allen zu beurteilenden Fällen öVR zu unterstellen, sodass die verkehrsrechtlichen Bestimmungen Anwendung finden.

1

Die Frage nach der Beurteilung des erforderlichen Abstandes richtet sich nach § 4 StVO.

Hiernach ist der Abstand so groß zu wählen, dass auch bei plötzlichem Bremsen des Vorausfahrenden ein Auffahren vermeidbar ist.

Hierbei genügt laut Rspr. im Regelfall ein Abstand von 1,5 s Fahrstrecke (Berechnung: tgH : 2,4). Im Einzelfall ist bei größter Aufmerksamkeit und erhöhter Bremsbereitschaft eine Verringerung des Abstandes bis auf 0,8 s Fahrstrecke (Berechnung: tgH : 4,5) zulässig. Gemäß Abs. 2 wird von Kfz, die einer Geschwindigkeitsbeschränkung unterliegen, sowie Zügen > 7 m Gesamtlänge eine Verdopplung des geforderten Sicherheitsabstandes im Einzelfall gefordert.

Hieraus ergeben sich im Einzelnen:

1.1 25 m / Hier ist der Regelabstand zu fordern. Eine Verringerung ist infolge fehlender Sicht nach vorne nicht zulässig.

1.2 8,88 m / Im Berufsverkehr ist hier eine Verringerung auf den Gefährdungsabstand bei ausreichender Sicht nach vorne zulässig.

1.3 33,33 m / Eine Verringerung des Regelabstandes ist infolge des Anhängerbetriebs nicht ratsam.

1.4 wie vor / VW UP nicht Adressat aus § 4 (2) StVO, da Gesamtlänge des Zuges unter 7 m liegen dürfte.

1.5 37,5 m / Regelabstand. Eine Verringerung ist aufgrund der schlechten äußeren Bedingungen (Wetter, etc.) nicht zulässig. Ggf. ist eine Vergrößerung des Abstandes zu fordern.

2.1

Gemäß den §§ 1, 3 FZV als Ausführungsbestimmungen zu § 1 StVG bedürfen Kfz über 6 km/h sowie deren Anhänger der Zulassung, also der Erteilung einer BE sowie der Zuteilung eines amtl. Kz., wobei zunächst als Nachweis (Mitführung und Aushändigung) der Fz-Schein dient.

Von dieser Zulassungpflicht sind u. a. gem. § 3 (2) 2e FZV Anhänger zur Beförderung von Tieren zu Sportzwecken befreit. Diese bedürfen als Nachweis gem. §§ 3 (1), 4 (2) FZV (der Erteilung) einer BE bzw. (der Zuteilung) eines amtl. Kz.

Versicherungspflicht besteht infolge der Zulassungsfreiheit gem. § 2 PflVG nicht. Ebenso besteht Steuerfreiheit.

Die Zulassungsfreiheit ist jedoch nur unter Bedingung einer zweckgebundenen Nutzung gewahrt, d. h., sobald der Anhänger nicht der Beförderung von Tieren zu Sportzwecken dient, also zweckfremd verwendet wird, entfällt die Zulassungsfreiheit.

–B– verwendet den „Sportanhänger“ zum Transport von Abfall und Müll zu einer Deponie.

Eine zweckentsprechende Nutzung, d. h. selbst bei großzügigster Auslegung einen Zusammenhang mit dem Pferdesport als Grundlage der Zulassungsfreiheit zu erkennen, ist nicht begründbar.

Demzufolge besteht Zulassungspflicht i. S. d. §§ 1, 3 (1) FZV. –B– kann zwar eine BE und ein amtl. Kz. nachweisen, jedoch mangelt es zumindest an der Zuteilung i. S. d. § 3 (1) FZV und der damit verbundenen Ausstellung der erforderlichen ZB Teil I (Mitführung/Aushändigung).

Da –B– zumindest eine fahrlässige Begehung – ihm muss Zweckgebundenheit der Zulassungsfreiheit bekannt sein – unterstellt werden kann, begeht er eine VOWi i. S. d. §§ 3 (1), 48 FZV, 24 StVG vor.

Des Weiteren liegt ein Vergehen i. S. d. §§ 1, 6 PflVG sowie zumindest eine OWi i. S. d. §§ 369 ff AO vor, da für den nunmehr zulassungspflichtigen Anhänger Versicherungs- und Steuerpflicht besteht.

2.2.1 ZB Teil I / Fz-Schein / Für die lof-Zugmaschine besteht Zulassungspflicht

2.2.2 Lkw: wie vor

Baubude: BE, soweit bei der Führung die Einhaltung einer tgG von höchstens 25 km/h als zulassungsbefreiende Voraussetzung beachtet wird. Bei Überschreitung der tGH entsteht Zulassungspflicht.

Die gemäß § 58 StVZO geforderte Beschilderung mit dem Geschwindigkeitszeichen „25 km/h“ wird unterstellt.

2.2.3 BE und Vers.-Bescheinigung sind für den E-Scooter zwar erforderlich, aber es besteht gem. § 2 eKFV keine Mitführpflicht.

2.2.4 BE, Lkr zul.-frei (amtl. Kz. = Vers.-nachweis)

2.2.5 ZM: ZB Teil I / Fz-Schein, zul.-pflichtig

Auflieger: ZB Teil I / Fz-Schein / Anhängerverzeichnis, zul.-pflichtig

3

Zur erlaubten Teilnahme am Straßenverkehr als Kfz-Führer bedarf es gem. § 2 StVG einer Erlaubnis, deren Nachweis gem. § 4 FeV durch Mitführung und Aushändigung eines Führerscheins (FS) erfolgt.

Klasseneinteilung und Mindestalter richten sich nach den §§ 6, 10 FeV. Für die hier in Frage kommenden Kl. C1 / C ist dies die Vollendung des 18. bzw. 21. Lebensjahres.

Gemäß § 6 FeV wird für Kfz > 3,5 t zGM Kl. C1 gefordert und bei Anhängerbetrieb die Erweiterung mit Kl. E, soweit der Anhänger > 750 kg zGM aufweist und das Kombinationsgewicht nicht 12 t übersteigt.

Somit ist hier die Kl. C1E zu fordern. Im zu beurteilenden Fall handelt es sich um einen „Altführerschein“, dessen Gültigkeit sich im Rahmen der Besitzstandswahrung aus § 6 (6) FeV i.V.m. der Anlage 3 ergibt.

Diesbezüglich wird noch einmal auf die 3 Prüfschritte hingewiesen:

1. PrS: Gem. § 6 (1) FeV ist die Kl. C1E erforderlich.
2. PrS: Gem. Anlage 3, A, I, Nr. 18/19 entspricht die „alte“ Kl. 3 der neuen Kl. C1E.
3. PrS: Einschränkungen aus Anlage 9 ergeben sich im Beispiel nicht.

Somit liegt kein Verstoß gegen § 21 StVG vor.

Laut SV wurde –B– leicht verletzt. Es ist ebenfalls zu erwarten, dass bei dem Zusammenstoß das Kkr des –B– beschädigt wurde, also infolge der anfallenden Reparaturkosten für –B– ein vermögensrechtlicher Nachteil entstanden ist.

–A– verletzt somit § 10 StVO.

Wie bereits begründet, erlitt –B– als „Anderer" durch das Verhalten des –A– einen Schaden. –A– verhält sich verkehrserheblich im öVR, ist also Verkehrsteilnehmer i. S. d. § 1 (2) StVO, dessen Tatbestand (Schädigung) er somit ebenfalls tateinheitlich erfüllt.

Des Weiteren steht –A– im Verdacht, eine OWi i. S. des § 24 StVG gemäß §§ 23 / 46, 75 FeV begangen zu haben.

Gemäß den zu § 2 StVG ergangenen Ausführungsvorschriften der §§ 4, 5–10 FeV bedarf –A– zur Führung des Pkw im öVR der Fahrerlaubnis der Kl. B. Im Rahmen der Besitzstandsregelung aus § 6 (6) FeV entspricht die Altklasse 3 gemäß der Anlagen 3, A, I, Nr. 18 der geforderten Kl. B.

–A– zeigt somit einen gültigen Führerschein der Kl. 3 vor und erfüllt insofern die Voraussetzungen zur Teilnahme am Straßenverkehr mit einem Kfz.

Der Führerschein weist weiterhin zwei Eintragungen des, die Fahrerlaubnis erteilenden, StVA auf, nämlich

a) dass –A– nur innerhalb des Stadtgebietes X ein Kfz und

b) nur unter Verwendung einer ausreichenden Sehhilfe führen darf.

Die Zulässigkeit der Beschränkungen durch das StVA als Ausgleichmaßnahmen für festgestellte Mängel, die eine bedingte Eignung des –A– zur Folge haben, werden hier meinerseits unterstellt, zumal diese Problematik aufgrund des Sachverhaltes (SV) auch nicht prüfbar ist.

Inwieweit die Beschränkungen i. S. d. § 23 FeV bei Ersterteilung der FE oder im Nachhinein gem. § 46 FeV erfolgten, ist ebenfalls im SV nicht erkennbar. Demzufolge unterstelle ich im Weiteren § 23 FeV.

Die Beschränkungen stellen verwaltungsrechtlich Nebenbestimmungen zum Verwaltungsakt [(VA) / (NRW: §§ 35 ff. VwG)] in Form der Auflage dar, da sie eine (persönliche) Verhaltensnorm vom Betroffenen, wie hier Ortsgebundenheit und Sehhilfe, beinhalten. Von dieser grundsätzlichen Einteilung wurde von der erteilenden Behörde auch nicht abgewichen, da der SV keine Eintragung in der Form „Bedingung: ..." vorgibt.

Im Gegensatz zur Bedingung, die einen integrierten Bestandteil des VA darstellt, bildet die Auflage einen zweiten selbstständigen, vom HauptVA abhängigen Verwaltungsakt.

Die Missachtung der Auflage berührt den HauptVA, die FE, nicht, sodass ein Vergehen i. S. d. § 21 StVG durch die Missachtung ausgeschlossen ist.

Laut SV ereignet sich der Vorfall in A-Stadt und somit außerhalb des Stadtgebietes X, sodass –A– eindeutig gegen § 23 FeV verstoßen hat, was gemäß § 75 FeV eine OWi i. S. d. § 24 StVG darstellt. Inwieweit er auch gegen die 2. Auflage durch Nichttragen einer ausreichenden Sehhilfe während des Führens des Pkw verstoßen hat, ist aus der Formulierung „–A– trägt eine Brille" nicht eindeutig beweisbar, da diese Aussage sich lediglich auf die Zeit der Unfallaufnahme durch den Polizeibeamten bezieht, nicht aber auf die der Fahrt.

Zu prüfen ist des Weiteren, in wieweit –A– gegen zulassungsrechtliche Bestimmungen verstoßen hat.

Grundsätzlich besteht für die Teilnahme am Straßenverkehr mit einem Kfz über 6 km/h Zulassungspflicht dergestalt, dass dem Kfz eine BE soweit eine Zulassungsbescheinigung (ZB Teil I) erteilt und ein amtl. Kennzeichen (Kz) zugeteilt wurde (§ 1 StVG, §§ 3 (1), 4 FZV).

Eine Ausnahmeregelung stellt § 16 FZV dar, wonach ein Kfz vorübergehend zu Probe-, Prüfungs- oder Überführungsfahrten mit „roten Kz." am Straßenverkehr teilnehmen darf.

Der Pkw des –A– ist mit roten Kz. (zur wiederkehrenden Verwendung) versehen, insofern erweckt er den Eindruck der „Zulassung" gem. § 16 FZV.

Prüfungsfahrten sind ausschließlich auf amtlich anerkannte Sachverständiger oder Prüfer (aaSoP) beschränkt, unter Überführungsfahrten versteht man das Verbringen des Fz von einem Ort zu einem anderen Bestimmungsort.

Aus dem SV ist weder erkennbar, dass es sich bei –A– um einen aaSoP handelt, noch dass der Pkw lediglich mit dem Ziele des Ortswechsels geführt wird. Das Verlassen eines Einkaufszentrums spricht vom ersten Eindruck her ebenfalls dagegen, auch wenn bei diesen Fahrten die Erledigung von Nebentätigkeiten erlaubt ist.

Aus dem SV geht jedoch hervor, dass dem –A– das Fz aus Kulanz- und Servicegründen, also zur persönlichen Verwendung überlassen wurde. Somit kann das Vorliegen einer Prüfungs- oder Überführungsfahrt ausgeschlossen werden.

Hinsichtlich einer Probefahrt werden vom Gesetzgeber keine großen Anforderungen gestellt, sie dient der einfachen Überprüfung der Gebrauchfähigkeit des Fz. Der Pkw wurde dem –A– aus Sevicegründen für die Zeit der Reparatur seines Fz überlassen und somit nicht aus den in § 16 FZV genannten Gründen.

Hieraus ergibt sich, dass eine „Zulassung" i. S. d. § 16 FZV nicht vorliegt und somit Zulassungspflicht i. S. d. § 3 (1) FZV vorliegt, d. h. der Pkw müsste mit (schwarzen) amtl. Kz. versehen sein und –A– einen Fz-Schein als Nachweis vorzeigen und aushändigen.

–A– verstößt somit gegen § 3 (1) FZV (Alternativ: Verstoß gegen §§ 16, 48 Nr. 1c FZV), wodurch die Folgetatbestände ebenfalls vorliegen.

Verstöße gegen das PflVersG oder die AO liegen nicht vor (OWi § 48 FZV, § 24 StVG).

Ein Vergehen i. S. d. § 22 StVG[36] (Kennzeichenmissbrauch) ist nur zu bejahen, soweit –A– sich eindeutig darüber im Klaren war, dass die Verwendung der „roten Kz." unzulässig war.

Dies ist jedoch unwahrscheinlich, da bis 2006 Fahrten zur Anregungen der Kauflust (VBl. 50, 314) zulässig waren und hieran keine allzu hohen Anforderungen gestellt wurden.

Es kann davon ausgegangen werden, dass die fahrerlaubnis- und zulassungsrechtlichen Verstöße tatmehrheitlich zu der KV begangen wurden, sodass eine selbstständige Ahndung möglich ist.

1 –B–

–B– steht im Verdacht, eine OWi gem. den §§ 4 (2), 48 FZV, § 24 StVG begangen zu haben.

Hinsichtlich der Ausführungen zur allg. Zulassungspflicht verweise ich auf die obigen Ausführungen zu –A–.

36 Urkundenfälschung (§ 267 StGB) scheidet bei roten Kz. grundsätzlich aus.

Abweichend hiervon handelt es sich bei dem von –B– geführten Fz um ein zulassungsfreies Kkr i. S. d. § 3 (2) 1 d FZV, welches einer BE bedarf, die gem. Abs. 5 vorzeige- und aushändigungspflichtig ist. Gem. § 4 (3) FZV ist zur Führung im Straßenverkehr ein Versicherungskennzeichen sowie gem. Abs. 2 eine Versicherungsbescheinigung mitzuführen und auszuhändigen.

Da –B– lt. SV keine Versicherungsbescheinigung aushändigt, verstößt er zunächst gegen diese Vorschrift.

–B– hat sein Kkr mit einem Sonderlenkrad (Hochbaulenker) versehen. Infolge dieser vorsätzlichen Veränderung des Kfz (durch Austausch) ist gem. § 19 StVZO das Erlöschen der BE zu prüfen.

Gemäß § 19 StVZO stellt die BE den Nachweis der Vorschriftsmäßigkeit, d. h. den Nachweis der Übereinstimmung des Fz mit den Ausrüstungsvorschriften der StVZO etc. dar. Es ist davon auszugehen, dass –B– eine Allgemeine Betriebserlaubnis (ABE) i. S. d. § 20 StVZO als Vorschriftsmäßigkeitsnachweis vorzeigte, da es sich bei dem Kkr sicherlich um ein in Serie hergestelltes handelt.

Gem. § 19 (2) StVZO erlischt die BE u. a., sofern infolge einer Veränderung die Gefährdung anderer VT zu erwarten ist.

Dass –B– eine Veränderung in diesem Sinne vorgenommen hat, wurde bereits oben begründet.

Das Merkmal „Gefährung ... zu erwarten ist“ bedeutet nicht das konkrete Vorliegen einer Gefährdung. Diese muss lediglich „schon etwas konkret“[37] denkbar sein, also in einer begründeten Eintrittserwartung stehen.

Der ungeprüfte Anbau eines Sonderlenkrades lässt so z. B.

- infolge geänderter Hebelverhältnisse eine Verschlechterung der Lenkfähigkeit, der Manövierbarkeit des Kkr oder
- infolge einer notwendigen geänderten Sitzposition eine eingeschränkte Sicht auf Anzeige- und Kontrolleinrichtungen oder
- wegen notwendiger Verlegung von Bremseinrichtungen weitgehende negative Beeinflussung beim Führen erwarten.

Diese negativen Beeinflussungen sind auch nicht abstrakt, sondern konkret am Kkr nachvollziehbar. Insofern ist eine Gefährdung anderer VT beim Betrieb des Kkr zu erwarten und ein Erlöschen der BE gem. Abs. 2 gegeben.

Dies ergibt sich ebenfalls aus Teil B, Gruppe 3 (3.3) des Beispielkataloges.

Gruppe 9 ist nicht anwendbar, da keine kombinierte Anwendung vorliegt.

Lt. Sachverhalt zeigt –B– nur die unveränderte Original-BE des Kkr vor, eine Fz-Teile-BE oder eine Unbedenklichkeitsbescheinigung i. V. m. einem Teilegutachten (TG) i. S. d. § 22 StVZO zeigt er nicht vor. Ich unterstelle, dass diese auch nicht vorliegen.

Gem. § 19 (5) StVZO ist die Inbetriebnahme des Kfz im öVR nicht mehr zulässig, was eine VOWi gem. § 69a StVZO i.S.d. § 24 StVG beinhaltet.

37 Begründung BMV.

(Alternativ: Gem. § 4 (1) FZV ist zur Führung eines zul.-freien Kkr i. S. d. § 3 Abs. 2, Ziff. 1d eine gültige BE erforderlich).

Da die BE hier, wie oben begründet, erloschen ist, liegt ein Verstoß gegen § 4 (1) vor.

Ein Verstoß gegen § 3 (1) / allg. Zulassungspflicht ist zu verneinen, da die Zulassungsfreiheit des Kkr durch die Veränderung nicht berührt wird. Die technischen Merkmale (50 ccm / 45 (50) km/h bbH) wurden von der Änderung nicht betroffen.

Zumindest Fahrlässigkeit ist –B– hinsichtlich der Begehung vorwerfbar, sodass er ordnungswidrig gemäß §§ 48 FZV i. S. d. § 24 StVG handelt.

Verstöße gegen das PflVersG oder die AO liegen infolge der weiteren Zulassungsfreiheit des Kkr nicht vor, ein fahrerlaubnisrechtlicher Verstoß ist ebenso nicht erkennbar, da die FE der Kl. 4 gem. § 6 (1, 6) FeV i. V. m. Anlage 3, A, I, Nr. 23 der geforderten Kl. AM entspricht und somit im Rahmen der Besitzstandsregelung („Altregelung“) zur Führung im öVR ausreicht.

2

siehe Bewertungs-/Konzeptbogen

Klausur 4

Punkte:

A: Bewertungs-/Konzeptbogen

1* je Fall 3 Punkte bei mindestens 3 richtigen Lösungen (Fz) 15

- in allen Fällen 80 km/h

2 30

§§ 1 (2), 3 (1), 3 (3) 2c, 4 (1), 5 (2), 49 StVO, § 24 StVG / OWi

- zHG 100 km/h agO für Kfz bis 3,5 t zGM 5
- angepasste Geschwindigkeit (Sichtfahrgeschwindigkeit) 5
  - Sichtfahrgeschwindigkeit – Sichtweite teilweise lt. Sachverhalt 120 m
  - Anhalteweg beträgt bei 130 km/h und einer durchschnittlichen Bremsverzögerung von 7 m/s^2 129,25 m
- Abstandsmissachtung 5
  - Regelabstand (80:2,4) = 33,33 m / Gefährdungsabstand (80:4,5) = 17,77 m
  - aufgrund der schlechten Übersichtlichkeit und der Straßenführung: Regelabstand
- Gefährdung aufgrund der längerfristigen Unterschreitung des Gefährdungsabstandes 5
- Missachtung des Überholverbots 10
  „... Behinderung des Gegenverkehrs ...“
  - notwendige Sichtweite für ein gefahrloses Überholen: mindestens 154,37 m

3 je Fall 5 Punkte 25

3.1 §§ 13 (3), 48, Ziff. 13 FZV 5

- Meldung an StVA (Zulassungsstelle) A-Stadt, da nur vorübergehende Verlegung des Fz

3.2 §§ 29, Anlage VIII, 3.1 S. 5, 69a (2) 14 StVZO 5

- Anmeldung bedeutet letztlich Vorführung am letzten Termintag (Monatsende)

3.3 §§ 30, 69a (3) 1 StVZO 5

- vermeidbare Gefährdung Anderer durch Inbetriebnahme
- § 31 (§ 69a (5) 1 StVZO) nur, soweit Fahrer nicht gleich Halter
- § 41 greift hier nicht, soweit die gesetztl. vorgeschriebene Mindestbremsverzögerung gegeben ist (an Ort u. Stelle nicht prüfbar, aber wahrscheinlich)

3.4 §§ 33, 69a (3) 3 StVZO 5

- Verbot des Schleppens
- FE-Klasse für Gespann erforderlich, CE genügt

3.5 Kein Verstoß gegen § 36 StVZO 5

- SR M+S = 160 km/h bbH / bbH des Pkw liegt darunter

			Punkte
4	je Fall 5 Punkte		20
4.1	Kein Verstoß • Beschränkung i. S. d. §§ 23, 46 FeV stellen verwaltungsrechtlich Nebenbestimmungen zum VA dar • Ausgleicherfordernis / Übermaßverbot	5	
4.2	Kein Verstoß • gem. Einigungsvertrag erlaubt die Kl. B/E die Führung 2-achsiger Anhänger bei Kfz bis 3,5 t zGM; Anlage 3, B, I, Ziff. 16	5	
4.3	§ 21 StVG, Vergehen • Kfz, Führen, öVR • ohne erforderliche FE	5	
4.4	Kein Verstoß • Kl. L / t (lof), sonst Kl. C • Altregelung: Kl. 5; Anlage 3, A, I, Ziff. 25	5	
Form, Aufbau, Schlüssigkeit			10

B: Klausurlösung

Die Anwendbarkeit der verkehrsrechtlichen Bestimmungen ist infolge der Unterstellung des öVR gegeben.

1

In allen Fällen, sowohl agO als auch auf der BAB, unterliegen die Kfz-Führer einer zHG von 80 km/h, entweder als Führer eines Pkw oder Kfz bis 3,5 t zGM mit Anhänger bzw. eines Kfz bis 7,5 t zGM.

2

Zu beurteilen ist ausschließlich die Frage, ob –A– Verstöße gegen die StVO begangen hat, eine Beurteilung hinsichtlich eines möglichen Verstoßes i. S. d. § 315c StGB[38] erfolgt nicht.

–A– steht im Verdacht, gegen die §§ 1 (2), 3 (1, 3 Nr. 2c), 4 (1) und 5 (2) verstoßen zu haben, die gem. § 49 StVO Verkehrsordungswidrigkeiten i. S. d. § 24 StVG darstellen.

Zunächst unterliegt –A– als Führer eines Kfz bis 3,5 t zGM (zweifelsfrei) einer zulässigen HG von 100 km/h agO. Da er teilweise bis zu 130 km/h schnell fährt, überschreitet er die zHG (bereits erheblich), wodurch ein Verstoß gegen § 3 (3) 2c StVO gegeben ist.

Wie bereits mehrfach oben angeführt, unterliegt ein Fz-Führer der Verpflichtung der Einhaltung der jeweils angepassten relativen Höchstgeschwindigkeit. Im vorliegen Fall wäre hier die Einhaltung der Sichtfahrgeschwindigkeit (SfG) gem. § 3 (1) StVO besonders zu prüfen.

38 Wegen fehlender konkreter Gefährdung abzulehnen.

Die Einhaltung der SfG verlangt die Anhaltemöglichkeit innerhalb der vorhandenen Sichtweite. Die teilweise von –A– gefahrene Geschwindigkeit von 130 km/h bedeutet nach der Formel:

$S_{(Anhalteweg)} = V_{(Geschwindigkeit)}^2 : 2\ a_{(Bremsverzögerung)} + V$ und einer unterstellten durchschnittlichen Bremsverzögerung von 7 m/s^2 einen Anhalteweg von 129,25 m. Da die Sichtweite günstigstenfalls nur 120 m beträgt, liegt zweifelsfrei hier ein Verstoß gegen § 3 (1) vor.

§ 4 (1) StVO verlangt vom Fz-Führer die Einhaltung eines Abstandes zum Vordermann, der gewährleistet, dass auch dann noch hinter diesem gehalten werden kann, wenn das Fz plötzlich gebremst wird.

Im Normalfall reicht hierzu die Einhaltung des Regelabstandes, d. h. der Strecke, die in 1,5 s zurückgelegt wird. Dies würde für –A– bei gefahrenen 80 km/h die Einhaltung eines Abstandes von 33,33 m (80 : 2,4) bedeuten. Selbst unter günstigsten Bedingungen, die eine Verkürzung des Abstandes auf eine Fahrstrecke von 0,8 s, also der unterstellten günstigsten Reaktionszeit, erlaubt, müsste –A– noch einen Abstand von mindestens 17,77 m (80 : 4,5) einhalten.

–A– hält einen Abstand von 10–15 m, was weder dem Regel- noch dem Gefährdungsabstand entspricht. Hierdurch begeht –A– einen Verstoß gegen § 4 (1) StVO[39].

–A– unterschreitet den Gefährdungsabstand lt. Sachverhalt über eine Strecke von 1 km, also i. S. d. Rechtsprechung nicht nur vorübergehend. Hierunter werden Strecken bis ca. 300 m verstanden. Da die Unterschreitung des Gefährdungsabstandes eine Unterschreitung des eigenen Reaktionsweges bedeutet, liegt – bei nicht nur vorübergehenden Unterschreitung – gleichzeitig im Einzelfall eine Gefährdung i. S. d. § 1 (2) StVO vor.[40]

Des Weiteren steht –A– im Verdacht eines Verstoßes gegen § 5 (2) StVO.

Lt. Sachverhalt überholt –A–, der Begriff bzw. die Handlung als solche wird somit unterstellt.

Gem. § 5 (2) StVO darf nur der überholen, der übersehen kann, dass während des ganzen Überholvorganges jede Behinderung des Gegenverkehrs ausgeschlossen ist.

Das hier normierte Überholverbot verlangt nicht den Eintritt einer konkreten Behinderung oder Gefährdung des Gegenverkehrs, sondern lediglich die Möglichkeit der Beeinträchtigung des Gegenverkehrs. Das Verbot gebietet, die zum Überholen benötigte Strecke als frei übersehen zu können, d. h., soweit die Strecke, die der Überholende selbst als Überholweg benötigt, sowie die, die möglicher Gegenverkehr in dieser Zeit zurücklegt, nicht eindeutig vom Überholwilligen einsehbar ist, ist ein Überholen verboten.

–A– hält zum Vorausfahrenden einen Abstand von teilweise lediglich 10 m. Unter Unterstellung einer Fz-Länge von 2 m (Krad) bzw. 4 m (Pkw) und einem Einscherabstand von 0,8 sec Fahrstrecke (17,77 m) bedeutet dies einen „reinen Überholweg" (Srü) von 33,77 m.

Nach der Formel S(eigener Überholweg) = (Srü x V) : VD(Geschw.-differenz) x V (Geschwindigkeit) benötigt –A– einen Überholweg von 154,37 m. Hieraus ergibt sich – bei einer lt. Sachverhalt bestehenden Sichtweite von 120 m – auch ohne Einbeziehung der Strecke des Gegenverkehrs – bereits eine nicht ausreichende Sichtweite zum Überholen für –A–.

39 Auf einen möglichen (begründbaren) Nötigungstatbestand ist nicht einzugehen.
40 BGHSt 22, 341.

Wie oben angeführt, ist zur Vollendung des Verstoßes keine konkrete Beeinträchtigung oder Behinderung des Gegenverkehrs erforderlich, sodass –A– gegen § 5 (2) StVO verstößt.

Die dargelegten Verstöße werden durch –A– tateinheitlich begangen, da sicherlich dem gesamten Verhalten des –A– ein einheitlicher Tatgedanke zugrunde liegt.

3

Zu beurteilen ist das Vorliegen einer VOWi. In allen Fällen wird – soweit ein Verstoß bejaht wird – zumindest eine fahrlässigen Begehung unterstellt.

3.1

–A– verstößt gegen § 13 (3) FZV, wonach er bei vorübergehender Verlegung des ständigen Fz-Standortes über 3 Monate „seiner" Zulassungsstelle den neuen vorübergehenden Standort mitteilen muss. Der Begriff „vorübergehend" ist zeitlich nicht begrenzt, also nicht vergleichbar mit dem Jahresbegriff der früheren IntVO oder endgültigen Stilllegung. Gefordert wird lediglich die geplante/absehbare Rückkehr an den Zulassungsort.

Somit liegt – bei Unterstellung der fehlenden Mitteilung – eine VOWi gemäß §§ 48, Zi. 13 FZV vor.

3.2

Gemäß § 29 StVZO i. V. m. der Anlage VIII unterliegt ein mit amtlichen Kennzeichen versehenes Kfz/Anhänger der Pflicht zur Hauptuntersuchung.

Dies beinhaltet für den Halter die Verpflichtung zur Terminabsprache zu dem aus der Plakette bzw. (sachverhaltsbezogen) Fz-Schein erkennbaren Ablaufmonat. Spätestens zum Monatsletzten muss der Termin eingehalten werden. Darüber hinaus wird die Plakette nach Überschreitung der Ablauffrist ungültig.

Die Vorlage der beiden Schreiben entpflichtet –B– nicht, sodass eine VOWi i. S. d. §§ 29, Anlage VIII, Ziff. 3.1 S. 5, 69a (2) 14 StVZO, 24 StVG vorliegt.

3.3

Gemäß § 41 (1), (5) StVZO müssen Kfz mit zwei voneinander unabhängigen Bremsanlagen ausgerüstet sein, wobei die Feststellbremse (Handbremse) eine mittlere Bremsverzögerung von 1,5 m/s^2 aufweisen und ein Abrollen an von ihm befahrbaren Steigungen verhindern können muss.

Inwieweit diese Bedingungen durch die „bis ans Kinn" gezogene Handbremse von –C's– Pkw erreicht werden, kann an Ort und Stelle nicht geprüft werden, ist aber unwahrscheinlich.

Darüber hinaus verbietet § 30 StVZO die Inbetriebnahme eines Fz, sofern ihr verkehrsüblicher Betrieb einen anderen mehr als unvermeidbar gefährdet, behindert oder belästigt.

§ 30 verlangt nicht den konkreten Eintritt einer dieser Folgen. Zweifelfrei kann eine nicht intakte Bremseinrichtung andere gefährden.

Somit verstößt –C– gegen § 30 StVZO und begeht eine VOWi i. S. d. §§ 69a (3) 1 StVZO, 24 StVG.[41]

41 Als Halter liegt nur dann ein Verstoß gegen § 31 StVZO vor, sofern ein Dritter das Fz führt.

3.4[42]

Gem. § 33 StVZO dürfen Fahrzeuge, die nach ihrer Bauart zum Betrieb als Kfz bestimmt sind, nicht als Anhänger betrieben werden. Nach § 70 (1) 1 StVZO können die höheren Verwaltungsbehörden davon Ausnahmen genehmigen, wovon aber restriktiver Gebrauch gemacht werden soll.

Da im SV nichts über eine Ausnahmegenehmigung steht, ist von einem ungenehmigten Schleppen auszugehen.

Die FE-Regelungen orientieren sich dabei an den allgemeinen Grundsätzen beim Führen eines Gespannes. Die Klasse CE für den Führer des schleppenden Fzg genügt, während für den Lenker des gezogenen Fahrzeugs keine FE verlangt wird. Da –E– im Besitz der Klasse B ist, dürfte er auch geeignet sein.

Somit begehen –D– und –E– eine VOWi gemäß der §§ 33, 69a (3) 3 StVZO i. V. m. § 24 StVG.

3.5

Gemäß § 36 StVZO dürfen Reifen keine niedrige bauartbedingte Höchstgeschwindigkeit als das sie verwendende Fz haben. Bei der Verwendung von Winterreifen ist dies auch erfüllt, wenn die bbH im Blickfeld des Fahrers sinnfällig deutlich gemacht wird.

SR M+S Reifen haben eine bbH von 160 km/h.

Da die bbH des Pkw bei lediglich 155 km/h liegt, ist die Verwendung – auch ohne sinnfällige Plakette im Blickfeld des Fahrers – zulässig.

4.1

Kein Verstoß

Die Eintragung im FS stellt hinsichtlich der Forderung nach Tragen einer geeigneten Sehhilfe eine Auflage dar, deren Nichtbeachtung eine VOWi i. S. d. §§ 23 (oder 46 je nach Erteilung), 75 FeV, 24 StVG darstellen würde.

Auflagen stellen Nebenbestimmungen zum Verwaltungsakt der FE dar, müssen demzufolge im Rahmen des zu beachtenden Übermaßverbotes erforderlich und als Ausgleichsmaßnahme geeignet sein.

Das Mitführen einer Ersatzbrille stellt weder eine erforderliche noch eine geeignete Ausgleichmaßnahme/–forderung dar und ist somit unzulässig.[43]

4.2

Kein Verstoß

Gemäß § 6 (6) FeV i. V. m. Anlage 3, B, Nr. 16 berechtigt die „DDR-FE“ der Kl. B/E zur Führung von Zügen (mit zul.-pflichtigen Anhängern) mit mehr als 3 Achsen, soweit das zGM des ziehende Kfz nicht mehr als 3,5 t zGM beträgt.

Dies ist hier der Fall.

42 Kein Verstoß gegen § 21 StVG, da keine FE-Pflicht i. S. d. § 2 StVG (Kfz).

43 BGH, NJW 84, 85; OLG D'dorf.

4.3

–C– steht im Verdacht, ein Vergehen i. S. d. § 21 StVG begangen zu haben. Hiergegen verstößt, wer ein Kfz im öVR führt, ohne die erforderliche FE zu besitzen.

Obschon die BW-FE der Kl. C zur Führung von Kfz > 3,5 t zGM berechtigt, ist –C– nicht im Besitz der zur Führung erforderlichen FE, da diese gemäß § 26 FeV nur zur Führung von Dienstfahrzeugen während der Dauer des Dienstverhältnisses berechtigt.

Die von –C– vorgelegte Bescheinigung stellt keine gültige FE dar und dient lediglich der Vorlage beim StVA.

Soweit –C– vorsätzlich, d. h., im Bewußtsein der Sachlage handelt, liegt ein Verstoß gegen § 21 (1) 1 StVG, soweit er fahrlässig handelt, einer gegen Abs. (2) 1 vor.[44]

4.4

Kein Verstoß

Gemäß § 6 FeV wird hier Klasse T bzw. – soweit es sich um eine lof-ZM handelt – Kl. L benötigt. Insoweit liegt kein Verstoß vor.

Da im Alternativfall ein „AltFS“ vorgezeigt wird, ist im Rahmen der Besitzstandsregelungen gemäß § 6 (6) FeV deren Gültigkeit zur Führung zu prüfen.

Gemäß Anlage 3, A, I, Nr. 24 ff. der Kl. L. Unter Beachtung der Anlage 9 Schl.-Nr. 174 gilt diese auch für ZM bis 40 km/h bbH.

44 Ein Halterverstoß ist aus dem SV nicht erkennbar.

Klausur 5

		Punkte:	
A:	**Bewertungs-/Konzeptbogen**		
1			25
	–A–: Kein Verstoß • § 16 (2) StVO Verpflichtung zum Einschalten der Warnblinkanlage für Schulbusführer, soweit sie sich einer Haltestelle nähern, an denen durch die SVB ein entsprechendes Verhalten angeordnet wurde	5	
	–B– : §§ 20 (3), 49 (1) 19b StVO i. V. m. § 24 StVG, OWi • Überholverbot • von gekennzeichneten Schulbussen, die sich • einer Haltstelle nähern und • Warnblinklicht eingeschaltet haben	10	
	–C– : §§ 20 (2), (4), 49 (1) 19b StVO i. V. m. § 24 StVG, OWi • Schrittgeschwindigkeit • bei gekennzeichneten Schulbussen, die an • Haltestellen halten und Warnblinklicht eingeschaltet haben • auch für Fz des Gegenverkehrs	10	
2*	je Fall 5 Punkte bei mindestens 3 richtigen Lösungen		20
2.1	Kein Verstoß, • Überholen definitionsgemäß nicht gegeben • Seitenstreifen ist kein Fahrbahnteil	5	
2.2	Ja, §§ 5 (1), 49 (1) 5 StVO i. V. m. § 24 StVG, OWi • Verbot, rechts zu überholen. • Die Ausnahme gemäß § 5 (8) StVO erfasst nur Rad- und Mofafahrer, nicht aber FmH-Führer	5	
2.3	Ja, §§ 5 (3), 49 (1) 5 StVO i. V. m. § 24 StVG, OWi • § 5 (3) Überholverbot durch Zeichen • Pkw (–C–) ist als Kfz-Führer Adressat des Zeichen 276 und ein Trike ist ein mehrspuriges Kfz (Pkw)	5	
2.4	Ja, §§ 5 (1), 49 (1) 5 StVO i. V. m. § 24 StVG, OWi • Überholen / nur mit wesentlich höherer Geschwindigkeit • Behinderung des nachfolgenden Verkehrs / Tateinheit	5	

Punkte:

3* je Fz 3 Punkte bei vollständig richtiger Antwort und mindestens 3 richtigen Lösungen — 15

		ZB Teil I/ BE	Fz-Schein	Vers.-Besch.	FE-Klasse
3.1	Krankenfahrstuhl	X		X	- (> 25 km/h bbH –B–) /5
3.2	E-Scooter	–*		–*	–
3.3	Lkw, 3-achsig		X		C
3.4	SAM, 18 t zGM, 25 km/h bbH	X			L (bis 25 km/h tHG
3.5	lof-ZM, 11,5 t zGM, 40 km/h bbH		X		T (> 25 km/h tHG)

*Keine Mitführpflicht (§ 2 eKFV)

4 — 30

- Kein Verstoß gegen § 36 (5) StVO — 5
- Verpflichtung zum Anhalten nachgekommen
- zulassungsrechtl. Beurteilung — 5
  - § 1 StVG, §§ 3, 4 FZV
  - allg. Zulassungspflicht
  - Einstufung als zulassungsfreies Mofa
  - BE-pflicht / Miführ- und Aushändigungspflicht
- §§ 4 (3), 26 FZV i. V. m. § 24 StVG, OWi — 10
  - Versicherungspflicht / Versicherungskennzeichen
  - Versicherungsbescheinigung ist mitzuführen und zuständigen Personen zur Kontrolle auszuhändigen
- fahrerlaubnisrechtliche Beurteilung — 10
  - § 2 StVG, § 4 FeV
  - allg. Fahrerlaubnispflicht
  - Fahrerlaubnisfreiheit für Mofa (Definitionsmerkmale unterstellt)
  - § 5 FeV
  - Prüfbescheinigungspflicht / Mitführ- und Aushändigungspflicht
  - Ausnahmen: (§ 76 Nr. 3 FeV)
  - FE-Inhaber oder vor 1.4.65 geboren
  - *Alternativlösung denkbarer Verstöße (FE-Recht)*
    - §§ 5, 75 (1) 5 FeV i. V. m. § 24 StVG, OWi
    - unberechtigtes Führen
    - §§ 5, 75 (1) 4 FeV i. V. m. StVG
    - Nichtmitführen eines „Berechtigungsnachweises"

Form, Aufbau, Schlüssigkeit — 10

B: Klausurlösung

ÖVR und damit die Anwendbarkeit der verkehrsrechtlichen Bestimmungen ist unterstellt.

1 –A–

–A– begeht keinen Verstoß gegen § 16 StVO durch Einschalten der Warnblinkanlage.

Gemäß § 16 (2) StVO ist er als Führer eines gekennzeichneten Schulbusses (Vorgabe des Sachverhalts) Adressat der Bestimmung und u. a. verpflichtet, Warnblinklicht einzuschalten, wenn er sich – wie der Sachverhalt vorgibt – einer Haltestelle nähert.

Unter „Nähern" ist (mindestens) eine Entfernung von 50 m zu verstehen, da bei weiterer Verkürzung der „Warnblinkentfernung" der Sinn der Bestimmung, der Schutz unvorsichtig querender Fahrgäste, unterlaufen würde.

Die Verpflichtung besteht jedoch nur an, durch die Straßenverkehrsbehörde besonders ausgewählten, Haltestellen.

Der Sachverhalt gibt eine „markierte" Haltestelle vor. Ohne entsprechende Kennzeichnung, Markierung, wäre für den einzelnen Busfahrer die Verpflichtung zum Einschalten der Warnblinkanlage kaum ersichtlich. Ich interpretiere daher den Begriff „markierte" entsprechend der Vorgabe des § 16 (2) StVO, sodass hier vonseiten des –A– kein Verstoß begründbar ist.

1 –B–

–B– zieht laut Sachverhalt an dem Schulbus vorbei, obwohl dieser bereits Warnblinklicht eingeschaltet hat und seine Geschwindigkeit verringert, also offensichtlich an der Haltestelle Fahrgäste, in diesem Fall Kinder, ein- und aussteigen lassen will.

§ 20 (3) StVO verbietet das Überholen gekennzeichneter Schulbusse, die sich einer Haltestelle nähern und Warnblinklicht eingeschaltet haben.

Das im Sachverhalt genannte „Vorbeiziehen" stellt eindeutig ein Überholen i. S. d. Bestimmung dar, da –B– auf derselben Fahrbahn an einem vorausfahrenden – der Schulbus verlangsamt seine Fahrgeschwindigkeit – Verkehrsteilnehmer (Fz) vorbeifährt.

Das Verhalten –B's– muss zweifelsfrei als vorsätzlich beurteilt werden, da er laut Sachverhalt die Verlangsamung des Schulbusses bewusst zum Überholen nutzt.

Gründe, die gegen die Rechtswidrigkeit und Vorwerfbarkeit der Handlung sprechen, sind aus dem Sachverhalt nicht erkennbar.

–B's– Verhalten stellt einen Verstoß gegen § 20 (3) StVO und gemäß § 49 (1) 19b StVO eine Verkehrsordnungswidrigkeit i. S. d. § 24 StVG dar.

1 –C–

–C– fährt im Gegenverkehr mit ca. 40 km/h an dem haltenden Schulbus vorbei und steht somit im Verdacht eines Verstoßes gegen § 20 (1, 4) StVO.

Gemäß Abs. 1 darf u. a. an gekennzeichneten Schulbussen – auch im Gegenverkehr – nur vorsichtig vorbeigefahren werden. Somit ist –C– Adressat der Bestimmung.

Unter vorsichtig Vorbeifahren versteht die Rspr. eine Geschwindigkeit, die jede Gefährdung von Fahrgästen ausschließt.

Die Beurteilung dieser Frage hängt entscheidend vom Fahrgastverhalten, der Übersichtlichkeit und vor allem den Entfernungen zwischen –C– als Gegenverkehr und der Haltestelle als Gefahrenquelle ab.

Unabhängig hiervon fordert § 20 (4) StVO das Vorbeifahren mit Schrittgeschwindigkeit an gekennzeichneten Schulbussen, die an einer Haltestelle halten.

Diese Forderung gilt ausdrücklich gem. Abs. 4 auch für den Gegenverkehr auf derselben Fahrbahn. Laut Sachverhalt ist dies der Fall und –C– ist Adressat der Bestimmung.

Unter Schrittgeschwindigkeit werden zwar unterschiedlich hohe Geschwindigkeiten, wie z. B. 5 – 7 oder 10 km/h in der Rspr. bzw. deutlich unter 20 km/h in der amtl. Begründung des BMV verstanden, die jedoch alle erheblich unter der von –C– gefahrenen Geschwindigkeit von 30 km/h liegen, sodass ein Verstoß gegen § 20 (4) StVO zu bejahen ist.

Inwieweit –C– vorsätzlich oder nur fahrlässig handelt, ist aus dem Sachverhalt nicht ersichtlich.

Wie bei –B– sind ebenfalls keine Gründe ersichtlich, die gegen die Rechtswidrigkeit und Vorwerfbarkeit der Handlung sprechen.

Somit begeht –C– ebenfalls eine VOWi gemäß § 49 (1) 19b StVO i. S. d. § 24 StVG.

2

In den nachfolgenden Sachverhalten wird aufgabenentsprechend nur die Frage eines Überholverstoßes tatbestandsmäßig geprüft.

Bis auf Fall 2.1 wird das Vorliegen eines Überholvorganges unterstellt.

2.1

Nein

Unter Überholen versteht man das Vorbeifahren an einem vorausfahrenden oder wartenden VT (i. d. R. Fz) auf derselben Fahrbahn/demselben Str.-Teil.

Der Seitenstreifen ist gemäß § 2 (1) StVO kein Fahrbahnteil.

Somit liegt kein Überholen vor und ein Verstoß ist zu verneinen.[45]

2.2

Ja, §§ 41 (1) i.V.m. Anlage 2, Z. 276, 49 (3) 4 StVO i. V. m. § 24 StVG, OWi

§ 5 (1) StVO gebietet, links zu überholen.

§ 5 (8) StVO erlaubt Rad- und Mofafahrern, auf dem rechten Fahrstreifen wartende Fz mit mäßiger Geschwindigkeit und besonderer Vorsicht rechts zu überholen.

–B– führt laut Sachverhalt ein FmH (45 km/h bbH gem. § 2, Ziff. 11 (KKR) FZV) und kein Mofa, dessen bbH lediglich 25 km/h beträgt.

Sonstige Rechtsüberholerlaubnisse sind aus dem Sachverhalt nicht ersichtlich.

2.3

Ja, §§ 5 (3), 49 (1) 5 StVO i. V. m. § 24 StVG, OWi

§ 5 (3) StVO verbietet, wie § 41 (1) i.V.m. Anlage 2, Z. 276, das Überholen, wo es durch Zeichen verboten ist.

45 Ein Verstoß gegen § 2 ist lt. Aufgabe nicht zu prüfen.

amtlichen Kennzeichens. Die Zulassung erfolgt per Ausstellung / Aushändigung der ZB Teil I gem. § 6 ff. FZV.

Eine Ausnahme hierzu stellt eine bedingte Zulassung i. S. d. § 16a dar.

Laut Sachverhalt wurde die bedingte Zulassung i. S. d. § 16a FZV ordnungsgemäß erteilt, d. h., –A– hat Kurzzeitkennzeichen zur einmaligen Verwendung (Überführung) zur Kennzeichnung seines Pkw sowie einen Fz-Schein erhalten.

Für das Kfz besteht Versicherungspflicht, die Nutzung ist jedoch steuerfrei.

Zur „einmaligen Verwendung“ beinhaltet eine befristete Erteilung, laut Sachverhalt für 5 Tage.

Nach Ablauf dieser Frist – wie im zu beurteilenden Sachverhalt – ist die bedingte Zulassung erloschen und eine Neubeantragung, entweder gem. § 16a oder gem. § 3 (1) FZV erforderlich.

Dies wurde von –A– versäumt, sodass er nun ein nicht zugelassenes Kfz im öVR führt, was einen Verstoß gegen § 16a FZV darstellt (Alternativ: Verstoß gegen §§ 3 (1), 48 Nr. 1c FZV).[48]

4

–A– steht im Verdacht eines Vergehens i. S. d. § 315c (1) 1a StGB.

Demzufolge müsste er – sachverhaltsbezogen – als Fz-Führer im Straßenverkehr infolge des Genusses alkoholischer Getränke nicht in der Lage sein, das Fz sicher zu führen und dadurch eine fremde Sache von bedeutendem Wert gefährden.

Gemäß Aufgabenvorgabe sind die Begriffe Kfz, Fz, Führen und öVR (Straßenverkehr) zu unterstellen. Sie sind somit gegeben.

Der Sachverhalt gibt eindeutig vor, dass –A– erkennbar unter Alkoholeinwirkung steht. Der durchgeführte Alco-Test entspricht einem BAK-Wert von 1,0 ‰. Somit liegt das Tatbestandsmerkmal „Alkoholgenuss“ ebenfalls vor, zumal er nicht als Genuss im wörtlichen, sondern nur im übertragenen Sinne von Aufnahme zu verstehen ist.

Unter dem Tatbestandsmerkmal (TBM) „nicht sicher führen“ ist die sog. Fahruntüchtigkeit/Fahrunsicherheit zu verstehen. Hier unterscheidet man im Zusammenhang mit Alkoholgenuss grundsätzlich zwischen der absoluten und der relativen Fahruntüchtigkeit (FU). Während zur Erfüllung der absoluten FU das Erreichen oder Überschreiten einer bestimmten – nach Fz-Arten unterschiedlichen – Beweiswertgrenze genügt, ist bei der relativen FU eine weiter gehende indizielle Beweisführung anhand von Beweisanzeichen, sog. Ausfallerscheinungen, erforderlich.

Gemäß BGH-Entscheid liegt die Beweiswertgrenze für Kfz-Führer, worunter –A– als Mofafahrer bei unterstellter Motornutzung ebenfalls zu rechnen ist, bei 1,1 ‰. Unberücksichtig der Toleranzwerte eines Alco-Tests erreicht –A– diese Beweiswertgrenze nicht, sodass der Einzelfall weiter zu prüfen ist.

48 Gemäß Fragestellung ist auf versicherungsrechtl. und steuerrechtliche Bestimmungen nicht weiter einzugehen. Soweit der Versicherungsvertrag befristet ist (Regelfall), liegt ein Vergehen i. S. d. §§ 1, 6 PflVersG vor. Die fehlende Zulassung stellt jedoch eine widerrechtliche Nutzung i. S. d. KfzStG dar, was zumindest zu einer fahrl. Steuerverkürzung i. S. d. AO führt (OWi).

Unter Fahruntüchtigkeit versteht die Rspr.[49] einen Zustand, in dem durch eine rauschbedingte Beeinträchtigung des Hemmungsvermögens, der intellektuellen Differenzierungs- und Reaktionsfähigkeit und des körperlichen Beherrschungsvermögens die Leistungsfähigkeit soweit herabgesetzt ist, dass der Täter nicht mehr in der Lage ist, sein Fz so zu führen, dass er den Anforderungen der jeweiligen Verkehrsart oder Verkehrslage gerecht wird.

Dies bedeutet sachverhaltsbezogen, es ist zu prüfen, inwieweit –A– alkoholbedingte Leistungseinbußen seiner motorischen bzw. intellektuellen Fähigkeiten aufweist, die dann zu konkreten Ausfallerscheinungen in seinem (Fahr-)verhalten führen.

Wie jedermann weiß, führt Alkoholgenuss zu unterschiedlichsten Reaktionen, von der leichten Enthemmung, über die eigene Überschätzung bis hin zum völligen Ausfall jeder körperlichen bzw. intellektuellen Leistungsfähigkeit. Wissenschaftlichen Untersuchungen zufolge treten Ausfallerscheinungen bereits ab 0,2 ‰ auf.

Sachverhaltsbezogen ist festzustellen, dass bereits ab 0,7 ‰ der Gleichgewichtssinn deutlich gestört ist und ab 1‰ das Reaktions- und Koordinationsvermögens erheblich beeinträchtigt werden.

Gemäß Sachverhalt fährt –A– in Schlangenlinien, was eine Beeinträchtigung des Gleichgewichtssinns darstellt, missachtet – sicherlich infolge einer alkoholbedingten Beeinträchtigung des Hemm- oder Reaktionsvermögens – die Vorfahrt eines Pkw-Fahrers und hat Schwierigkeiten beim Absteigen von seinem Mofa. Dies dürfte letztlich einer Beeinträchtigung des Koordinationsvermögens zuzuschreiben sein.

Der Sachverhalt lässt nicht erkennen, dass die aufgezählten Ausfallerscheinungen nicht auf den Alkoholgenuss zurückzuführen, sondern durch andere, z. B. körperlich bedingte Mängel des –A– bedingt sind. Somit ist bestehende Kausalität zwischen dem Alkoholgenuss und der FU anzunehmen.

–A– missachtet die Vorfahrt eines Pkw-Führers an einer Einmündung, wobei ein Zusammenstoß nur durch eine Vollbremsung, also eine Reaktion des gefährdeten Anderen verhindert wird.

§ 315c StGB verlangt zur Tatbestandserfüllung die Gefährdung u.a. einer fremden Sache von bedeutendem Wert. Hierunter versteht die Rspr. einen Wert von mehr als 750,– EUR. Ein Kfz (Pkw) stellt i. d. R. einen derartigen Wert dar. Der Sachverhalt gibt keinerlei Hinweise für eine gegenteilige Schlussfolgerung.

Bei einem Zusammenstoß Pkw/Mofa ist auch nach allg. Erfahrung eine entsprechende Schadenshöhe (750,– EUR) zu erwarten.

Für eine Gefährdung von Leib oder Leben des Pkw-Fahrers gibt der SV keinerlei Hinweise und ist bei solchen Zusammenstößen auch eher unwahrscheinlich, sodass diese Tatbestandsvariante abgelehnt wird.

Der bei einem Zusammenstoß zu erwartende Personen- wie Sachschaden des –A– ist zur Tatbestandserfüllung ohne Bedeutung, selbst dann, wenn das Mofa für –A– fremd, also nicht in seinem Eigentum steht (tatnotwendiges Mittel).

Zu prüfen bleibt, ob die alkoholbedingte FU ursächlich für die herbeigeführte Individualgefährdung des Pkw war. Wie o. a. ist die für die Gefährdung ursächliche Vorfahrtmissach-

49 BGHSt 13, 83 / vgl. Conrads/Brutscher 20. Auflage, 2017.

		Punkte:
3.4	AM	1
3.5	AM/Prüfbescheinigung/–	1
3.6	L	1
3.7	L	1
3.8	T	1
3.9	T	1
3.10	T	1
3.11	B (bis 3,5 t Kombination zGM) BE (über 3,5 t Kombination zGM), B96 bis 4,25 t zGM	1
3.12	C1	1
3.13	B	1
3.14	CE	1
3.15	C1 (mit Auflieger CE)	1
„Alt-FE" sind gemäß § 6 (6) FeV i. V. m. Anlage 3 und 9 zu beurteilen		
Form, Aufbau, Schlüssigkeit		15

B: Klausurlösung

Gemäß der allg. Hinweise wird öVR begrifflich unterstellt. Da alle Örtlichkeiten entweder aufgrund einer Widmung bzw. stillschweigender Duldung einer unbestimmten Anzahl von Personen zugänglich sind, liegt in allen Aufgaben öVR vor.

1.1

Laut Sachverhalt verlässt –A– einen mit Z. 325.1 gekennzeichneten verkehrsberuhigten Bereich, um auf der X-Straße offensichtlich weiterzufahren. D. h. –A– fährt i. S. d. § 10 StVO von einem verkehrsberuhigten Bereich auf die Fahrbahn ein. Eine Anwendung der Grundregel „Rechts-vor-Links" i. S. d. § 8 StVO kommt somit nicht in Betracht.

Gemäß § 10 StVO hat der Einfahrende sich so zu verhalten, dass eine Gefährdung anderer Verkehrsteilnehmer ausgeschlossen ist. Die in § 10 geforderte Einweisung im Einzelfall ist hier ebenso wenig beurteilbar wie die Forderung, inwieweit –A– seiner Pflicht zur Anzeige der Fahrtrichtungsänderung nachgekommen ist.

Gefährdungsauschluss bedeutet – sachverhaltsbezogen –, dass –A– den Vorrang der die X-Straße befahrenden Verkehrsteilnehmer zu beachten und nötigenfalls zu warten hat. Da –A– mit –B– zusammengestoßen und es somit zum Schadensfall gekommen ist, erübrigt sich eine weitere Beurteilung, da die Verletzung der Bestimmung offenkundig ist.

–A– ist Verkehrsteilnehmer, –B– Anderer und laut Sachverhalt ist es zu einem Vermögensschaden, also einer Schädigung i. S. d. § 1 (2) StVO gekommen.

Ob –A– vorsätzlich oder – wie zu vermuten ist – fahrlässig gehandelt hat, ist zunächst für die weitere Beurteilung bedeutungslos, die Verstöße sind gem. § 49 StVO VOWi i. S. d. § 24 StVG.

Es besteht Tateinheit.

1.2

Letztlich ist zu prüfen, inwieweit die Verstöße des –C– gegen § 3 (3) (zHG igO für Kfz: 50 km/h) und § 41 (1) i.V.m. Anlage 2, lfd. Nr. 25 (Nutzungsverbot des Sonderfahrstreifens – Z. 245) im Rahmen einer „Sonderrechtsfahrt" gerechtfertigt sind.

Gemäß § 35 (1) StVO ist u. a. die Feuerwehr von den Vorschriften der StVO, also hier § 3 und Anlage 2 befreit, soweit dies zur Erfüllung einer hoheitlichen Aufgabe dringend geboten ist.

Laut Sachverhalt ist –C– Feuerwehrangehöriger i. S. d. § 35 (1) ist es ohne Bedeutung, ob –C– einer Berufs- oder Freiwilligen Feuerwehr angehört, er ist Adressat der Bestimmung.

–C– befindet sich auf der Fahrt zu einem Schwerverletzten. Die Bergung, Rettung oder der Transport von Verletzten ist der Feuerwehr staatlicherseits als hoheitliche Aufgabe übertragen.

Dringend geboten bedeutet, dass ohne die Inanspruchnahme des Sonderrechtes die Erfüllung, also die Durchsetzung der hoheitlichen Aufgabe zumindest erschwert oder gefährdet ist. Zur Rettung eines Schwerverletzten ist jederzeit schnelle Hilfe geboten, die Rettung des Verletzten hängt vielfach von schnellstmöglicher ärztlicher Versorgung ab, d. h. jeder Zeitverzug kann die Erfüllung der hoheitlichen Aufgabe erschweren, ja unmöglich machen, wenn hierdurch der Verletzte verstirbt. Die beiden Verstöße, d. h. die Missachtung der zHG igO bzw. des Nutzungsverbotes dienen dem Zeitgewinn und damit der rechtzeitigen Durchsetzung der hoheitlichen Aufgabe, also der Rettung des Schwerverletzten. Sie sind somit dringend geboten.

Eine Anwendung des Abs. 5a (Rettungsfahrzeuge) scheidet hier infolge der Anwendungsmöglichkeit des Abs. 1 aus. Gem. Abs. 5a ist die Inanspruchnahme jedoch ebenfalls gerechtfertigt.

Aus dem Sachverhalt geht hervor, dass es nicht zu Beeinträchtigungen Anderer durch die „Sonderrechtsfahrt" des –C– gekommen ist. Somit kann unterstellt werden, dass er die öffentliche Sicherheit und Ordnung i. S. d. § 35 (8) StVO gebührend berücksichtigt hat.

Zu prüfen bleibt, ob die gemeinsame Verwendung von Blaulicht und Einsatzhorn durch –C– gerechtfertigt war.

Das Feuerwehrfahrzeug ist gem. §§ 52 (3), 55 (3) StVZO zulässigerweise mit Blaulicht und Einsatzhorn ausgerüstet. Gemäß § 38 (1) StVO ist deren gemeinsame Verwendung zulässig, soweit höchste Eile (s. dringend geboten) zur Rettung von Menschenleben oder zur Abwehr schwerwiegender Gesundheitsschäden geboten ist. Wie o. a. ist dies der Fall, sodass kein Verstoß vorliegt.

2

Zunächst ist festzustellen, dass –A– als Verkehrsteilnehmer dem Besitzer des geschädigten Fz als anderem einen Vermögensschaden und damit einen Schaden i. S. d. § 1 (2) StVO zugefügt hat. Das Parkhaus ist zwar öVR, jedoch greift § 9 (5) StVO nicht, da es nicht um rechtlich öffentlichen Verkehrsraum, sondern um faktisch öffentlichen Verkehrsraum handelt.

Eine analoge Anwendung im Rahmen der Sorgfaltspflichten aus § 1 (2) begründet dann letztlich den Verstoß.

Eine Beurteilung des § 34 StVO, auch der über § 142 StGB hinausgehenden Verpflichtung aus § 34 (1) 6b StVO („Visitenkarte“ hinterlassen), erübrigt sich hier, zumal zwischen § 34 und § 142 Tateinheit vorliegt und somit § 21 OWiG greift.

Wie bereits o. a. besteht der Verdacht, dass –A– gegen § 142 (1) 2 StGB verstoßen hat. Hierzu müsste er als Unfallbeteiligter sich nach einem Verkehrsunfall im Straßenverkehr vom Unfallort entfernt haben, bevor er eine angemessene Zeit gewartet hat, ohne dass jemand bereit war, die Feststellungen zu treffen. Die Tat ist ein Vergehen.

Unter einem Verkehrsunfall (VU) versteht man ein plötzlich eintretendes Ereignis, das mit den typischen Gefahren des Straßenverkehrs im ursächlichen Zusammenhang steht und einen nicht völlig belanglosen Schaden zur Folge hat.

Der entstandene Schaden beläuft sich laut Sachverhalt auf ca. 2.000,– EUR und übersteigt damit bei weitem die in der Rspr. als noch gänzlich belanglos eingestufte Schadenshöhe von in etwa den Kosten einer Arbeitsstunde (25,– bis 50,– EUR).

Der Schaden entstand beim Rückwärtsfahren/Ausparken, einem typischen und alltäglichen Verkehrsvorgang, der zudem im § 9 (5) StVO normiert ist.

Der notwendige Kausalzusammenhang ist somit gegeben. Unter einem plötzlichen Ereignis ist hier nicht unbedingt die zeitliche Unberechenbarkeit, sondern die Unerwartetheit des Ereignissses als solches zu verstehen. Man darf nach allg. Lebenserfahrung unterstellen, dass selbst bei großer Sorgfalt, das schädigende Ereignis dennoch unerwartet, plötzlich, eintrat. Der Begriff Straßenverkehr steht stellvertretend für öVR, sowohl rechtlichem als auch faktischem wie im vorliegenden Sachverhalt.

Es liegt somit ein VU vor und, da unterstellt werden darf, dass der Halter des geschädigten Fz ein hohes Interesse an der Schadensregulierung hat, auch ein feststellungspflichtiger, sodass –A– sowohl den Regeln aus § 34 StVO als auch aus § 142 StGB unterliegt.

Laut Sachverhalt ist –A– zweifelsfrei Verursacher und somit als Beteiligter gem. § 142 (4) StGB einzustufen.

Soweit weitere Beteiligte nicht an Ort und Stelle sind, verlangt § 34 StVO und § 142 StGB im Umkehrschluss das Verbleiben des VU-Beteiligten am Unfall, zumindest über einen angemessenen Zeitraum, bis eine feststellungsbereite Person, z. B. der Geschädigte oder ein Dritter, wie z. B. die Polizei oder – sachverhaltsbezogen – der Parkhauswächter, die zur Schadensregulierung notwendigen Daten feststellt.

Die Dauer der Wartepflicht/-frist, also die Frage des angemessenen Zeitraums, ist nicht legal definifiert und in der Rspr. äußerst unterschiedlich beurteilt. Sie richtet sich grundsätzlich nach der Erforderlichkeit (hier zweifelsfrei gegeben) und der Zumutbarkeit des Wartens unter Berücksichtigung der Wahrscheinlichkeit des Auftauchens einer feststellungsbereiten Person. Dass zum einen der Geschädigte zu seinem Fz, also dem Unfallort zurückkommt, ist mehr als wahrscheinlich, jedoch ist der Zeitpunkt des Erscheinens unbestimmt und kann noch Stunden betragen. Eine derartige Wartefrist wäre aber unangemessen. Andererseits ist der, in jedem Parkhaus vorhandene, Aufsichtsangestellte (Parkwächter) innerhalb von Minutenfrist zu verständigen. Aus dem Sachverhalt ist kein Grund erkennbar, der gegen eine derartige Wartepflicht und eine Verständigung des Parkwächters spricht.

–A– fährt aber lt. Sachverhalt, da er sich unbeobachtet fühlt, unmittelbar, also ohne jedes Warten, weiter und unternimmt nichts zur Sicherung der Schadensregulierung. Er entfernt sich somit zweifelsfrei vom Unfallort, da er kaum von einem unbeteiligten Dritten im weiteren Verlauf des Parkhauses, geschweige denn außerhalb dessen mit dem Unfall in Verbindung gebracht würde.

§ 142 StGB setzt Vorsatz voraus, d. h. Wissen um

a) den VU und sachverhaltsbezogen
b) zumindest die mit dem Entfernen verbundene Erschwerung der Schadensregulierung.

–A– entfernt sich lt. Sachverhalt trotz des erkennbaren Schadens, da er sich unbeobachtet fühlt, er weiß also eindeutig um den VU und will – nach allg. Sprachgebrauchsverständnis – sich der Schadensregulierung, z. B. zur Sicherung des eigenen Schadensfreiheitsrabattes, entziehen.

–A– erfüllt somit eindeutig den o. a. Tatbestand des § 142 StGB.

Auf Rechtswidrigkeit und Schuld ist gem. den allg. Hinweisen nicht weiter einzugehen.

3

siehe Bewertungs-/Konzeptbogen

Klausur 8

			Punkte:
A:	**Bewertungs-/Konzeptbogen**		
1*	je Fall 15 Punkte, soweit § 5 (3) bzw. 3 (3) StVO erkannt wurde		30
1.1	§§ 5 (3), 49 (1) 5 StVO i. V. m. § 24 StVG, OWi	15	
	• Überholverbot für Kfz von mehrspurigen Kfz, die schneller als 25 km/h fahren können (bbH) oder dürfen (§ 3 Abs. 2 Nr. 2 FZV)		
1.2	§§ 3 (3) 2b, 4 (2), 49 StVO i. V. m. § 24 StVG, OWi	15	
	• zHG agO für Kfz > 7,5 t zGM: 60 km/h		
	• Einscherabstand (doppelter Regelabstand) agO für Kfz mit Geschwindigkeitsbeschränkung (> 3,5 t zGM)		
2*	je Fall 10 Punkte, soweit Vergehen erkannt wurde		20
2.1	Ja, § 21 (1) 1 StVG, Vergehen	10	
	• Führen eines Kfz im Str.-verkehr trotz Fahrverbot		
	• Fahrverbot setzt kein Fe-pflichtiges Kfz voraus		
2.2	Ja, § 21 (1) 1 StVG, Vergehen	10	
	• Führen eines Kfz im Str.-verkehr ohne erforderliche FE		
	• Verbot des Anhängerbetriebs stellt eine Bedingung/Beschränkung i. S. d. § 23 FeV dar		
3			35
	§ 315c (1) 2b StGB, Vergehen	5	
	• öVR		
	• grob verkehrswidrig	6	
	• und rücksichtslos	6	
	• falsch überholt	6	
	• Gefährdung von Leib oder Leben eines anderen/fremder Sachen von bedeutendem Wert (750,– EUR)	6	
	• Kausalität	6	
	• Vorsatz/Fahrlässigkeit		
	• Rechtswidrigkeit / Schuld		
Form, Aufbau, Schlüssigkeit			15

B: Klausurlösung

In allen zu lösenden Sachverhalten ist gemäß den allg. Hinweisen öVR zu unterstellen, also gegeben.

1.1

–B– verstößt gegen § 5 (3) StVO, was gem. § 49 StVO eine VOWi i. S. d. § 24 StVG darstellt.

Gem. § 5 (3) ist das Überholen dort verboten, wo es durch Zeichen – wie im vorliegenden Sachverhalt – verboten ist.

Zeichen 276 verbietet Kfz, also –B–, das Überholen mehrspuriger Kfz, hier des Lkw.

Gem. dem Zusatzzeichen dürfen – sachverhaltsbezogen – nur Kfz überholt werden, die entweder nicht schneller als 25 km/h fahren können oder dürfen.

Unter „können" ist die bbH des Kfz und unter „dürfen" die Fälle der zulassungsfreien Anhänger i. S. d. § 3 (1) 2 FZV zu verstehen.

Die bbH des überholten Lkw liegt zweifelsfrei über 25 km/h, auch wenn er hier infolge der Steigung nur 20 km/h schnell fährt.

Die 2. Alternative scheidet zweifelsfrei aus.

1.2

–C– verstößt zum einen gegen § 3 (3) 2b StVO, wonach er als Führer eines Kfz > 7,5 t zGM agO einer zHG von 60 km/h unterliegt (aber 80 km/h schnell fährt) und zum anderen gegen § 4 (2) StVO. Hiernach haben die Führer von Kfz, die einer Geschwindigkeitsbeschränkung unterliegen (alle Kfz > 3,5 t zGM außer Pkw), agO einen so großen Abstand zu halten, dass ein überholendes Kfz einscheren kann. –C– unterliegt, wie o. a., einer Geschwindigkeitsbeschränkung, und der Einscherabstand verlangt zumindest die Verdopplung des jeweils erforderlichen Sicherheitsabstandes. Dies ist hier der Regelabstand mit 33,33 m, sodass –C– mindestens 67 m Abstand einhalten muss.

Die Verstöße liegen in Tateinheit vor und stellen gem. § 49 StVO VOWi i. S. d. § 24 StVG dar.

2

In allen Fällen wird das Führen eines Kfz im Straßenverkehrs (öVR) tatbestandsmäßig unterstellt.

Des Weiteren wird unterstellt, dass Führer und Halter identisch sind, sodass „Halterverstöße" nicht zu prüfen sind, die ansonsten in den Fällen eines „Führerverstoßes" vorlägen.

Die Verletzung des § 21 StVG stellt ein Vergehen dar.

2.1

Ja, –A– unterliegt einem rechtskräftigen (unterstellt) Fahrverbot gemäß § 44 StGB.

Der Grund für die Erteilung des Fahrverbotes ist für die weitere Beurteilung ohne Bedeutung. Gemäß Sachverhalt handelt es sich um ein „generelles" Fahrverbot, was nach allg. Sprachgebrauch ein umfassendes bedeutet. Das Fahrverbot ist somit nicht auf einzelne, z. B. fahrerlaubnispflichtige Kfz beschränkt, sondern erfasst alle Kfz.

Da aus dem Sachverhalt nicht erkennbar ist, dass –A– das Mofa fahrradähnlich betreibt, somit die Benutzung unter Motorantrieb durch –A– unterstellt werden kann, wird auch der Betrieb des Mofas durch das Fahrverbot erfasst und untersagt.

Inwieweit –A– hier mit Wissen und Wollen, also vorsätzlich, oder nur fahrlässig infolge vorwerfbarem Nichtwissen (des Verbotes) handelt, ist aus dem Sachverhalt nicht klärbar. Eine fahrlässige Begehung wäre gemäß § 21 (2) 1 StVG strafbar.

2.2

Ja, –B– führt ein Kfz ohne erforderliche Fahrerlaubnis, da die Eintragung[50] – sachverhaltsbezogen – eines „Anhängerbetriebsverbotes" als Beschränkung i. S. d. § 23 (oder 46) FeV,

50 Entspricht der Schlüssel-Nr.: 66.

d. h. als integrierter Bestandteil des Verwaltungsaktes „FE“ zu verstehen ist. Bei Nichtbeachtung liegt somit eine nicht ausreichende (Kl. 3 würde ansonsten genügen, vgl. § 6 (6) FeV i.V.m. Anlage 3, A, I, Ziff. 15 ff.) Fahrerlaubnis vor.

Hinsichtlich der Schuldform siehe 2.1.

3

–A– steht im Verdacht der Begehung eines Vergehens i. S. d. § 315c (1) 2b StGB. Hiernach müsste er – sachverhaltsbezogen – im Straßenverkehr (öVR – unterstellt) grob verkehrswidrig und rücksichtslos falsch überholen und dadurch Leib oder Leben eines anderen oder fremde Sachen von bedeutendem Wert gefährden.

Gemäß § 5 (2) StVO ist Überholen nur erlaubt, soweit jede Behinderung des Gegenverkehrs ausgeschlossen ist. –A– überholt auf einer unübersichtlichen und kurvenreichen Landstraße, wobei ein Zusammenstoß mit dem Gegenverkehr nur durch dessen Vollbremsung ausgeschlossen werden kann.

Somit liegt zweifelsfrei ein Verstoß gegen § 5 (2) StVO und damit falsches Überholen i. S. d. § 315c (1) 2b StGB vor.

Diese Handlungsweise muss grob verkehrswidrig und rücksichtlos durch –A– erfolgen.

Beides sind Merkmale der Schuldfrage und müssen nebeneinander vorliegen.

Grob verkehrswidrig ist ein nach Sachlage besonders gefährliches Abweichen vom pflichtgemäßen Verhalten, also ein Verhalten, das objektiv einen besonders schweren Verstoß gegen die Verkehrsregeln darstellt, oder mit anderen Worten, der Verstoß muss von einer besonderen Gefährlichkeit geprägt sein.

In der Rspr. wurden hierbei z. B. Schneiden einer unübersichtlichen Kurve oder Rechtsüberholen auf der BAB als grob verkehrswidrig betrachtet, also Verhaltensweisen, die eine erhebliche Gefährdung Anderer aufgrund ihrer Unberechenbarkeit beinhalten können.

Gemäß Sachverhalt überholt –A– auf einer unübersichtlichen Landstraße entweder trotz Unübersichtlichkeit (ähnlich Schneiden einer unübersichlichen Kurve) oder trotz erkennbarem Gegenverkehr. Ein Zusammenstoß mit diesem kann nur durch dessen Vollbremsung vermieden werden. Ein derartiger Zusammenstoß hätte nach allg. Erfahrung hier schwerwiegende Folgen, zumal der überholte Zug (Pkw + Anhänger) bereits die für ihn bestehende zHG von 80 km/h ausnutzt. Es kann auch unterstellt werden, dass der Gegenverkehr zumindest ähnlich schnell (80 km/h) und –A– mindestens 100 km/h schnell fährt. Unabhängig von der für –A– damit verbundenen Lebensgefahr, dürften auch durch sein Verhalten die beiden anderen Verkehrsteilnehmer (Gegenverkehr / Zugführer) zumindest einer erheblichen Leibesgefahr und – nachrangig – der Gefahr hoher Sachschäden ausgesetzt sein.

Das falsche Überholen ist somit objektiv von einer hohen Gefährlichkeit geprägt und daher grob verkehrswidrig.

Rücksichtlos ist ein durch Leichtsein, Eigensucht und Gleichgültigkeit gegenüber anderen gekennzeichnetes Verhalten, d. h. rücksichtslos handelt, wer sich

a) über bekannte Sorgfaltspflichten hinwegsetzt oder
b) unbekümmert möglicher Folgen, also gleichgültig hinsichtlich seiner Fahrerpflichten fährt.

Rücksichtslosigkeit charakterisiert ein subjektives Merkmal und kann daher nicht ausschließlich aus dem äußeren Tathergang gefolgert werden, obwohl dieser sicherlich hier bereits auf jegliches Unverständnis hinsichtlich der üblicherweise von jedem zu beachtenden Sorgfaltspflichten stößt.

–A– gibt zum einen in seiner ersten Einlassung an, es sei doch nichts passiert, und zum anderen, dies stelle doch den Kick beim Kradfahren dar.

Beide Aussagen sind im Zusammenhang mit einer Verkehrsteilnahme völlig abwegig und zeigen zum einen das eigensüchtige Verhalten in Form eines persönlichen Lustgewinns (Kick) sowie zum anderen die Gleichgültigkeit gegenüber der Beachtung allg. Sorgfaltspflichten gegenüber anderen (nichts passiert) deutlich auf.

Hier handelt es sich nicht um bloße Gedankenlosigkeit, die vom Merkmal der Rücksichtslosigkeit nicht erfasst wird, sondern um (zumindest bedingt) vorsätzliches Fehlverhalten hinsichtlich des fehlerhaften Überholens.

Das Fehlverhalten (hier: Überholen) muss zu einer Gefährdung von Leib oder Leben eines anderen oder fremder Sachen von bedeutendem Wert führen. Nur durch Zufall, der situationsgerechten Vollbremsung durch den Gegenverkehr, konnte ein Unfall mit, wie o. a., erheblichen Folgen für Leib (zumindest) oder Leben, aber zumindest für fremde Sachen von bedeutendem Wert ausgeschlossen werden.

Bedeutende Sachwerte sind solche mit einem Handelswert von z. Z. mindestens 750,– EUR. Kfz zählen üblicherweise dazu. Hier kann davon ausgegangen werden, dass diese z. Z. gültige Wertgrenze im Unfallfalle bei weitem überschritten würde. Die Eigengefährdung des –A– bzw. seines Krades als tatnotwendiges Mittel, selbst wenn es nicht in seinem Eigentum stünde, ist für die Beurteilung bedeutungslos.

Dass die Gefährdung durch einen möglichen Zusammenstoß hier ursächlich auf das falsche Überholen des –A– zurückzuführen ist, also Kausalität zwischen beidem vorliegt, ergibt sich zweifelsfrei aus dem Sachverhalt.

Ohne das Fehlverhalten des –A– wäre ein gefahrloses Aneinandervorbeifahren im Begegnungsverkehrs gewährleistet gewesen.

§ 315c (1) 2 StGB verlangt grundsätzlich zumindest bedingten Vorsatz hinsichtlich aller Tatbestandsmerkmale (TBM). Dass –A– vorsätzlich (wissentlich) falsch überholt, ist zweifelsfrei, hinsichtlich der TBM grob verkehrswidrig und rücksichtlos wurde zumindest bedingter Vorsatz bereits oben begründet. –A– muss sich der mit seinem Fehlverhalten verbundenen Gefährlichkeit bewusst gewesen sein, er wollte sie ja geradezu als persönlichen Lustgewinn (Kick).

Andererseits kann bezweifelt werden, dass er sich oder andere wirklich in ernsthafte Leibes- oder Lebensgefahr bringen wollte, sich insofern über das tatsächliche Ausmaß der hervorgerufenen Gefahr im Klaren war. In diesem Fall wäre Fahrlässigkeit i. S. d. Abs. 3 zu prüfen, wobei die hier sicherlich vorliegende Vorsatz-Fahrlässigkeits-Kombination gemäß § 11 (2) StGB als Vorsatztat gilt.

Es bleibt somit festzustellen, dass –A– ein Vergehen i. S. d. 315c (1) 2b StGB begeht.

Gemäß den allg. Hinweisen ist auf Rechtswidrigkeit und Schuld nicht einzugehen.

Auf einen möglichen Verstoß gegen § 315d StGB wird nicht weiter eingegangen.

Klausur 9

Punkte:

A: **Bewertungs-/Konzeptbogen**

1 15

- § 3 Abs. 3, Ziff. 1 StVO /§ 41 (1) StVO i.V.m. Anlage 2, lfd. Nr. 49 2
- § 35 Abs. 1 u. 8 StVO 10
  - Polizei / Amtswalterprinzip
  - hoheitliche Aufgabe
  - dringend geboten
  - Abs. 8, gebührende Berücksichtigung ... 3

2* je Fall 5, soweit §§ 15, 17 (4) StVO richtig erkannt wurden 10

2.1 §§ 15, 49 StVO i. V. m. § 24 StVG, OWi 5

- Liegenbleiben eines mehrspurigen Fz
- nicht rechtzeitig als stehendes Hindernis erkennbar
- Warnzeichen in ausreichender Entfernung aufstellen (vor der Kurve)

2.2 §§ 17 (4), 49 StVO i. V. m. § 24 StVG, OWi 5

- Kräder (leicht entfernbarer Fz)
- dürfen bei Dunkelheit
- nicht unbeleuchtet (eigene Beleuchtungsquelle) stehen gelassen werden.

3 20

§ 21 (1) 1 StVG, Vergehen 5

- § 2 StVG i. V. m. §§ 4 ff. FeV
  - allg. FE-pflicht
- § 6 FeV 5
  Neuregelung:
  C 1E – Beachtung der zGM des Zuges (12 t)
  hier: CE erforderlich
- Altregelung (Besitzstand), § 6 (6) FeV i. V. m. Anlage 3 A 5
  - II Nr. 7: Kl. C1E
  - I Nr. 18/19: Kl. 3
  - keine der Altklassen entspricht der geforderten Kl. CE
  - § 21 StVG: Kfz, Führen, öVR, ohne erforderl. FE 5
  - Vorsatz, Fahrlässigkeit

4 40

4.1 § 24a (1, 2) StVG, OWi 10

- Kfz, Führen, öVR (unterstellt)
- mindestens 0,5 ‰ BAK / 0,25 mg/L
- Vorsatz / Fahrlässigkeit
- Mißssachtung der zHG stellt hier keine Ausfallerscheinung (rel. FU) dar

		Punkte:	
4.2	§ 316 (1, 2) StGB, Vergehen	10	
	• Fz, Führen, Verkehr (öVR)		
	• Alkoholgenuss		
	• Fahruntüchtigkeit	10	
	• hier absolute (1,1 ‰ bei Kfz-Führern)		
	• keine weitere Beweiserhebung erforderlich		
	• Vorsatz / Fahrlässigkeit	5	
	• § 24a StVG subsidiär (OWi)		
Form, Aufbau, Schlüssigkeit			15

B: Klausurlösung

In alten Sachverhalten wird öVR und damit die Anwendbarkeit der verkehrsrechtlichen Bestimmungen unterstellt.

1

Gemäß SV überschreite ich die zHG auf einer Landstraße, also agO, die gemäß § 3 (3) 1c StVO für PKW (FuStKw) 100 km/h beträgt.

Somit liegt ein Verstoß gegen § 3 (3) 1c vor. Soweit durch Zeichen 274 eine andere Geschwindigkeitsgrenze gilt, liegt ein Verstoß gegen § 41, Anlage 2, lfd. Nr. 49 vor.

Von den Vorschriften der StVO, in diesem Falle also von § 3 bzw. Anlage 2, ist u. a. die Polizei gemäß § 35 Abs. 1 StVO befreit, soweit dies zur Erfüllung hoheitlicher Aufgaben dringend geboten ist.

Gemäß Sachverhalt (SV) nehme ich dieses Sonderrecht in meiner Funktion als Polizeibeamter, also als Amtswalter der Kreispolizeibehörde X, wahr. Ich bin somit Adressat der Bestimmung und berechtigt, SR in Anspruch zu nehmen.

Als weiteres TBM ist die Frage der „hoheitlichen Aufgabe“ zu prüfen. Ich missachte die zHG zur Verfolgung einer Verkehrsordnungswidrigkeit. Im Rahmen meiner sachlichen Zuständigkeitregelungen (NRW: § 1 PolG) wurde mir u. a. dies von der Staatsgewalt als Aufgabe übertragen.

Ich handle demzufolge in Erfüllung einer hoheitlichen Aufgabe.

Zur Zulässigkeit der Inanspruchnahme des SR muss die jeweilige Missachtung, hier also die Überschreitung der zHG, dringend geboten sein. Dringend geboten bedeutet, dass die Erfüllung der hoheitlichen Aufgabe bei Beachtung der StVO-Norm gefährdet erscheint, also die sofortige Diensterfüllung wichtiger erscheint als die Beachtung der StVO-Norm.

Ohne die Überschreitung der zHG-Norm wäre die Feststellung des Fahrers als Betroffener erheblich gefährdet, zumal Kennzeichenanzeigen heutzutage vielfach nicht zur Ermittlung des Betroffenen führen und dadurch eine Ahndung der Verkehrsordnungswirdrigkeit nicht möglich wäre.

Auf die verkehrs- und rechtspolitisch fatalen Folgen einer fehlenden Verfolgung/Ahndung wird hier nur hingewiesen und nicht weiter eingegangen.

Meine Missachtung der zHG als SR war somit gerechtfertigt.

Gemäß § 35 (8) StVO dürfen SR nur unter gebührender Berücksichtigung der öffentlichen Sicherheit und Ordnung ausgeübt werden.

Hierunter ist ein grundsätzliches Gefährdungs- oder Schädigungsverbot bei der Ausübung von SR zu verstehen.

Der SV gibt keinerlei Hinweise für die Missachtung des Gebots aus Abs. 8.

2.1

–B– verstößt gegen § 15 StVO und begeht hierdurch eine VOWi gemäß § 49 StVO i. S. d. § 24 StVG, da er mit einem mehrspurigen Fz (Pkw) liegen bleibt (lt. Sachverhalt), ohne Warnzeichen in ausreichender Entfernung aufzustellen, obwohl das Fz nicht rechtzeitig als stehendes Hindernis erkennbar ist.

AgO beträgt die zHG 100 km/h, wobei mit leichten Überschreitungen jederzeit gerechnet werden muss. Der durchschnittliche Anhalteweg bei 100 km/h und einer Bremsverzögerung von 6 (7) m/s^2 beträgt 92,3 m (83 m). Da die Entfernung zur Kurve nur 75 m beträgt, würde es zu Auffahrunfällen kommen können. Die Aufstellung des Warnzeichens ist somit vor der Kurve erforderlich.

2.2

–C– begeht eine VOWi gem. §§ 17 (4), 49 StVO i. S. d. § 24 StVG.

Gemäß § 17 (4) S. 4 StVO ist das unbeleuchtete Stehenlassen von Fz, die leicht entfernt werden können, wie z. B. Krädern, auf der Fahrbahn unzulässig. Im Sinne des § 17 genügt hier nicht – wie z. B. bei Pkws – die Fremdbeleuchtung durch eine Straßenlaterne.

3

Es ist zu prüfen, inwieweit –A– ein Vergehen gem. § 21 StVG begangen hat. Hierzu müsste er – sachverhaltsbezogen – ein Kfz im Straßenverkehr ohne erforderliche FE geführt haben.

Gemäß den allg. Hinweisen sind Kfz, Führen und öVR begrifflich zu unterstellen, sodass hier eine entsprechende Prüfung entfallen kann und das Vorliegen dieser Tatbestandsmerkmale (TBM) unterstellt werden darf.

Fraglich bleibt somit nur das TBM „ohne erforderliche FE“. Zunächst ist festzustellen, dass gemäß § 2 StVG und den hierzu ergangenen Ausführungsvorschriften (§§ 4 ff. FeV) zur Führung eines Kfz die Notwendigkeit einer FE besteht.

Unter Beachtung der Fz-Daten entsteht hier ein Zug mit einer Gesamtmasse > 12 t, sodass Kl. C1E nicht ausreichend und Kl. CE gemäß § 6 FeV erforderlich ist. Somit liegt ein Vergehen i. S. d. § 2 StVG vor.

Klasse T genügt nicht, da kein lof-Zweck vorliegt.

Im Alternativfall zeigt –A– eine gültige FE der Kl. C1E bzw. 3 vor. Gemäß § 6 (6) FeV bleiben die vor dem 19.01.2013 erteilten FE entsprechend dem Umfang der bisherigen Berechtigung bestehen. d. h. es ist zu prüfen, ob die „alte“ FE zur Führung berechtigte und somit weiter berechtigt.

Der Umfang der Berechtigung ergibt sich aus Anlage 3 unter Beachtung der Anlage 9. Weder im Falle der Altklasse C1E (Anlage 3 A II Nr. 11), noch in dem der Kl. 3 (Anlage 3 A I Nr. 18/19) erfassen die Klassen die Berechtigung hier zur Führung.

Im Falle der Kl. 3 verbietet dies die Schl.-Nr. 79, die nur die Führung 3-achsiger Züge ermöglicht.

Es darf m. E. davon ausgegangen werden, dass dem –A– die rechtlichen Folgen seines Handelns bekannt sind und er somit vorsätzlich handelt. Soweit letztlich nur fahrlässiges Handeln in Betracht kommt, erfüllt –A– den Tatbestand des § 21 (2) 1 StVG.

4.1

–A– steht im Verdacht, eine VOWi i. S. d. § 24a StVG begangen zu haben. Hiernach handelt ordnungswidrig, wer im Straßenverkehr (öVR) ein Kfz führt, obwohl er 0,5 Promille (0,25 mg/L) oder mehr Alkohol im Blut führt.

Wie bereits unter Aufgabe 3 erläutert, sind auch hier die TBM Kfz, Führen und öVR zu unterstellen. Dass –A– Alkohol genossen hat und den in § 24a StVG geforderten Mindestpromillewert aufweist, gibt der Sachverhalt eindeutig vor, zumal gem. den allg. Hinweisen auf Toleranzen nicht einzugehen ist, sondern der Wert als letztlich vorwerfbarer zu unterstellen ist.

Da –A– den Pkw mit Wissen und Wollen, also vorsätzlich führt, und ihm der Alkoholgenuss sicherlich bekannt ist, ist zumindest von einer fahrlässigen Begehung auszugehen.

Die im Sachverhalt angegebene Überschreitung der zHG stellt keine Ausfallerscheinung i. S. einer relativen Fahruntüchtigkeit dar, da sie keinerlei Anhaltspunkte für eine alkoholbedingte Beeinträchtigung der intellektuellen oder motorischen Leistungsfähigkeit des –A– darstellt (Kausalitätsprüfung). Geschwindigkeitsüberschreitungen dieser Art sind allg. üblich und werden sicherlich auch von –A– im nüchternen Zustand begangen.

4.2

–B– steht im Verdacht eines Vergehens i. S. d. § 316 StGB. Hiergegen verstößt, wer im Verkehr (hier Straßenverkehr/öVR) ein Fz führt, obwohl er infolge des Genusses alkoholischer Getränke nicht in der Lage ist, das Fz sicher zu führen.

Es wird in der weiteren Beurteilung unterstellt, dass –B– sein Mofa unter Zuhilfenahme des Motorantriebes, also als Kfz, führt. Soweit dies nicht der Fall ist (im SV sind keinerlei Anhaltspunkte hierfür gegeben), liegt kein Verstoß gegen § 316 StGB, sondern lediglich eine VOWi i. S. d. § 2 FeV vor.

Hinsichtlich der TBM Fz (Kfz), Führen, Verkehr (öVR) gelten die unter 4.1 gemachten Aussagen entsprechend.

Das Ergebnis des Alco-Testes lässt zweifelsfrei den Genuss von Alkohol durch –B– erkennen, Art und Weise des Genusses, der Aufnahme spielt für die Begehung keine Rolle.

Zu prüfen ist, ob –B– fahruntüchtig i. S. d. § 316 StGB ist.

Unter Fahruntüchtigkeit/Fahrunsicherheit versteht man in der Rspr. einen Zustand, in dem durch eine rauschbedingte Beeinträchtigung des Hemmungsvermögens, der intellektuellen Differenzierungs- und Reaktionsfähigkeit und des körperlichen Beherrschungsvermögens die Leistungsfähigkeit soweit herabgesetzt ist, dass der Täter nicht mehr in der Lage ist, sein Fz so zu führen, dass er den Anforderungen der jeweiligen Verkehrsart und Verkehrslage gerecht wird.

B: Klausurlösung

Gemäß den allg. Hinweisen ist vom Vorliegen öffentlichen Verkehrsraums in allen Beispielen auszugehen, sodass dies hier und damit die Anwendbarkeit der Verkehrsvorschriften unterstellt wird.

1* siehe Bewertungs-/Konzeptbogen

2

Im vorliegenden SV könnte ein Abschleppvorgang vorliegen. Abschleppen ist das Betreiben eines betriebsunfähigen Fahrzeugs im Rahmen des Nothilfegedankens mit dem Ziel der Ortsveränderung. Die Betriebsunfähigkeit liegt aber nur vor, wenn das Fahrzeug wegen eines Schadens oder technischen Mangels nicht mehr mit eigener Motorkraft betriebs- oder verkehrssicher betrieben werden kann.

Der Umstand, dass das Fz nicht mehr zum Verkehr zugelassen ist, führt nicht zu einer Betriebsunfähigkeit. Damit handelt es sich nicht mehr um ein Abschleppen, sondern um ein Schleppen. Gem. § 33 StVZO dürfen Fz'e, die nach ihrer Bauart zum Betrieb als Kfz bestimmt sind, nicht als Anhänger betrieben werden. Damit sind die Privilegierungen des Abschleppens entfallen und es greifen die allgemeinen Bestimmungen, wonach

- das angehängte Fz zum Anhänger wird und alle Vorschriften für den Anhängerbetrieb aufleben,
- der Führer des ziehenden Kfz einen Zug führt und je nach Konstellation die Fe-Klassen BE, C1E oder CE erforderlich wird,
- der Lenker des gezogenen Fzg's keine FE benötigt, aber im Sinne des § 2 FeV geeignet sein muss,
- das gezogene Fzg der Zulassungspflicht des § 3 FZV unterliegt und
- für das gezogene Fzg eine Steuer- und Versicherungspflicht eintritt, da es rechtlich zum Anhänger wird.

D.h. A verstößt gegen § 3 FZV i.V.m. Verstößen gegen §§ 1, 6 PflVersG (Verg.)
und §§ 1, 7 KfzStG i.V.m. §§ 369 ff. AO.
Ein Verstoß gegen § 21 StVG ist aufgrund der vorhandenen Kl. CE nicht gegeben.
B benötigt keine FE, da er rechtlich einen Anhänger führt.
Teilnehmerprüfungen erübrigen sich bei ihm, da ihm Vorsatz hinsichtlich der vorsätzlichen Taten kaum beweisfähig vorwerfbar gemacht werden können.

3 –A–

–A– könnte einen Verstoß gegen § 315b StGB (Vergehen) begangen haben. Dies ist der Fall, wenn er – sachverhaltsbezogen – die Sicherheit des Straßenverkehrs durch Bereiten eines Hindernisses beeinträchtigt und dadurch Leib oder Leben eines anderen oder fremde Sachen von bedeutendem Wert gefährdet hätte.

–A– wirft grobe Kieselsteine von einer Brücke auf fahrende Fz.

Dies ist eine Handlungsform, die zweifelsfrei geeignet ist, eine über das normale Maß vorhandene Gefährdung von Verkehrsteilnehmern hervorzurufen. Es handelt sich hierbei um eine grobe Einwirkung von einigem Gewicht, wie an der im Sachverhalt beschriebenen Folge (Verkehrsunfall) abzulesen ist.

–A– hat somit durch sein Steinewerfen die Sicherheit des Straßenverkehrs beeinträchtigt, und zwar durch Hindernisbereitung.

Hierunter versteht die Rspr. einen Eingriff durch Tun oder Unterlassen, der den reibungslosen Verkehrsablauf zu hemmen oder zu verzögern vermag, wobei jedoch nur geringfügige (unwesentliche) Behinderungen nicht ausreichen.

Das Werfen grober Kieselsteine auf fahrende Kfz stellt keinen unbedeutenden Eingriff dar. Bei Auftreffen der Steine z. B. auf die Windschutzscheibe kann diese platzen und – wie im Sachverhalt geschehen – zu völlig überraschenden und ungewollten Reaktionen beim Fz -Führer führen. Aber auch ohne dass Fz.e getroffen werden, kann es zu plötzlichen Ausweich- oder Bremsmanövern kommen, die wiederum die Unfallgefahr erheblich steigern.

Des Weiteren wurde in der Rspr. das Werfen von Ziegelsteinen oder Holzscheiten[52] auf fahrende Fz.e als Hindernisbereitung i. S. d. § 315b bejaht, sodass im vorliegenden Fall hiervon ausgegangen werden kann.

Das Verhalten muss zu einer Gefährdung von Leib oder Leben eines anderen oder doch zumindest zu einer Gefährdung fremder Sachen von bedeutendem Wert führen.

Laut Sachverhalt reagiert ein Pkw-Führer – völlig überrascht – falsch und überschlägt sich mit seinem Fz. Nach allg. Lebenserfahrung ist davon auszugehen, dass es hierdurch nicht nur zu einem Vermögens-, also Sachschaden, sondern auch zu Verletzungen der Insassen gekommen ist. Das Vorliegen einer Schädigungen begründet die o. a. Gefährdung ausreichend. Vollständigkeitshalber sei darauf hingewiesen, dass ein Pkw stets als Sache von bedeutendem Wert (> 750,–/1.300,– EUR) anzusehen ist.

Das Werfen der Steine (die Hindernisbereitung) stellt auch – wie gefordert – die Ursache der Gefährdung bzw. hier Schädigung dar. Ohne die Handlung des –A– hätte der Pkw-Fahrer nicht falsch reagiert und der Unfall wäre ausgeblieben. Die Hindernisbereitung als Ursache kann also nicht hinweggedacht werden, ohne dass der Erfolg, die Schädigung/Gefährdung entfiele.

Die Beeinträchtigung der Sicherheit des Straßenverkehrs durch Bereiten eines Hindernisses erfolgt durch –A– mit Wissen und Wollen, also vorsätzlich. Er wollte sich an den Reaktionen der Fahrer ergötzen.

Bezüglich der Gefährdung ist aus dem Sachverhalt nicht eindeutig erkennbar, dass –A– diese gewollt oder doch zumindest billigend in kauf genommen hat, auch bei Unterstellung, dass –A– sich im Normallfall über die Möglichkeit einer Gefährdung (nicht Schädigung) im Klaren sein musste. Hier wären weitere Erkenntnisse im Rahmen der notwendigen Vernehmungen zu sammeln, zumal zur Person –A– keinerlei Angaben im Sachverhalt vorliegen.

Insoweit gehe ich zunächst davon aus, dass –A– die Gefährdung als Folge seiner Handlung weder bedacht noch gewollt oder billigend in Kauf genommen hat.

Infolge meiner Unterstellung einer (gem. § 11 (2) StGB) Vorsatztat i. S. d. § 315b (4) StGB ist – trotz des Eintritts eines Unglücksfalles – eine Qualifizierung gem. Abs. 3 ausgeschlossen, da das TBM „Absicht" auch hinsichtlich der Gefährdung (bedingter) Vorsatz erfordert.

52 BGH, VRS 45, 38.

Die Frage, ob er die Schädigung wollte oder nicht, ist für die Beurteilung des Gefährdungsvorsatzes i. S. d. Abs. 1 ohne Bedeutung.

Das Wollen eines schädigenden Ereignisses würde allerdings zweifelsfrei zu einer Qualifizierung des Vergehens zum Verbrechen i. S. d. Abs. 3 führen, da –A– nun in der Absicht der Herbeiführung eines Unglückfalles gehandelt hätte.

Klausur 11

		Punkte:	
A:	**Bewertungs-/Konzeptbogen**		
1	–A–		40
	§§ 1 (2), 22 (1), 32 (1), 49 (1) 1 StVO, 24 StVG, VOWi § 315b (1) 2, (5) StGB, Vergehen, § 21 OWiG (TE)	5	
	• Ladung ist gegen Herabfallen zu sichern • Beschmutzungsverbot der Straße, wenn dadurch • der Verkehr gefährdet wird • Beseitigungsgebot durch den Verantwortlichen	5	
	• Beeinträchtigung der Sicherheit des Straßenverkehrs durch	10	
	• Hindernisbereiten und dadurch	5	
	• eine Gefährdung für Leib oder Leben eines anderen oder fremder Sachen von bedeutendem Wert (750,– EUR)	10	
	• Kausalität • Vorsatz, hier Fahrlässigkeit gem. Abs. 5	5	
2	–C–		25

	§§ 1, 3 (1), 48, Ziff. 1 FZV, 24 StVG, VOWi, §§ 369 ff. AO, OWi, subsidiär
	§ 21 (1) 1 StVG, Vergehen
	• §§ 1, 2 StVG, 3 (1) FZV
	  • allg. Zul.-pflicht / Zul.-freiheit für Kkr / BE / Versicherungskennzeichen /
	    • Versicherungsbescheinigung / steuerfrei
		8	

	• §§ 3 (1) 1 d, 4 (1) FZV, 19 (2) StVZO • Erlöschen der BE („Typvariante") – Kkr wird zum Krad – • Zul.-pflicht – BE / amtl. Kennzeichen / ZB Teil I / steuerpflichtig	7	

	• §§ 2 StVG, 4 ff. FeV, 21 StVG
	  • allg. FE-pflicht / Kkr erfordert Kl. AM (Altregelung; Einschluss A1)
	  • Krad erfordert zumindest A1
	  • Kfz / Führen / ohne erf. FE
	  • Vorsatz / Fahrlässigkeit
	  • Halterverstoß
		10	

3	–D–		20
	§§ 3 (3) 1, 37 (2), 49 (1) 1, (3) 2 StVO, 24, 24a StVG VOWi, subsidiär § 316 StGB, Vergehen • zHG igO 30 km/h (Anlage 2, lfd. Nr. 50) – Überschreitung • Rotlicht – Haltgebot vor der Kreuzung – missachtet	5	
	• Fz, Verkehr, Alkoholgenuss und dadurch (Kausalität)	5	
	• nicht sicher führen können (Fahruntüchtigkeit) / hier: relative	7	
	• Vorsatz / Fahrlässigkeit	3	
Form, Aufbau, Schlüssigkeit			15

B: Klausurlösung

ÖVR und damit die Anwendbarkeit verkehrsrechtlicher Bestimmungen wird unterstellt.

Bei den im Folgenden aufgezeigten Verstößen gegen die StVO / StVZO handelt es sich sowohl bei vorsätzlicher als auch fahrlässiger Begehung zweifelsfrei um Verkehrsordnungswidrigkeiten i. S. d. § 24 StVG. Auf die Begehungsform wird nicht weiter eingegangen, da dies erst im Gerichtsverfahren vonnöten ist.

1 –A–

–A– steht im Verdacht, ordnungswidrig i. S. d. §§ 1 (2), 22 (1), 32 (1), 49 (1) 1 StVO, 24 StVG tateinheitlich zu einem Vergehen gem. § 315b StGB gehandelt zu haben.

Gemäß § 22 StVO ist die Ladung gegen Herabfallen zu sichern und so zu verstauen, dass sie selbst bei einer Vollbremsung u.a. nicht herabfällt. Gem. § 32 StVO ist es verboten, die Straße zu beschmutzen, wenn dadurch der Verkehr gefährdet oder erschwert werden kann.

In Fällen von Verschmutzung hat der Verantwortliche diese unverzüglich zu beseitigen.

–A– hebt eine Baugrube aus und fährt den Erdaushub ab. Laut Sachverhalt wird hierdurch der unmittelbar angrenzende Straßenabschnitt verschmutzt. Erfahrungsgemäß ist hierbei zu unterstellen, dass dies sowohl durch herabfallende Erdklumpen als auch durch die verschmutzte Bereifung geschieht. Insofern ist von herabfallender Ladung bzw. Verschmutzung der Straße auszugehen.

Leichte, geringfügige Verschmutzungen sind hierbei unerheblich, tatbestandsmäßig wird hierdurch zumindest eine Erschwerung bzw. Gefährdung des Verkehrs verlangt.

Dies kann im vorliegenden Fall nach allg. Lebenserfahrung unterstellt werden. Der spätere Verkehrsunfall zeigt darüber hinaus die mit der Verschmutzung verbundene Erschwerung und Gefährdung des Straßenverkehrs auf tragische Weise auf.

–A– unterliegt demzufolge dem sich aus § 32 StVO ergebenden Reinigungsgebot, dem er nicht ausreichend nachkam. Das Reinigungsgebot verlangt eine vollständige Beseitigung der Gefahrenquelle und nicht nur ein oberflächliches Beiseiteschieben der gröbsten Erdklumpen.

Infolge des Unterlassens einer ausreichenden Reinigung kommt der Mofafahrer –B– ins Schleudern und verunfallt, wobei er sich neben dem auftretenden Sach-/Vermögensschaden ein Bein bricht, also einen Personenschaden (Leib) zuzieht. Da –A– sich durch sein Verhalten offensichtlich verkehrserheblich verhalten hat, ist er Verkehrsteilnehmer i. S. d. § 1 (2) StVO, –B– Anderer und der Beinbruch sowie die Sachschäden (Mofa/Kleidung) stellen eine Schädigung dar, sodass weiterhin ein Verstoß gegen § 1 (2) StVO durch –A– vorliegt.

Die Verschmutzung der Straße (Fahrbahn) stellt ein Hindernis dar, dessen Nichtbeseitigung eine Beeinträchtigung der Sicherheit des Straßenverkehrs darstellen kann, sodass weiterhin ein Verstoß (Vergehen) i. S. d. § 315b StGB zu prüfen ist.

Hiergegen verstößt –A–, sofern er die Sicherheit des Straßenverkehrs durch Bereiten eines Hindernisses beeinträchtigt und dadurch eine Gefährdung für Leib oder Leben eines anderen oder fremder Sachen von bedeutendem Wert verursacht.

Als Hindernisbereitung i. S. d. § 315b (1) 2 StGB versteht die Rspr. zunächst jeden Eingriff, der den reibungslosen Verkehrsablauf zu hemmen oder zu verzögern vermag. Grundsätzlich nicht hierunter fallen Baumaßnahmen, aber nur solche im Rahmen des § 45 StVO. –A– führt jedoch keine Baumaßnahme i. S. d. § 45 StVO aus. Auch wenn der Begriff zunächst ein aktives Tun tatbestandsmäßig vermuten lässt, so lässt § 315b sehr wohl eine Hindernisbereitung durch Unterlassen zu, da die Beurteilung als Hindernis ausschließlich aus Sicht der Betroffenen bzw. des Verkehrsablaufs zu beurteilen ist. Insofern ist die Verschmutzung der Fahrbahn durch Erde etc. ähnlich zu beurteilen, wie die in der Rspr. als Hindernis angesehenen Verschmutzungen durch Öl, Benzin oder Mist.[53]

Die Hindernisbereitung muss zur Erfüllung des Tatbestandes geeignet sein, die Sicherheit des Straßenverkehrs zu beeinträchtigen, d. h. durch sie muss eine weitere, bisher nicht vorhandene Gefahr für die Sicherheit des Straßenverkehrs auftreten, die des Weiteren nicht völlig unbedeutend ist. Der Sachverhalt zeigt durch den Unfall, der eindeutig auf die Fahrbahnverschmutzung zurückführen ist, dass dies im vorliegenden Fall gegeben ist.

Die weitere Erfüllung des Tatbestandes erfordert eine ursächlich hierdurch hervorgerufene Gefährdung von Leib oder Leben eines anderen (Personengefährdung) bzw. fremder Sachen von bedeutendem Wert.

Der Sachverhalt gibt vor, dass –B– aufgrund der seifigen Fahrbahnoberfläche zu Fall kommt und sich ein Bein bricht, was die geforderte Personengefährdung beweist. Die Seifigkeit der Fahrbahnoberfläche ist zweifelsfrei auf die Verschmutzung der Fahrbahn durch –A– zurückzuführen. Der Sachverhalt gibt hierfür keine andere Ursache an. Ein im Normalfall bis 3 m tiefer Erdaushub (Keller) fördert auch feuchtes Erdreich, welches dann infolge Durchfahren, Luftfeuchtigkeit, Regen etc. zu einer glitschig-seifigen Fahrbahnoberfläche zwangsläufig führt. Der kausale Zusammenhang zwischen Hindernisbereitung und Gefährdung (Unfall) ist demnach offensichtlich.

Inwieweit durch das Verhalten des –A– eine Gefährdung fremder Sachen von bedeutendem Wert vorliegt, ist aus dem Sachverhalt nicht ersichtlich. Als Sachen von bedeutendem Wert gelten z. Z. Sachen oberhalb einer Wertgrenze von 750,– EUR. Je nach Alter, Zustand oder Marke wird diese Wertgrenze durch das Mofa des –B– nicht erreicht.

Der subjektive Tatbestand des § 315b StGB verlangt Vorsatz, zumindest bedingten, d. h. –A– muss pflichtwidrig die Fahrbahnreinigung unterlassen und hierbei billigend eine Gefährdung zumindest voraussehen. Als Kleinunternehmer, der Erdaushubarbeiten durchführt, muss er sich über die Folgen seiner Handlung im Klaren sein. Dies ist auch im Sachverhalt erkennbar, da er zumindest die gröbsten Erdklumpen zur Seite räumt, er also offensichtlich ein gewisses Gefährdungspotenzial unterstellt.

Soweit –A– die Gefährdung des –B– nur fahrlässig i. S. d. Abs. 4 begeht, ist gemäß § 11 (2) StGB eine vorsätzliche Tat gegeben.

Soweit –A– jedoch in Kenntnis seines pflichtwidrigen Unterlassens, z. B. aufgrund des geringen Fahrverkehrs oder sonstiger Umstände, bewusst fahrlässig handelt, verstößt –A– tatbestandsmäßig i. S. d. Abs. 5.

2

–C– steht im Verdacht zulassungs- und fahrerlaubnisrechtlicher Vestöße.

Gegen § 3 (1) FZV verstößt, wer ein Kfz > 6 m/h bbH im öVR führt, ohne hierfür eine BE/ Zulassungsbescheinigung (ZB Teil I) und amtliche Kennzeichen „erhalten" zu haben.

53 OlG Hamm, VRS 51, 102; NJW 55, 193; BGH DRiZ 77, 308.

Dass –C– das Zweirad im öVR führt, gibt der Sachverhalt zweifelsfrei vor, laut mitgeführter BE handelt es sich bei dem Zweirad um ein Kkr, ein motorgetriebenes, nicht an Schienen gebundenes Landfahrzeug, also um ein Kfz i. S. d. §§ 1 StVG und 2, Ziff. 11; 3 (2) 1d FZV. Bei Einhaltung der dort genannten technischen Höchstwerte ist es zulassungsfrei, benötigt eine BE gem. § 4 (1) FZV, die nach Abs. 5 mitzuführen und Berechtigten auf Verlangen auszuhändigen ist, sowie gem. §§ 4 (3), 26 FZV ein Versicherungskennzeichen sowie eine mitführ- und aushändigungspflichtige Versicherungsbescheinigung.

–C– händigt eine gemäß § 20 StVZO erteilte allg. BE für das Zweirad aus, wonach dieses ein Kkr darstellt. Insofern würde kein Verstoß vorliegen; jedoch hat –C– das hintere Ritzel ausgetauscht, wodurch die bbH bei ca. 70 km/h, in jedem Fall über 45 km/h liegt.

Gemäß § 19 (2) 1 StVZO erlischt die BE u. a., wenn Änderungen vorgenommen werden, durch die die in der BE genehmigte Fz-Art geändert wird.

Da der Hubraum nicht verändert wurde, handelt es sich nun weder um ein Kkr/FmH (< 50 ccm, < 45 km/h) noch um ein LKr (> 50 ccm), sondern um ein Krad.

Eine Einstufung als FmH scheidet von selbst aus. Somit ist das Zweirad als Krad zu definieren.

Die in der BE genehmigte Fz-Art wurde somit zweifelsfrei geändert und das Zweirad ist i. S. d. §§ 1 StVG, 1, 3 (1) FZV zulassungspflichtig. Letztlich ist als Nachweis einer erfolgten Zulassung (s. o.) eine Zulassungsbescheinigung I (Fz-Schein) gem. § 11 (5) FZV mitzuführen und Berechtigten auf Verlangen auszuhändigen.

Die Zulässigkeit der Fahrt im öVR im Rahmen des § 19 (5) StVZO – Fahrten zur Erlangung einer neuen BE – ist aus dem Sachverhalt nicht erkennbar, sodass –C– ordnungswidrig gem. §§ 3 (1), 48, Ziff. 1 FZV i. S. d. § 24 StVG.

Entsprechend den allg. Hinweisen wird auf eine eingehende versicherungs- und steuerrechtliche Prüfung des Sachverhaltes verzichtet und lediglich feststellend bemerkt, dass kein Verstoß (Vergehen) i. S. d. PflVersG und steuerrechtlich lediglich eine fahrlässige Steuerverkürzung i. S. d. §§ 369 ff. AO vorliegt.

Eine zulassungsrechtliche Neubewertung führt häufig, bei Zweiräder i. d. R., zu Änderungen innerhalb der fahrerlaubnisrechtlichen Beurteilung.

Gemäß § 2 StVG und den dazu ergangenen Ausführungensvorschriften der §§ 4 ff. FeV ist zur Führung eines Kfz im öVR eine Fahrerlaubnis erforderlich, die durch einen mitzuführenden, auf Verlangen Berechtigten auszuhändigenden Führerschein nachzuweisen ist.

–C– führt einen gültigen Führerschein mit und weist hiermit eine FE der Kl. M nach, die unter Beachtung des § 6 (6) FeV i. V. m. Anlage 3 zur Führung eines Kkr berechtigt.

Wie o.a. handelt es sich bei dem geführten Zweirad jedoch nicht mehr um ein Kkr und auch nicht um ein Lkr, sondern um ein Krad, welches gem. § 6 FeV zur Führung zumindest (je nach Nennleistung und Leistungs-/Leergewichtsverhältnis) Kl. A1 erfordert. Diese wird von der Kl. M gem. Anlage 3A II Nr. 14 nicht eingeschlossen (nur umgekehrt) und –C– ist somit nicht im Besitz der zur Führung im öVR erforderlichen FE.

Dies erfüllt den Tatbestand des § 21 (1) 1 StVG bei vorsätzlicher und den des Abs. 2 Ziff.1 bei fahrlässiger Begehung.

Die Tat ist ein Vergehen und die o. a. VOWi sind infolge tateinheitlicher Begehung hierzu subsidiär (§ 21 OWiG).

Inwieweit –C– nicht gleichzeitig Halter des Zweirades ist, also das Vorliegen eines Vergehens i. S. d. jeweils der Ziff. 2 bzw. 3 durch „Zulassen“ zu prüfen ist, ist aus dem Sachverhalt nicht ersichtlich.

3

–D– führt ein Kfz im öVR (unterstellt), fährt igO (innerhalb einer 30-km/h-Zone) 50 km/h schnell und missachtet das Haltgebot vor der Kreuzung einer LSA (Rotlicht). Hierdurch handelt er zunächst ordnungswidrig gemäß § 3 (3) 1 StVO (unter Beachtung § 45 (1) 3b StVO, sonst § 41 (1) i.V.m. der Anlage 2, lfd. 50) sowie § 37 (2) 1 S. 7 StVO i. V. m. § 49 (1) 1, (3) 2 StVO i. S. d. § 24 StVG.

Des Weiteren ist –D– verdächtig, tateinheitlich eine OWi gem. § 24a StVG sowie ein Vergehen gem. § 316 StGB begangen zu haben.

–D– handelt zweifelsfrei (zumindest gemäß Abs. 2 durch fahrlässiges Handeln) i. S. d. § 24a StVG ordnungswidrig, da er im Straßenverkehr (öVR) ein Kfz (Pkw) führt, obwohl er 0,5 ‰ (0,25 mg/L) oder mehr Alkohol im Blut hat (1,0 ‰ bzw. 0,5 mg/L gem. Sachverhalt).

Zu prüfen bleibt, inwieweit –D– hierdurch gegen § 316 StGB verstößt.

Hiergegen verstößt, wer im Verkehr ein Fz führt, obwohl er infolge des Genusses u.a. alkoholischer Getränke nicht in der Lage ist, das Fz sicher zu führen. Gem. Abs. 2 wird auch die fahrlässige Begehung bestraft.

Dass ein Pkw ein Fz, also ein Fortbewegungsmittel ist, ist zweifelsfrei. Unter Verkehr fällt auch der Straßenverkehr, der zu unterstellen ist, ebenso wie der Sachverhalt von „Führen“ spricht, also dies ebenfalls unterstellt. Den Genuss von Alkohol, worunter dessen ledigliche Aufnahme verstanden wird, beweist der vorliegende Alco-Test eindeutig.

Das Tatbestandsmerkmal „nicht sicher führen“ verlangt die Prüfung der Fahr-(un-)tüchtigkeit.

Da –D– des Weiteren mit im Sachverhalt vorgegebenen 0,5 mg/L (1,0 ‰) die für Kfz-Führer gemäß BGH-Entscheidung geltende Beweiswertgrenze von 1,1 ‰ nicht erreicht, ist eine indizielle Beweiserhebung gefordert, also eine Beweisführung anhand konkreter Ausfallerscheinungen (AE).

Unter Fahruntüchtigkeit/Fahrunsicherheit versteht man in der Rechtsprechung einen Zustand, in dem durch eine rauschbedingte Beeinträchtigung des Hemmvermögens, der intellektuellen Differenzierungs- und Reaktionsfähigkeit und des körperlichen Beherrschungsvermögens die Leistungsfähigkeit so weit herabgesetzt ist, dass der Täter nicht mehr in der Lage ist, sein Fz so zu führen, dass er den Anforderungen der jeweiligen Verkehrsart und -lage gerecht wird.

–D– überschreitet die zHG, missachtet das Rotlicht und zeigt fahrige, unkoordinierte Bewegungen. Nach wissentschaftlichen Erkenntnissen führt bereits ein Blutalkoholwert (BAK) von 0,3 ‰ zu einer deutlich eintretenden (erkennbaren) Enthemmung, Entfernungs- und Geschwindigkeitsschätzungen werden ungenauer, ab 0,7 ‰ ist der Gleichgewichtssinn bereits deutlich gestört und ab 1,0 ‰ kommt es zu seitlichen Blickfeldverengungen sowie erheblichen Kordinations- und Reaktionseinschränkungen.

Diese durch die Wissenschaft festgestellten Leistungseinbußen intellektueller und motorischer Fähigkeiten werden durch die von –D– gezeigten Auffälligkeiten bestätigt. Die

Missachtung der Höchstgeschwindigkeit oder des Rotlichts jeweils für sich alleine würde sicherlich noch keinen Beweis für alkoholbedingte Leistungseinbußen darstellen. In Kombination, zumal weiterhin das Haltgebot (Rotlicht) an einer Kreuzung missachtet wurde, lässt es jedoch darauf schließen, dass das Hemmvermögen bzw. die intellektuelle Differenzierungsfähigkeit des –D– gestört ist, d. h., dass er die Verkehrslage nicht korrekt einschätzt, sich z. B. über die mit seinem Handeln verbundenen Gefahren der Missachtung des Rotlichts an einer Kreuzung nicht bewusst ist oder sich schlicht darüber hinwegsetzt.

Denkbar ist ebenso, dass –D– infolge einer seitlichen Blickfeldverengung das Rotlicht nicht bemerkt hat. Dass er Sehstörungen bzw. bereits erhebliche Probleme im Bereich der manuellen Geschicklichkeit (Motorik/Koordinationsvermögen) aufweist, beweisen sein im Sachverhalt vorgegebenes fahriges und unkoordiniertes Verhalten sowie das Nichtfinden/Suchen seiner leicht erkennbaren Verkehrsausweise im Handschuhfach.

FU verlangt Kausalität (... und dadurch ...) zwischen dem Alkoholgenuss und den konkreten AE, d. h., es ist zu prüfen, ob –D's– Fehlverhalten alkohol(rausch-)bedingt ist oder ob er dieses Verhalten auch nüchtern gezeigt hätte. Vielfach wird in einer 30-km/h-Zone zu schnell gefahren, auch mit 50 km/h, der Rotlichtverstoß sowie die Koordinationsmängel, die die Beherrschung des Verkehrsmittels beeinträchtigen, sind jedoch offensichtlich rauschbedingt.

Der Sachverhalt zeigt hier keinerlei Anhaltspunkte für eine gegenteilige Beurteilung. Dies wäre z. B. bei festgestellten Gesundheitsschäden der Fall, wobei dann aber zu prüfen wäre, inwieweit der Alkoholgenuss zu einer Verstärkung dieser gesundheitsbedingten Beeinträchtigungen und damit zur FU geführt hätten.

§ 316 verlangt Vorsatz, d. h. –D– muss seine FU kennen oder zumindest mit ihr rechnen.

Dass –D– den Pkw bewusst und gewollt führt, wird unterstellt.

Grundsätzlich darf weiterhin unterstellt werden, dass die Auswirkungen des Alkoholgenusses auf die Fahrtüchtigkeit allgemein, also auch dem –D– bekannt sind, andererseits gibt es keine allg. Erfahrungssätze darüber, ab wann ein Kfz-Führer seine FU kennt bzw. mit ihr rechnet.[54] Auch wenn bei hoher BAK (Lit. ab 1,4 ‰) Vorsatz nahe liegt, so bleibt dennoch die Notwendigkeit der Prüfung im Einzelfall.

Der Sachverhalt lässt eine abschließende Vorsatzfeststellung daher nicht zu. Dass –D– allerdings fahrlässig (i. S. d. Abs. 2 strafbar) handelt, ist unterstellbar, da dies sich i. d. R. bereits in der Tatsache der Fz-Führung in Kenntnis des Alkoholgenusses begründet.[55]

Rechtwidrigkeit und Schuld sind nicht zu prüfen. Die Tat ist ein Vergehen, die o. a. VOWi stehen in Tateinheit und sind subsidiär.

54 OLG Düsseldorf, NZV 94, 324.
55 OLG Zweibrücken, NZV 93, 240.

Klausur 12

		Punkte:	
A:	**Bewertungs-/Konzeptbogen**		
1	**–A–**		30
	§§ 1 (2), 41 (1) Anlage 2, lfd. Nr. 49, 49 (3) 4 StVO, 24 StVG, VOWi, Tateinheit	15	
	• Überschreitung der zHG, tgG: > 80 km/ bei 6m/s² Bremsverzögerung		
	• Mitschuld (Vermeidbarkeitsgrundsatz), dadurch Schädigung i. S. d. § 1 (2)	5	
	–B–	10	
	§§ 1 (2), 8 (2), 49 (1) 1, 8 StVO, 24 StVG, VOWi, Tateinheit		
	• Vorfahrtfall/-regelung		
	• Vorfahrtmissachtung		
	• Weiterfahrt nur, soweit der Vorfahrtberechtigte nicht gefährdet wird		
	• VT / Anderer / Schädigung		
2	**–C–**		30
	§§ 1 (2), 9 (3, 5), 49 (1) 1, 9 StVO, 24 StVG, VOWi		
	§ 315c (1) 1b, (3) StGB, Vergehen, (§ 230[56] StGB in Tateinheit)		
	• Abbiegen, Fußgängervorrang	5	
	• Schädigung		
	• Fz, Führen, Straßenverkehr (öVR)	7	
	• infolge körperlicher Mängel		
	• nicht in der Lage, das Fz sicher zu führen (FU) und dadurch	10	
	• Leib oder Leben eines anderen gefährdet		
	• Kausalität (doppelte)	8	
	• Vorsatz / Fahrlässigkeit		
3	**–D–**		20
	§§ 3 (3) 1, 49 (1) 3 StVO, 3 (1), 48 FZV, 24 StVG, VOWi, § 21 (1) 1 StVG, Vergehen, Tateinheit	5	
	• zHG igO (Sachverhaltsvorgabe)		
	• §§ 2, 21 StVG, 4 ff. FeV	15	
	• allg. FE-pflicht		
	• Klasseneinteilung		
	• Kl. C1E		
	• Kfz, Führen, öVR, ohne erforderliche FE		
	• Vorsatz / Fahrlässigkeit		
	• Halterverstoß		
Form, Aufbau, Schlüssigkeit			20

56 Nicht zu prüfen.

–C– überfährt beim Einbiegen auf seine Garageneinfahrt einen Fußgänger und verletzt ihn, der Fußgänger erleidet einen Armbruch. Dies ist eine – nicht nur unbedeutende – Beeinträchtigung der körperlichen Unversehrtheit. Da jeder Schädigung eine Gefährdung vorausgeht, hat –C– eindeutig den „Leib eines anderen" i. S. d § 315c gefährdet.

Die Gefährdung muss kausal auf die mangelbedingte FU zurückzuführen sein. –C– gibt an, den Fußgänger aufgrund seiner hellen Kleidung übersehen zu haben. Wie o. a. führen Augendruckuntersuchungen zu – vorübergehenden – Sehbeeinträchtigungen dergestalt, dass man die Dinge wie durch Nebel oder einen Schleicher erkennt. Fehlende Farbkontraste erschweren hierbei das Erkennen. Der kausale Zusammenhang zwischen der Sehbeeinträchtigung, dem Übersehen des Fußgängers und seiner Verletzung ist somit gegeben. Dass der Unfall lediglich als Folge einer Unaufmerksamkeit –C`s– zu sehen ist, widerspricht auch die Aussage –C`s–, dass er geglaubt habe, trotz der Sehbeeinträchtigung fahren zu können. Es widerspricht jeder Erfahrung, dass jemand, der um seine Beeinträchtigung weiß, nicht besonders aufmerksam fährt, um eben die Beeinträchtigung weitgehend auszugleichen.

§ 315c StGB verlangt Vorsatz, wobei die fahrlässige Gefährdung i. S. d § 11 (2) StGB als Vorsatztat zu beurteilen ist. Dass –C– den Pkw bewusst und gewollt führt, und zwar in Kenntnis seiner Sehstörung ergibt der Sachverhalt zweifelsfrei (... geglaubt, ...). Inwieweit er hierbei zumindest Gefährdungen Anderer bewußt in seine Überlegungen einbezogen hat, geht aus dem Sachverhalt nicht hervor. Nach allg. Lebenserfahrung müsste er sich aber über die Gefährlichkeit seines Tuns im Klaren gewesen sein, sodass Fahrlässigkeit unterstellbar ist.

–C– verstößt somit tatbestandsmäßig gegen § 315c (1) 1b StGB. Die Tat ist ein Vergehen, die tateinheitlich begangenen VOWi sind subsidiär, ebenso die fahrl. KV gem. § 230 StGB.

3

Ordnungswidriges Verhalten i. S. d. §§ 3 (3) 1, 49 (1) 3 StVO, 24 StVG gibt der Sachverhalt zweifelsfrei vor (... Geschwindigkeitsüberschreitung igO).

Die Frage der Zulassungsfreiheit/-pflicht ist laut Aufgabenstellung nicht zu beurteilen.

Zur Führung eines Kfz bedarf es gemäß § 4 FeV – als Ausführungsvorschrift zu § 2 StVG – im öVR einer Fahrerlaubnis.

–D– zeigt als Nachweis einer gültigen FE seinen Führerschein der Kl. C1 vor.

D benötigt zur Führung des Zuges gemäß § 6 FeV die Kl. C1E, da der Anhänger > 750 kg zGM aufweist.[57] Somit reicht die vorgezeigte Kl. C1 nicht aus.

Gemäß § 21 (1) 1 StVG begeht der ein Vergehen, der vorsätzlich ein Kfz ohne die hierfür erforderliche FE im öVR führt. Gemäß Abs. 2 ist die fahrlässige Begehung ebenfalls mit Strafe bedroht.

Wie o. a. führt –D– zweifelsfrei ein Kfz im öVR. Er wirkt auf die Antriebsaggregate des Lkw (Kfz) mit dem Willen der Fortbewegung ein, er bestimmt Geschwindigkeit und Richtung, ist also Führer.

Infolge der vorgegebenen Geschwindigkeitsüberschreitung igO ist öVR zu unterstellen.

Wie o. a. und nachgewiesen, verfügt –D– nicht über die erforderliche FE der Kl. C1E.

57 und die zGM der Fz-kombination <12 t zGM liegt.

Dass –D– den Zug willentlich (bewusst) führt, ist zweifelsfrei. Es darf unterstellt werden, dass –C– der inhaltliche Genehmigungsumfang seiner FE-Klasse bekannt ist und er somit vorsätzlich handelt. Eine fahrlässige Missachtung i. S. d. § 21 (2) 1 StVG ist jedoch unterstellbar.

Die Tat ist ein Vergehen, die o. a. OWi sind infolge tateinheitlicher Begehung subsidiär.

Aus dem Sachverhalt geht nicht hervor, ob –D– auch Halter ist. Anderenfalls wäre für diesen ebenfalls ein Vergehen durch „Zulassen“ oder „Anordnen“ i. S. d. § 21 StVG zu prüfen.

Klausur 13

			Punkte:
A:	**Bewertungs-/Konzeptbogen**		15
	allg. Einführung: siehe Klausur 1	5	
1			
	–A–	5	
	§§ 1 (2), 49 (1) 1 StVO. § 24 StVG, VOWi		
	• VT / Anderer		
	• Schädigung		
	• Kein Verstoß gegen § 10 StVO		
	–B–	5	
	§§ 1 (2), 49 (1) 1 StVO, § 24 StVG, VOWi		
	• Mitschuld, soweit Falschparken gegeben [§ 12 (3) 3 StVO]		
2	**–C–**		15
	§ 24a StVG, OWi		
	• Kfz, Führen, öVR, Alkoholgenuss	7	
	• mindestens 0,5 ‰, 0,25 mg/L		
	• Kein Verstoß gegen § 316 StVG	8	
	• abs. FU bei Kfz-Führer: 1,1 ‰, 0,55 mg/L		
	• rel. FU fordert das Vorliegen konkreter Ausfallerscheinungen		
3			30
	–D–		
	§ 315d (1), 2, 3 StGB		
	• Wettfahrt im SV nicht definiert		
	§ 315c (1) 2e StGB, Vergehen, TE	5	
	§§ 1 (2), 2 (2), 49 (1) 1, 2 StVO, § 24 StVG, VOWi, § 21 OWiG		
	• grob verkehrswidrig		
	• rücksichtslos		
	• an unübersichtlichen Stellen – Rechtsfahrgebot und dadurch	4	
	• soweit keine unübersichtliche Stelle – nur StVO-Verstöße		
	• Leib oder Leben eines anderen/ fremde Sachen von bed. Wert gefährdet	5	
	• Kausalität	3	
	Vorsatz / Fahrlässigkeit		
	–F–	3	
	• kein Verstoß erkennbar		
5			20
	§ 142 (1) 1 od. 2 StGB, §§ 1 (2), 34, 49 StVO, § 24 StVG	5	
	• Verkehrsunfall / Beteiligter / Feststellungsinteresse		

	Punkte:
• Entfernen (ablehnen, da Festhalten im Bereich des VU-Ortes und Versuch nicht strafbar)	5
§ 34 StVO	
• unverzügliche Haltepflicht	5
• Vorstellungs-/Duldungspflicht, soweit Passanten VU-Beteiligte oder	
• Wartepflicht	5
• *Alternativlösung: § 142 (1) 1 od. 2 StGB*	
• Vorstellungs-/Duldungspflicht, wie vor	
• Vorsatz	
• VOWi: Schädigung (tatmehrheitlich) / VU-Flucht (subsidiär)	
Form, Aufbau, Schlüssigkeit	20

B. Klausurlösung

Gemäß den allg. Hinweisen sind öVR und damit die Anwendbarkeit der Verkehrsvorschriften zu unterstellen.

Soweit im Folgenden StVO-/StVZO-Verstöße vorliegen, handelt es sich um Verkehrsordnungswidrigen (VOWi) i. S. d. § 24 StVG, da hier vorsätzlich oder fahrlässig Vorschriften einer aufgrund von § 6 (1) StVG erlassenen Rechtsverordnung zuwidergehandelt wird und jeweils in der jeweiligen Rechtsverordnung (§§ 49 StVO, 69a StVZO) auf § 24 StVG verwiesen wird.

Bei den VOWi wird meinerseits nicht weiter auf den subjektiven Tatbestand eingegangen, da hier grundsätzlich von der fahrlässigen Begehung zumindest ausgegangen werden darf.

Des Weiteren wird meinerseits nur die Tatbestandsmäßigkeit geprüft.

1 –A–

–A– könnte einen Verstoß gegen § 1 (2) StVO begangen haben.

Dies ist der Fall, soweit er als Verkehrsteilnehmer (VT) einen Anderen u. a. geschädigt hat.

Dass –A– sich durch sein Einfahren gemäß § 10 StVO verkehrserheblich verhält, also VT i. S. d. StVO ist, ist ebenso zweifelsfrei wie die Beurteilung des –B– als Anderer i. S. d. § 1 (2) StVO.

Als Schädigung i. S. d. Bestimmung bezeichnet man das Verursachen eines vermögensrechtlichen Nachteils. Laut Sachverhalt (SV) ist ein Schaden in Höhe von 250,– EUR entstanden, also eine Schädigung i. S. d. Vorschrift eingetreten.

Somit erfüllt –A– den Tatbestand des § 1 (2) StVO.

Ein Verstoß gegen § 10 StVO durch –A– ist nicht gegeben, da der dort geforderte Gefährdungsausschluss sich ausschließlich auf den fließenden Verkehr bezieht. –A– schädigt jedoch das geparkte Fz des –B–.

1 –B–

–B– verstößt gegen §§ 12 (3) 3 StVO, soweit die Sachverhaltsaussage „etwas eng“ so zu interpretieren ist, dass er sein Fz vor der Ausfahrt geparkt (SV-Unterstellung) hat.

Soweit dies gegeben ist, verstößt er hierdurch im Rahmen der Mitschuld ebenfalls gegen § 1 (2) StVO.

Die vorgezeigte FE der Kl. B („DDR“) erlaubt im Rahmen der Besitzstandswahrung die Führung des Lkw (siehe Anlage 3, B, I, Lfd. Nr. 10).

2 –C–

–C– steht im Verdacht einer VOWi gemäß § 24a StVG.

Hiergegen verstößt, wer im Straßenverkehr ein Kfz führt, obwohl er mindestens 0,5 ‰ (0,25 mg/L) Alkohol im Blut hat.

Dass Straßenverkehr vorliegt, bedingt die allg. Vorgabe „öVR“.

–C– wird als PKW-Fahrer im Rahmen einer Verkehrskontrolle überprüft. Ein Pkw ist zweifelsfrei ein Kfz und es ist hier zu unterstellen, dass –C– hier auf die Bedienungselemente des Pkw einwirkt und den Pkw bestimmungsgemäß (motorbetrieben) betreibt, also i. S. d. Bestimmung führt. Im Übrigen unterstellt der SV „Pkw-Fahrer“, also Führen.

Der SV gibt 1,09 ‰ (0,54 mg/L) vor und somit sind die Tatbestandsmerkmale Alkohol und ein Mindest-BAK-Wert von 0,5 ‰ (0,25 mg/L) gegeben.

Inwieweit –C– vorsätzlich oder fahrlässig handelt, ist aus dem SV nicht erkennbar.

Zum einen begründet zwar bloße Kenntnis des Alkoholgenusses nicht Vorsatz, zum anderen genügt aber hierzu Gleichgültigkeit hinsichtlich der BAK beim anschließenden Fahren.

Wenn auch nicht gefordert wird, dass der Einzelne, hier also –C–, in der Lage ist, den BAK-Wert zu schätzen, so darf ihm dennoch beim heutigen Aufkärungsstand vorgeworfen werden, dass er annehmen konnte/musste, den Grenzwert zu erreichen bzw. zu übertreffen, also fahrlässig gehandelt zu haben.

Ein Verstoß gegen § 316 StGB muss hier verneint werden, da zum einen laut BGH-Entscheid der BAK-Grenzwert von 1,1 ‰ für Kfz-Führer nicht erreicht wird und zum anderen die relative Fahruntüchtigkeit (FU) sich nur beim Vorliegen konkreter Ausfallerscheinungen (AE) begründen lässt.

Laut SV ist lediglich bekannt, dass –C– unter Alkoholeinwirkung einerseits aggressiv reagiert, also alkoholbedingte Leistungseinbußen im Bereich des Hemmvermögens aufweist, jedoch andererseits während der gesamten Einsatzdauer keinerlei Besonderheiten / Auffälligkeiten, d. h. konkrete AE zeigt.

3 –D–

–D– könnte gegen § 315d (1) Nr. 2 bzw. 3 StGB verstoßen haben. Inwieweit jedoch ein unerlaubtes Kraftfahrzeugrennen mit mindestens zwei Beteiligten vorliegt oder –D– eine höchstmögliche Geschwindigkeit i.S.d. Nr. 3 erzielen wollte, lässt der im SV verwendete Begriff „Wettfahrt" offen. Es könnte sich um eine solche der genannten Varianten handeln. Da es zu einer Gefährdung kam – siehe nachfolgend – läge dann eine Qualifizierung i.S.d. Abs. 2 vor. Die Tatbestandsmerkmale des § 315d StGB können aus dem SV heraus jedoch nicht ausreichend begründet werden.

Zweifelsfrei ist festzustellen, dass –D– gegen die §§ 1, 2 StVO verstößt, da er durch das Schneiden der Linkskurve nicht rechts fährt und hierdurch den Gegenverkehr gefährdet, da nur durch das situationsgerechte Verhalten des –E– (Vollbremsung) das schädigende Ereignis, der Zusammenstoß mit –D–, vermieden wurde.

Im Folgenden unterstelle ich, dass die Linkskurve für –D– nicht einsichtig, also unübersichtlich war, wobei der Grund der Unübersichtlichkeit nicht weiter von Bedeutung ist.

–D– steht (bei obiger Unterstellung) im Verdacht eines Verstoßes gegen § 315c (1) 2e StGB.

Hiergegen verstößt, wer grob verkehrswidrig und rücksichtslos an unübersichtlichen Stellen nicht die rechte Seite der Fahrbahn einhält, und dadurch Leib oder Leben oder fremde Sachen von bedeutendem Wert gefährdet.

Grob verkehrswidrig ist ein Verhalten, welches objektiv einen besonders schweren Verstoß gegen die Verkehrsregeln darstellt. Hierbei muss der Verstoß von einer besonderen Gefährlichkeit geprägt sein.

–D– schneidet eine Linkskurve bei Unübersichtlichkeit, d. h. er ist nicht in der Lage, die Gefährlichkeit seines Tuns abzuschätzen. Nur durch fremdes (–E's–) Verhalten konnte ein Zusammenstoß vermieden werden. Das Verhalten des –D– ist augenscheinlich von einer besonderen Gefährlichkeit geprägt.

Auch in der Rechtsprechung[58] wird die Gefährlichkeit des Schneidens von Linkskurven und damit die grobe Verkehrswidrigkeit immer wieder herausgestellt.

Rücksichtslos verhält sich ein Fz-Führer, der entweder aus eigensüchtigen Motiven oder aus Gleichgültigkeit seine Verkehrsteilnehmerpflichten gröblichst missachtet.

Zum einen wählt –D– bei einer „Wettfahrt" die Ideallinie, will also schnellstmöglich unter Missachtung „aller Regeln" fahren. Andererseits lässt er hierbei die selbstverständlichsten Sorgfaltsregeln außer Acht.

Dies stellt eine geradezu unverständliche Nachlässigkeit (Gleichgültigkeit) dar.

In der Rechtsprechung[59] wurden derartige „Wettrennen" stets als rücksichtslos eingestuft.

Somit handelt –D– grob verkehrswidrig und rücksichtslos.

Eine der tatbestandmäßig denkbaren „Todsünden" i. S. d. § 315c stellt die Mißssachtung des Rechtsfahrgebotes (RfG) an unübersichtlichen Stellen dar.

Um hier tatbestandsmäßig zu handeln, muss –D– zumindest die linke Fahrbahnhälfte trotz (bei) Unübersichtlichkeit mitbenutzen.

Da der SV hierzu keinerlei Aussagen macht, wird die Tatbestandsmäßigkeit diesbezüglich unterstellt. Soweit dies nicht gegeben ist, liegen nur die o. a. VOWi (§§ 1, 2 StVO) vor.

Zur Erfüllung des Tatbestandes ist das Vorliegen einer Gefährdung von Leib oder Leben eines anderen oder fremder Sachen von bedeutendem Wert in kausaler Folge der „Todsünde" gefordert.

–E– kann als Gegenverkehr nur durch eine Vollbremsung, also durch situationsgerechtes Verhalten, einen Zusammenstoß vermeiden. Das Ausbleiben des schädigenden Ereignisses wird nicht von –D– bestimmt, sondern ist vom Zufall, dem situationsgerechten Verhalten eines anderen, hier des Gegenverkehrs, abhängig.

58 Z. B. OLG Köln, VRS 48, 206.
59 BGH, DAR 60, 68.

Bei einem Zusammenstoß im Gegenverkehr ist mit den schlimmsten Folgen zu rechnen, eine Verletzung Anderer, der Insassen ist mehr als wahrscheinlich, selbst die Tötung eines Menschen ist zu befürchten.

Da jedes Kfz grundsätzlich als Sache von bedeutendem Wert (750,– EUR) anzusehen ist, ist sowohl von der Gefährdung von Leib oder Leben eines anderen als auch von der Gefährdung einer fremden (nicht –D– gehörigen) Sache von bedeutendem Wert auszugehen.

Gefährdungsursache ist zweifelsfrei die Missachtung des RfG durch –D–, denn sie kann nicht hinweggedacht werden, ohne dass auch die Gefährdung entfiele. Somit ist Kausalität zwischen „Todsünde" und Gefährdung gegeben.

Dass –D– das RfG bewusst und gewollt (vorsätzlich) missachtete, ist zu unterstellen. Inwieweit er hierbei auch (zumindest bedingt) die Gefährdung eines anderen in Kauf nahm, ist aus dem SV nicht erkennbar, aber auch nicht auszuschließen.

Tatbestandsmäßig handelt gem. Abs. 3, Ziff. 1 jedoch auch, wer die Gefahr fahrlässig verursacht. Unter Berücksichtigung des § 11 (2) StGB läge hierbei ebenfalls vorsätzliche Erfüllung vor.

Infolge der Unterstellung von Rechtswidrigkeit und Schuld begeht –D– somit ein Vergehen (OD) i. S. d. § 315c StGB, die tateinheitlich vorliegenden VOWi sind gemäß § 21 OWiG subsidiär.

3 –E–

Ein Verstoß ist nicht erkennbar.

4

Zunächst ist festzustellen, dass das Abreißen des Außenspiegels beim Sturz des Verkehrsteilnehmers –F– als Schädigung (vermögensrechtlicher Nachteil) eines anderen (–G–) zu beurteilen ist und –F– somit gegen § 1 (2) StVO verstößt.

Des Weiteren steht –F– im Verdacht eines Verstoßes gegen § 142 (1) 1/2 StGB.

Hiergegen verstößt, wer als Unfallbeteiligter sich nach einem Verkehrsunfall (VU) entfernt, bevor er

1. zugunsten der anderen Unfallbeteiligten und der Geschädigten die Feststellung seiner Person, seines Fz und der Art seiner Beteiligung durch seine Anwesenheit (Duldungspflicht) und durch die Angabe, dass er an dem Unfall beteiligt ist (Vorstellungspflicht), ermöglicht hat, oder

2. eine nach den Umständen angemessene Zeit gewartet hat, ohne dass jemand bereit war, die Feststellungen zu treffen (Wartepflicht).

Unter einem VU ist ein plötzliches, zumindest von einem Beteiligten ungewolltes Ereignis zu verstehen, das im ursächlichen Zusammenhang mit dem öffentlichen Straßenverkehr und seinen typischen Gefahren steht und zu einem nicht völlig belanglosen fremden Sach- oder Personenschaden führt.

–F– stürzt als Skatbordfahrer und reißt hierbei den Außenspiegel eines Pkw ab. Die Ursache des Sturzes wird im SV nicht weiter geklärt, es kann aber – nach allg. Lebenserfahrung – davon ausgegangen werden, dass der Sturz entweder auf „übermütiges Verhalten" der Verkehrsteilnahme des –F– als skateboardfahrender Fußgänger oder ein Ausweichmanöver gegenüber anderen Fußgängern zurückzuführen ist. In jedem Falle ist das Verhalten zumindest i. S. d. § 1 (2) StVO qualifizierbar, Ausgangs- und Endpunkt des VU liegen im öVR und in der bisherigen Rechtsprechung (Rspr.) wurden selbst Schädigungen (wie hier) unter Fußgängern allein als VU i. S. d. §§ 34 StVO, 142 StGB beurteilt. Der VU steht also mit den typischen Gefahren des Straßenverkehrs im unmittelbaren Zusammenhang.

Soweit –F's– Sturz nicht allein auf sein Verhalten zurückzuführen ist, wären eventuelle Verletzungen als fremder Personenschaden zu bejahen. Der abgerissene Außenspiegel stellt aber in jedem Falle einen fremden Sachschaden dar.

Für die Anwendbarkeit des § 142 StGB darf es sich bei dem entstandenen Schaden nicht um einen völlig belanglosen handeln.

In der bisherigen Rspr.[60] wurden hierbei Schäden von 25,– EUR als nicht belanglos eingestuft. Dies entsprach z. Z. der Entscheidung etwa den Kosten einer Werkstattstunde. Dies würde zum heutigen Zeitpunkt (01/20) ca. 50,–/80,– EUR als Wertgrenze bedeuten. Die im SV anzusetzenden Reparaturkosten dürften diesen Wert übersteigen, sodass vom Vorliegen eines VU i. S. d. § 142 StGB auszugehen ist.

Gemäß § 142 (4) ist Unfallbeteiligter jeder, dessen Verhalten nach den Umständen zur Verursachung des VU beigetragen haben kann. Dies ist nach Vorgabe des SV zweifelsfrei, da –F– den Außenspiegel abreißt und hierdurch zumindest beigetragen hat.

Von einem Schadensregulierungsinteresse (Feststellungsinteresse) des geschädigten –G– darf ebenfalls ausgegangen werden.

Ein Verstoß gegen § 142 StGB setzt „Entfernen" als TBM voraus.

Dies ist bereits gegeben, wenn ein Beteiligter ohne zwingenden Grund denjenigen Unfallbereich verlässt, in dem feststellungsbereite Personen ihn vermuten und befragen würden.

Laut SV fährt –F– weiter, wird jedoch von Passanten festgehalten.

Fraglich ist, ob –F– im unmittelbaren Unfallbereich – was zu vermuten ist – von Passanten, die entweder ebenfalls beteiligt waren oder nur als unmittelbare Tatzeugen handeln, festgehalten wurde. Unter diesen Umständen ist die Erfüllung des TBM „Sichentfernen" zu verneinen, zumal in der Rspr. die Erfüllung des „Sichentfernens" bei fortbestehendem Sicht- und Rufkontakt (im beurteilten Fall bis 250 m) ebenfalls abgelehnt wurde.

Da § 142 den Versuch nicht „kennt", ist eine tatbestandsmäßige Erfüllung durch –F– unter dieser Prämisse abzulehnen.

Gemäß § 34 StVO hat jeder Unfallbeteiligte nach einem VU jedoch unverzüglich zu halten sowie der „Vorstellungs- und Duldungspflicht" bzw. der „Wartepflicht" nachzukommen.

Dies unterlässt –F– offensichtlich und handelt somit ordnungswidrig i. S. d. §§ 34 (1) 1, 5a oder 6a, 49 (1) 29 StVO i. V. m. § 24 StVG, zumal hier ein Sichentfernen nicht gefordert wird.

Ob ein Verstoß gegen Ziff. 5a oder 6a vorliegt, ist von der im SV nicht eindeutig geklärten Stellung der Passanten abhängig. Soweit die oder zumindest ein Passant VU-Beteiligter ist, liegt Ziff. 5 a, soweit die Passanten nur als Zeugen zu betrachten sind Ziff. 6a vor.

60 Bay ObLG, DAR 79, 237.

Als Alternativlösung käme beim Vorliegen des TBM „Sichentfernen" ein Vergehen i. S. d. § 142 StGB in Betracht, da –F– sich vorsätzlich (offensichtlich gewollt) entfernt, ohne den anderen Beteiligten (Passanten) gegenüber als Beteiligter seiner Duldungspflicht (Feststellung der notwendigen Daten) nachzukommen bzw. eine angemessene Zeit auf –G– als Geschädigten bzw. sonstige Feststellungsbereite (Passanten/Polizei) zu warten.

In diesem Fall ist § 34 StVO subsidiär, § 1 (2) StVO i. S. d. § 42 OWiG mitverfolgbar.

Klausur 14

		Punkte:
A:	**Bewertungs-/Konzeptbogen** allg. Einführung: siehe Klausur 1	
1–3	Je Aufgabe 2 Punkte bei vollständig bzw. >50%iger richtiger Lösung. Je Fehler innerhalb einer Aufgabe – 1 Punkt. Eine Gesamtbewertung erfolgt jedoch nur, soweit > 50 % aller Aufgaben richtig gelöst wurde (mindestens 16 Punkte).	30
1	14 Punkte errreichbar, Eingang in die Gesamtbewertung (1–3) nur, soweit > 7 Punkte erreicht werden.	14
1.1	Ja / Ja	2
1.2	Nein / Ja	2
1.3	Nein / Nein	2
1.4	Auflage / Auflage	2
1.5	BE (B96) / C1E / C1E / BE	2
1.6	Nein / Nein / Nein	2
1.7	Nein / Ja / Nein	2
2	Bewertung wie 1	14
2.1	Ja / Nein	2
2.2	Ja / Nein / Ja	2
2.3	Nein[61] / Ja	2
2.4	Nein / Ja / Nein / Nein	2
2.5	Nein / Ja	2
2.6	Ja / Nein[62]	2
2.7	Ja / Ja[63]	2
3	siehe Anlage 1	2
4		50
4.1		25
	A: §§ 1 (2), 3 (3), 5 (2), 49 (1) 1, 3, 5 StVO, § 24 StVG § 21 StVG	
	• zHG 100 km/h – angepasste Geschwindigkeit (Sichtweite)	3
	• Überholverbot: „... mögliche Behinderung des Gegenverkehrs nicht ausgeschlossen ...“	5
	• Gefährdung	2
	• kein Verstoß gegen § 315c StGB (grob verkehrswidrig u. rücksichtslos)	3
	• kein Verstoß gegen § 3 FZV (§ 19 (5) StVZO)	

61 Subsidiär gegenüber § 316 StGB.
62 BE genügt.
63 Bedarf der „Altklasse“ 2 bzw. (neu) L.

Ein Verstoß gegen § 19 (5) StVZO liegt jedoch (aufgrund des Erlöschens der BE i. S. d. § 19 (2) StVZO) nicht vor, da gemäß § 19 (5) StVZO die Zulässigkeit der Fahrt zum TÜV im unmittelbaren Zusammenhang mit der Erlangung einer neuen BE begründbar ist. Soweit sich die Aussage –A`s– hinsichtlich des Fahrtzwecks als unrichtig erweist, liegt ein Verstoß gegen § 19 (5) StVZO (OWi: § 69a (2) 1a StVZO) sowie (zumindest) eine leichtfertige Steuerverkürzung i. S. d. AO vor.

Wie o. a., ist das von –A– geführte Zweirad als Krad zu qualifizieren.

Somit besteht der Verdacht eines Vergehens i. S. d. § 21 (1) 1 StVG, welches bei Führung eines Kfz im öVR ohne erforderliche FE gegeben ist.

Dass –A– die TBM „Führen eines Kfz im öVR" erfüllt, ist als gegeben unterstellbar.

Gemäß § 2 StVG und den hierzu ergangenen Ausführungsbestimmungen der §§ 4 ff. FeV benötigt –A– gemäß § 6 FeV die FE Kl. A1, die er vorzeigt, bzw. im Alternativfall im Rahmen der Besitzstandsregelungen gem. § 6 (6) FeV i. V. m. Anlage 3 a I 5 ff. die Kl. 1a.

–A– weist im Alternativfall durch Aushändigung lediglich den Besitz der FE-Kl. 1b nach.

Soweit –A– zumindest bedingtes Wissen um seine nichtausreichende FE der Kl. 1b infolge der Fz-Veränderung nachgewiesen werden kann, handelt er vorsätzlich, da ihm der Wille, dann gleichwohl zu fahren, hier unterstellt werden darf.

Soweit –A– nur fahrlässig handelt, verstößt er im Alternativfall gegen § 21 (2) 1 StVG.

Ein Halterverstoß ist aus dem SV nicht erkennbar.

4.2 –B–

–B– steht im Verdacht, neben den nachfolgend kurz erläuterten VOWi den Vergehenstatbestand des „Unerlaubten Entfernens vom Unfallort" gem. § 142 (1) 1 StGB sowie den Verbrechenstatbestand des „Gefährlichen Eingriffs in den Straßenverkehr" i. S. d. 315b (1) 2, (3) StGB tatmehrheitlich erfüllt zu haben.

Die Beschädigung des Fz des –C– beim Ausparken als auch des –D– infolge der Bremsmanöver erfüllen zweifelsfrei den Tatbestand der Schädigung i. S. d. § 1 (2) StVO, da –B– hier als Verkehrsteilnehmer jeweils einem anderen einen vermögensrechtlichen Nachteil zufügt.

Inwieweit beim Ausparken § 9 (5) StVO verletzt ist, ist letztlich ebenso unbeachtlich wie die Verletzung des Tatbestandes „Bremsen ohne zwingenden Grund" i. S. d. § 4 (1) StVO beim „Ausbremsen" des –D–.

Des Weiteren steht –B– im Verdacht eines Verstoßes gegen § 142 (1) 2 StGB.

Hiergegen verstößt, wer als Unfallbeteiligter sich nach einem Verkehrsunfall (VU) entfernt, bevor er eine nach den Umständen angemessene Zeit gewartet hat, ohne dass jemand bereit war, die Feststellungen zu treffen (Wartepflicht).

Unter einem VU ist ein plötzliches, zumindest von einem Beteiligten ungewolltes Ereignis, das im ursächlichen Zusammenhang mit dem öffentlichen Straßenverkehr und seinen typischen Gefahren steht und zu einem nicht völlig belanglosen fremden Sach- oder Personenschaden führt, zu verstehen.

–B– beschädigt beim Ausparken das Fz des –C–. Inwieweit hier ein Fehler i. S. d. § 9 (5) StVO infolge unachtsamen Rückwärtsfahrens oder lediglich –B's– Verhalten zumindest

i. S. d. § 1 (2) StVO qualifizierbar ist, ist letztlich für die Beurteilung als VU ohne Bedeutung. In jedem Fall stellt Ausparken einen typischen Verkehrsvorgang dar, und Ausgangs- und Endpunkt des VU liegen im öVR, sodass sich die Schädigung als VU i. S. d. §§ 34 StVO, 142 StGB beurteilt, zumal das Schadensausmaß laut Sachverhalt erheblich ist.

In der bisherigen Rspr.[66] wurden hierbei Schäden von 50,– DM (25,– EUR) als nicht belanglos eingestuft. Dies entsprach z. Z. der Entscheidung etwa den Kosten einer Werkstattstunde. Dies entspräche zum heutigen Zeitpunkt (05/13) ca. 50,–/80,– EUR als Wertgrenze. Die im SV anzusetzenden Reparaturkosten dürften diesen Wert übersteigen, sodass diesbezüglich vom Vorliegen eines VU i. S. d. § 142 StGB auszugehen ist.

Gemäß § 142 (4) ist Unfallbeteiligter jeder, dessen Verhalten nach den Umständen zur Verursachung des VU beigetragen haben kann. Dies ist nach Vorgabe des SV zweifelsfrei, da –B– ausschließlich als Verursacher in Frage kommt.

Von einem Schadensregulierungsinteresse (Feststellungsinteresse) des geschädigten –C– darf ebenfalls ausgegangen werden.

Ein Verstoß gegen § 142 StGB setzt „Entfernen" als TBM voraus.

Dies ist bereits gegeben, wenn ein Beteiligter ohne zwingenden Grund denjenigen Unfallbereich verlässt, in dem ihn feststellungsbereite Personen vermuten und befragen würden.

Laut SV fährt –B– weiter, da er sich unbeobachtet glaubt.

Im Bereich der Ausfallstraße ist für Außenstehende eine Zusammenhangsvermutung zwischen –B– und dem Unfall bei unbeteiligten Dritten nicht zu erwarten, sodass das TBM des Entfernens vorliegt.

Zunächst unterstelle ich, dass –C– als Geschädigter sich nicht am Unfallort befindet, sodass die „Vorstellungs- und Duldungspflicht" i. S. d. § 142 (1) 1 StGB nicht in Betracht kommt. Demzufolge unterliegt –B– der sogenannten „Wartepflicht", d. h. –B– erfüllt den Tatbestand des § 142, soweit er sich entfernt, bevor er eine nach den Umständen angemessene Zeit gewartet hat, ohne dass jemand bereit war, die Feststellungen zu treffen.

Ob hier Dritte feststellungsbereit waren, ist ohne weitere Bedeutung, da –B– offensichtlich unmittelbar nach dem VU sich entfernt. Insofern ist auch eine Beurteilung der Wartedauer unter Berücksichtigung der Einzelfallumstände und der Wahrscheinlichkeit des Auftauchens einer feststellungsbereiten Person weitgehend unbedeutend, da der Sachverhalt für ein entschuldigtes oder berechtigtes Entfernen ebenso wenig Gründe vorgibt wie für ein Entfallen der Wartepflicht aufgrund sonstiger Umstände oder einer offensichtlichen Nutzlosigkeit des Wartens.

§ 142 StGB setzt zur Erfüllung Vorsatz voraus, d. h. –B– muss um den Unfall selbst und um die mit seiner Entfernung verbundene Erschwerung der Schadensregulierung wissen.

Dass –B– den Unfall bemerkt hat, ist aufgrund der erheblichen Schäden annehmbar. Gerade beim Ausparken oder ähnlich langsamen Verkehrs-/Fahrvorgängen achtet ein Fz-Führer nach allg. Lebenserfahrung besonders auf die Vermeidung von Zusammenstößen mit anderen Fz und stellt diese – soweit es dennoch dazu kommt – aufgrund der „Knallerzeugung" bzw. der mit dem Zusammenstoß verbundenen „Fz-Bewegungen" leicht fest.

66 BayObLG, DAR 79, 237.

Dies darf auch hier unterstellt werden, zumal offensichtlich andere (Passanten z. B.) den VU laut SV bemerkt haben (SV: „ ... da er sich unbeobachtet glaubt ..."). Die mit einer derartigen Entfernung verbundene Erschwerung der Schadensregulierung ist jedermann bekannt. Sie liegt sicherlich – bei weiterer Betrachtung des SV – in der Absicht des –B–, da er offensichtlich sogar beim späteren Verhalten („Ausbremsen") in (versicherungs-) betrügerischer Absicht handelt.

Somit erfüllt –B– den Tatbestand des § 142 (1) 2 StGB. Das tateinheitliche Vorliegen eine VOWi i. S. d. §§ 34, 49 StVO, 24 StVG ist unbeachtlich.

Als Alternativlösung käme ein Vergehen i. S. d. § 142 (1) 1 StGB in Betracht, soweit –B– sich vorsätzlich entfernt, ohne dem anderen Beteiligten (–C–) gegenüber als Beteiligter seiner Duldungspflicht (Feststellung der notwendigen Daten) nachzukommen. Dies setzt jedoch voraus, dass –C– sich zum Unfallzeitpunkt auch am Unfallort befindet.

–B– steht weiterhin im Verdacht, ein Verbrechen gem. § 315b StGB begangen zu haben.

Hiergegen verstößt –B–, sofern er die Sicherheit des Straßenverkehrs durch Bereiten eines Hindernisses beeinträchtigt und dadurch eine Gefährdung für Leib oder Leben eines anderen oder fremder Sachen von bedeutendem Wert verursacht und dies in der Absicht:

1. der Herbeiführung eines Unglücksfalles oder
2. eine andere Straftat zu ermöglichen,

begeht.

Als Hindernisbereitung i. S. d. § 315b (1) 2 StGB versteht die Rspr. zunächst jeden Eingriff, der den reibungslosen Verkehrsablauf zu hemmen oder verzögern vermag.

Grundsätzlich fallen hierunter nicht fehlerhafte Formen der Verkehrsteilnahme, es sei denn, dass der Täter sich absichtlich sicherheitsbeeinträchtigend verhält, also sein Fz verkehrsfremd einsetzt.

Sinn und Zweck eines Fz-Einsatzes ist die Ortsveränderung. –B– setzt sein Fz jedoch bei seinen Bremsmanövern im Bereich der Ausfallstraße nicht mit dem Ziele des Ortswechsels, sondern in der Absicht ein, den Nachfolgenden durch die Gewaltbremsungen auffahren zu lassen. Dies stellt keinen verkehrsüblichen, sondern einen äußerst verkehrsfeindlichen Einsatzzweck dar. In der Rechtsprechung des BHG wurde dies bereits als Hindernisbereitung i. S. d. Bestimmung bejaht.[67] Die hierbei erforderliche Schädigungsabsicht darf unterstellt werden, da es dem –B– ja gerade um die Schadensherbeiführung geht.

Die Hindernisbereitung muss zur Erfüllung des Tatbestandes zudem geeignet sein, die Sicherheit des Straßenverkehrs zu beeinträchtigen, d. h. durch sie muss eine weitere, bisher nicht vorhandene Gefahr für die Sicherheit des Straßenverkehrs auftreten, die des Weiteren nicht völlig unbedeutend ist. Der Sachverhalt zeigt durch den Unfall, dass dies im vorliegenden Fall gegeben ist.

Die weitere Erfüllung des Tatbestandes erfordert eine ursächlich hierdurch hervorgerufene Gefährdung von Leib oder Leben eines anderen (Personengefährdung) bzw. von fremden Sachen von bedeutendem Wert.

Der Sachverhalt gibt vor, dass –C– auffährt, nachdem –B– mehrmals Gewaltbremsungen durchführte. Der kausale Zusammenhang zwischen Hindernisbereitung und Gefährdung (Unfall) ist demnach offensichtlich.

67 BGH, VM 76, 49.

Das Bremsen (die Hindernisbereitung) stellt auch – wie gefordert – die Ursache der Gefährdung bzw. hier Schädigung dar. Ohne die Handlung des –B– wäre der Unfall ausgeblieben. Die Hindernisbereitung als Ursache kann also nicht hinweggedacht werden, ohne dass der Erfolg, die Schädigung/Gefährdung entfiele.

Als Sachen von bedeutendem Wert gelten lt. Rspr. solche oberhalb einer Wertgrenze von 750,– EUR. Dies darf bei einem Pkw im Regelfall unterstellt werden. Auch, wenn der Sachverhalt keine Schadenshöhe vorgibt, so kann hier davon ausgegangen werden, dass die Schadenshöhe die Wertgrenze bereits überschreitet, zumal –B– offensichtlich in betrügerischer Absicht handelt und somit zur Vertuschung des Altschadens ein hohes Interesse an einem hohen Schadensausmaß haben muss.

Darüber hinaus ist davon auszugehen, dass es bei solchen beabsichtigt herbeigeführten Unfällen auch zu Verletzungen kommen kann. Insofern ist es nur glücklichen 'Umständen' zu verdanken, dass –D– keine Verletzungen erlitt.

Der subjektive Tatbestand des § 315b StGB verlangt Vorsatz. Dies liegt hier infolge der (unterstellt) unbegründeten Bremsmanöver (Verstoß gegen § 4 (1), Bremsen ohne zwingenden Grund) eindeutig vor.

Gemäß Abs. 3 kommt eine Qaulifizierung zum Verbrechen in Betracht, soweit der Täter in der Absicht

1. der Herbeiführung eines Unglücksfalles bzw.
2. eine andere Straftat zu ermöglichen,

handelt.

Laut Sachverhalt bremst –B– auf einer Ausfallstraße igO mehrfach vor nachfolgenden Pkw-Fahrern stark ab. Der angebliche Grund bei seinem letzten „erfolgreichen" Bremsmanöver wird von keinem Zeugen bestätigt, obwohl dies – zumindest das Vorhandensein eines Hundes – auch von „Knallzeugen" bestätigt werden könnte. Es lag somit offensichtlich in seinem Interesse, einen Schadenfall zu provozieren, um seinen „erlittenen" Schaden hierüber zu regulieren. Ein Verkehrsunfall stellt i. S. d. Bestimmung einen Unglücksfall dar.

Ebenso soll hierdurch eine andere Straftat, nämlich der (Versicherungs-)Betrug ermöglicht werden. Abs. 3 fordert hierbei nicht die Tatvollendung.

Somit ist von einer Qualifizierung zum Verbrechen i. S. d. Abs. 3 auszugehen.

4.2 –C–

Ein Verstoß oder ein Mitverschulden des –C– ist aus dem SV nicht begründbar.

4.2 –D–

Ggf. kommen für –D– VOWi i. S. d §§ 1 (2), 4 (1), 49 (1) 1, 4 StVO, § 24 StVG durch zu dichtes Auffahren, also Missachtung der Abstandsgebote in Frage. Für eine detailierte Beurteilung fehlen jedoch die notwendigen Sachverhaltsangaben.

Klausur 15

A: Bewertungs-/Konzeptbogen | **Punkte:**

	Punkte
Aufgabe 1	30
–A–	
§ 315d Abs. 1 Nr. 3 StGB – Vergehen	
• Wer im Straßenverkehr	5
• sich als Kraftfahrzeugführer	5
• mit nicht angepasster Geschwindigkeit und	5
• grob verkehrswidrig und rücksichtlos fortbewegt,	5
• um eine höchstmögliche Geschwindigkeit zu erreichen.[68]	5
• Gefährdung von Leib und Leben anderer Menschen oder fremder Sachen von bedeutendem Wert.	5
Aufgabe 2	50
–B–	
§ 21 StVG – Vergehen	
• § 21 Abs. 1 StVG – Fahren ohne die erforderliche Fahrerlaubnis	3
• § 2 StVG – Erfordernis einer Fahrerlaubnis	3
• § 4 FeV – fahrerlaubnisfreie Fahrzeuge	3
• § 6 FeV – Klasseneinteilung	3
• –B– war im Besitz einer gültigen und ausreichenden Fahrerlaubnis.	3
• Trennung der Begriffe „Fahrerlaubnis" und „Führerschein"	5
• Abgabe des Führerscheins an –P– ist kein offizieller Verzicht auf die Fahrerlaubnis	3
• § 21 Abs. 2 StVG	3
• Fahren trotz Inverwahrungnahme, Sicherstellung oder Beschlagnahme des Führerscheins	3
• Notwendig dazu wäre eine strafprozessuale Maßnahme nach den §§ 94 bis 98 StPO	3
• Strafbarkeit nach § 21 StVG scheidet aus.	3
§ 4 Abs. 2, § 75 Nr. 4 FeV i.V.m. § 24 StVG – OWi	
• Die Fahrerlaubnis ist durch eine gültige amtliche Bescheinigung (Führerschein) nachzuweisen.	3
• Beim Führen eines Kfz ist ein gültiger Führerschein mitzuführen und zuständigen Personen auf Verlangen zur Prüfung auszuhändigen.	3
• Da der Führerschein mittlerweile von –P– auf der Fahrerlaubnisbehörde abgegeben wurde, war das Mitführen und Aushändigen nicht möglich.	3

68 Die Begrifflichkeit liegt dem BVerfG zur Prüfung hinsichtlich der ausreichenden Bestimmheit i.S.d. GG vor.

• Ergebnis: –B– begeht eine OWi nach den § 4 Abs. 2, § 75 Nr. 4 FeV i.V.m. § 24 StVG	3	
• Regelsatz nach Bußgeldkatalog-Verordnung → 10 €	3	
Form, Aufbau, Schlüssigkeit		20

B: Klausurlösung

1.

–A– steht im Verdacht eines Vergehens nach § 315d Abs. 1 Nr. 3 StGB.

Dazu müsste er sich im Straßenverkehr als Kraftfahrzeugführer mit nicht angepasster Geschwindigkeit und grob verkehrswidrig und rücksichtslos fortbewegt haben, um eine höchstmögliche Geschwindigkeit zu erreichen.

Gemäß Aufgabenvorgabe ist der Begriff des öffentlichen Verkehrsraumes (= Straßenverkehr) zu unterstellen. Er ist somit gegeben.

Um den Tatbestand zu erfüllen, müsste –A– zunächst einmal Kraftfahrzeugführer sein. Kraftfahrzeugführer ist, wer eigenverantwortlich mit dem Willen und der tatsächlichen Möglichkeit der Fortbewegung auf die Lenkung oder sonstige Antriebsaggregate des Kraftfahrzeugs einwirkt. Dass –A– das motorisierte Zweirad mit Wissen und Wollen, also vorsätzlich führt, darf hier unterstellt werden. Das durch die Action-Cam dokumentierte Fahrverhalten lässt keine andere Bewertung zu.

Das Tatbestandsmerkmal der „nicht angepassten Geschwindigkeit" erfasst die Fälle, in denen nur ein einziges Fahrzeug objektiv ein Kraftfahrzeugrennen nachstellt. Damit ist ein schnelles Fahren gemeint, das Geschwindigkeitsbegrenzungen verletzt oder der konkreten Verkehrssituation zuwiderläuft. Es handelt sich dabei um ein abstraktes Gefährdungsdelikt.

Die Videoaufzeichnungen des Fahrverhaltens und der erreichten Geschwindigkeiten mittels der Helmkamera ergeben nahezu durchgehend massive Geschwindigkeitsüberschreitungen. Und zwar sowohl inner- als auch außerorts. Konkrete Gefährdungen sind nicht erforderlich. Sie sind nur aufgrund der vorausschauenden Fahrweise der anderen Verkehrsteilnehmer nicht eingetreten. Das Tatbestandsmerkmal der „nicht angepassten Geschwindigkeit" wurde von –A– erfüllt.

Subjektiv ist das Anliegen erforderlich, eine höchstmögliche Geschwindigkeit zu erreichen.[69] Diese Formulierung bringt möglichst viele relevante Komponenten auf einen Nenner, wie die fahrzeugspezifische Höchstgeschwindigkeit und Beschleunigung – wobei diese im Einzelfall nicht immer erreicht werden muss –, subjektives Geschwindigkeitsempfinden, Verkehrslage, Witterungsverhältnisse und anderes. Dabei muss die höchstmögliche Geschwindigkeit nicht objektiv erreicht werden. Es kommt gerade nicht darauf an, dass im Einzelfall der Fahrer sein Fahrzeug bis an die technischen und physikalischen Grenzen ausfährt oder dies beabsichtigt.

Aus dem Sachverhalt gehen keine Anhaltspunkte hervor, die darauf hindeuten, dass –A– nicht am Limit fahren wollte. Im Gegenteil, es ist klar ersichtlich, dass er praktisch am „Anschlag" fuhr. Auch der Umstand, dass das Fahrzeug des –A– noch wenige Stundenkilometer hätte schneller fahren können, lässt den Vorsatz des –A–, eine höchstmögliche

69 Das TBM liegt dem BVerfG zur Prüfung hinsichtlich der ausreichenden Bestimmtheit i.S.d. GG vor.

Geschwindigkeit zu erreichen, nicht entfallen. Schließlich ist er mit knapp 140 km/h gefahren. Zudem ist zweifelhaft, ob die höchstmögliche Leistung des Zweirades von 145 km/h auf der kurvenreichen Strecke fahrerisch überhaupt möglich gewesen wäre.

Hinzu kommt das Fahrverhalten. Dies ist geprägt durch mehrmaliges extremes Beschleunigen und dem Vollführen von sogenannten Wheelises. Zudem wurden alle Linkskurven geschnitten, der Oberkörper ragte jeweils in die Gegenfahrbahn, was ausschließlich dem Zweck diente, die Kurven zu verkürzen, um sie in einem weniger starken Radius schneller durchfahren zu können.

All diese Faktoren belegen, dass –A– eine höchstmögliche Geschwindigkeit erreichen wollte.

Die Handlungsweise des –A– muss grob verkehrswidrig und rücksichtslos erfolgen. Beide Merkmale müssen nebeneinander vorliegen.

Grob verkehrswidrig ist ein nach Sachlage besonders gefährliches Abweichen vom pflichtgemäßen Verhalten, also ein Verhalten, das objektiv einen besonders schweren Verstoß gegen Verkehrsregeln darstellt, oder mit anderen Worten, der Verstoß muss von einer besonderen Gefährlichkeit geprägt sein.

In der Rechtsprechung wurden u.a. das Schneiden von unübersichtlichen Kurven oder die erhebliche Überschreitung der Höchstgeschwindigkeit als grob verkehrswidrig betrachtet, also Verhaltensweisen, die eine erhebliche Gefährdung Anderer aufgrund ihrer Unberechenbarkeit beinhalten können.

Aus dem Sachverhalt ergibt sich, dass –A– in sämtlichen Linkskurven trotz Gegenverkehrs in der Fahrbahnmitte fährt, das linke Bein herausstreckt und der Oberkörper beim Durchfahren der Kurven auf die Gegenfahrbahn ragte. Zu einem Zusammenstoß mit dem Gegenverkehr kam es nur deshalb nicht, weil der Gegenverkehr das Verkehrsverhalten des –A– rechtzeitig erkannte und entweder abbremste und/oder scharf rechts auswich.

Zudem überschritt –A– die zulässige Innerortsgeschwindigkeit um mehr als das doppelte. Die zulässige Außerortsgeschwindigkeit von 70 km/h wurde mit über 130 km/h ebenfalls erheblich überschritten. Die Innerortsgeschwindigkeit von 50 km/h und die angeordnete Außerortsgeschwindigkeit von 70 km/h dienen grundsätzlich der Verkehrssicherheit. Gerade die Temporeduzierung außerorts soll Verkehrsunfälle vermeiden bzw. bei Zusammenstößen von Fahrzeugen die Folgen des Unfalls minimieren.

Das Schneiden der Linkskurven und die erheblichen Geschwindigkeitsüberschreitungen sind somit von einer hohen Gefährlichkeit geprägt und daher grob verkehrswidrig.

Rücksichtslos ist ein durch Leichtsinn, Eigensucht und Gleichgültigkeit gegenüber anderen gekennzeichnetes Verhalten, d.h. rücksichtslos handelt, wer sich

- über bekannte Sorgfaltspflichten hinwegsetzt oder
- unbekümmert möglicher Folgen, also gleichgültig hinsichtlich seiner Fahrerpflichten fährt.

Rücksichtslosigkeit stellt ein subjektives Merkmal dar und kann daher nicht ausschließlich aus dem äußeren Tathergang gefolgert werden, obwohl dieser sicherlich hier bereits auf jegliches Unverständnis hinsichtlich der üblicherweise von jedem zu beachtenden Sorgfaltspflichten stößt. Durch die am Helm montierte und mitlaufende Kamera können das Schneiden der Linkskurven trotz Gegenverkehrs, das ständige Hochziehen des Vorderrades („Wheelies") und die massiven Geschwindigkeitsüberschreitungen sowohl inner-, wie außerorts belegt werden. Die Aufnahmen zeigen die innere Einstellung des –A–. Ihm geht es nur um seine eigenen Bedürfnisse, nämlich das Erreichen und Dokumentieren einer möglichst hohen Geschwindigkeit in Verbindung mit einer extrem riskanten Fahrweise. –A– stellt seine Fahrweise vor die Verkehrssicherheit anderer Verkehrsteilnehmer. Ihm geht es einzig um seinen „Kick".

Sein Verhalten ist keine bloße Gedankenlosigkeit, die vom Merkmal der Rücksichtslosigkeit nicht erfasst wird, sondern vorsätzliches Fehlverhalten, dass das Tatbestandsmerkmal der Rücksichtslosigkeit beinhaltet.

§ 315d Abs. 1 Nr. 3 StGB ist ein abstraktes Gefährdungsdelikt. Eine konkrete Gefährdung von Leib und Leben eines anderen Menschen oder fremder Sachen von bedeutendem Wert wird erst im Abs. 2 gefordert (und liegt nach SV-Auslegung nicht vor).

Es bleibt somit festzustellen, dass –A– ein Vergehen nach § 315d Abs. 1 Nr. 3 StGB begangen hat.

2.

–B– könnte den Tatbestand des § 21 Abs. 1 StVG erfüllt haben.

Dazu müsste er ein Kraftfahrzeug geführt haben, obwohl er die dazu erforderliche Fahrerlaubnis nicht hat oder ihm das Führen des Fahrzeugs nach § 44 StGB oder nach § 25 StVG verboten worden ist. Aus dem Sachverhalt gehen keine Anhaltspunkte hervor, die auf Maßnahmen nach § 44 StGB oder § 25 StVG hindeuten, sodass ausschließlich die Alternative „... die dazu erforderliche Fahrerlaubnis nicht hat ..." in Frage kommen könnte.

Um den Tatbestand zu erfüllen, müsste –B– zunächst einmal Kraftfahrzeugführer sein. Kraftfahrzeugführer ist, wer eigenverantwortlich mit dem Willen und der tatsächlichen Möglichkeit der Fortbewegung auf die Lenkung oder sonstige Antriebsaggregate des Kraftfahrzeugs einwirkt. Aus dem Sachverhalt heraus ergibt sich, dass –B– das Auto seiner Tochter führt. Es kann unterstellt werden, dass ein Auto ein motorbetriebenes, nicht an Gleise gebundenes Landfahrzeug ist. Dass –B– das Auto mit Wissen und Wollen, also vorsätzlich in Bewegung gesetzt hat, darf ebenfalls unterstellt werden.

Somit ist das Tatbestandsmerkmal „Führen eines Kraftfahrzeugs" erfüllt.

Gemäß § 2 StVG und den dazu ergangenen Ausführungsvorschriften der §§ 4 ff. FeV ist zur Führung eines Kfz im öVR eine Fahrerlaubnis notwendig, die durch einen mitzuführenden, auf Verlangen Berechtigter auszuhändigenden Führerschein nachzuweisen ist. Dabei sind die Begriffe „Fahrerlaubnis" und „Führerschein" zu trennen. Fahrerlaubnis ist die öffentlich-rechtliche Erlaubnis zum Führen von Kraftfahrzeugen auf öffentlichen Straßen. Sie wird nach Ablegen einer Prüfung von der zuständigen Behörde erteilt und kann unter bestimmten Umständen entzogen oder beschränkt werden. Dagegen ist der Führerschein eine amtliche Urkunde, die dazu dient, den Nachweis der Fahrerlaubnis zu belegen. Führerscheine werden ausgestellt, eingezogen, sichergestellt oder beschlagnahmt.

In der Ausführungsbestimmung des § 4 FeV legt der Gesetzgeber fest, welche Kraftfahrzeuge von der Verpflichtung einer Fahrerlaubnis ausgenommen sind. Für alle anderen Kraftfahrzeuge schreibt § 6 FeV eine bestimmte Fahrerlaubnisklasse vor.

Mit § 2 StVG und den Ausführungsvorschriften der §§ 4 ff. FeV durchbricht der Gesetzgeber im Hinblick auf die Gefährlichkeit des Führens schneller Kraftfahrzeuge den in § 1

FeV niedergelegten Grundsatz der Verkehrsfreiheit für jedermann. § 4 FeV nimmt einige Kraftfahrzeugarten von der Fahrerlaubnispflicht aus. „Normale" Autos werden im § 4 FeV nicht erwähnt, sodass nach § 6 FeV zu klären ist, welche FE-Klasse zum Führen erforderlich ist. Aus dem Sachverhalt ergibt sich, dass –B– einen gültigen und ausreichenden Führerschein hatte. Somit kann unterstellt werden, dass der zum Unfallzeitpunkt vorgelegte Führerschein zumindest die für „normale" Autos/PKW notwendige FE-Klasse 3 oder B beinhaltete.

Die erforderliche Fahrerlaubnis lag somit zum Unfallzeitpunkt vor.

Der Führerschein wurde anlässlich des Verkehrsunfalles weder entzogen noch beschränkt. Die freiwillige Übergabe des FS an den verdutzten Polizeibeamten ist weder ein Entzug noch ein Verwaltungsakt zur Rückgabe der Fahrerlaubnis. –B– war also am Tag nach dem Unfall noch im Besitz der für Autos erforderlichen Fahrerlaubnis.

Der Tatbestand des Führens ohne die erforderliche Fahrerlaubnis ist mithin nicht erfüllt.

Möglicherweise könnte –B– sich aber nach § 21 Abs. 2 StVG strafbar gemacht haben.

Dann müsste er ein Kraftfahrzeug geführt haben, obwohl der vorgeschriebene Führerschein nach § 94 StPO in Verwahrung genommen, sichergestellt oder beschlagnahmt worden ist.

Das Tatbestandsmerkmal „Führen eines Kraftfahrzeugs" wurde bereits oben erläutert.

Fahren trotz Inverwahrungnahme, Sicherstellung oder Beschlagnahme des Führerscheins bedingt zwingend die strafprozessuale Wegnahme des Führerscheins als behördliche Maßnahme gem. den §§ 94 bis 98 StPO.

Aus dem Sachverhalt sind keine Anhaltspunkte ersichtlich, die nach dem Verkehrsunfall am Vortag zu irgendeiner strafprozessualen Maßnahme führten. Im Gegenteil, –B– gibt seinen Führerschein freiwillig dem Polizeibeamten, weil er wohl im ersten Schockzustand nicht mehr Auto fahren will.

Damit scheidet auch diese Tatalternative aus.

–B– hat sich nicht eines Vergehens nach §§ 2, 21 StVG schuldig gemacht.

Allerdings könnte –B– eine Verkehrsordnungswidrigkeit nach § 4 Abs. 2, § 75 Nr. 4 FeV i.V.m. § 24 StVG begangen haben.

§ 4 Abs. 2 FeV verlangt, dass beim Führen eines Kraftfahrzeugs ein dafür gültiger Führerschein mitgeführt und zuständigen Personen auf Verlangen zur Prüfung ausgehändigt wird. Mitzuführen ist dabei der Originalführerschein. Fotokopien genügen nicht. Zuständige Personen sind insbesondere Polizeibeamte der Länder. Da Polizeibeamte des Verkehrsdienstes des Polizeipräsidiums die Verkehrskontrolle durchführen, wird unterstellt, dass es sich um berechtigte Kontrollpersonen nach § 4 FeV handelt.

Einen Führerschein kann –B– allerdings nicht vorzeigen, da der zum Zeitpunkt der Verkehrskontrolle auf der Polizeidienststelle verwahrt wird.

Es liegt somit ein Verstoß nach § 4 Abs. 2 FeV vor.

–B– begeht eine Verkehrsordnungswidrigkeit nach § 4 Abs. 2, § 75 Nr. 4 FeV i.V.m. § 24 StVG. Dafür ist nach der Bußgeldkatalog-Verordnung, Ziffer 254, ein Verwarngeld von 10,– € vorgesehen.

Stichwortverzeichnis

Innerhalb von Klausuren geht es stets um die Lösung von Zusammenhängen, um die Übertragung und Anwendbarkeit von gesetzlichen Bestimmungen und Paragraphen auf Vorgaben (Sachverhalte).

Daher bezieht sich dieses Stichwortverzeichnis nur hierauf und verzichtet bewusst auf die Aufzählung von Einzelbegriffen.